통합과 인애의 정신 실천한

민 족 운 동 가

장병준 평전

통합과 인애의 정신 실천한 민족운동가

장 병 준 평 전

초판 1쇄 발행   2016년 4월 19일
초판 2쇄 발행   2021년 8월 2일

지은이 │ 박남일
펴낸이 │ 윤관백
펴낸곳 │ 🐾돌판**선인**

등 록 │ 제5-77호(1998.11.4)
주 소 │ 서울시 마포구 마포대로 4다길 4(마포동 324-1) 곳마루 B/D 1층
전 화 │ 02) 718-6252 / 6257
팩 스 │ 02) 718-6253
E-mail │ sunin72@chol.com

정가   23,000원
ISBN   978-89-5933-969-3   93990

· 잘못된 책은 바꿔 드립니다.
· www.suninbook.com

통합과 인애의 정신 실천한 민족운동가

장병준 평전

| 박남일 지음 |

도서출판 선인

．
．

모두 평등한 인애(仁愛)의 정치를 베푼다면

우리는 아무 생각도 하지 않겠다.

하지만 지금 차별적인 대우를 받는 것은 다 함께 고통이다.

벌써 10년도 더 지난 2004년의 일이다. 그해 1월 국회는 친일 인명사전 편찬 예산 5억 원을 전액 삭감했고, 이에 공분한 누리 꾼들을 중심으로 친일인명사전 편찬을 위한 국민 모금 운동이 벌어지고 있었다. 지금도 별로 달라지지 않았지만, 그때도 친일 문제로 유난히 시끄러운 터였다. 한편으로는 그에 대한 반면교 사로 역사학자 이덕일의 저서 『아나키스트 이회영과 젊은 그들』 이 출판계에서 조명을 받고 있었다. 조상 대대로 물려받은 엄청 난 재산을 모두 처분한 뒤 중국으로 망명하여 독립운동에 투신 한 이회영 일가의 행적은 한국에서 흔히 볼 수 없는 노블레스 오 블리주(지배 계층의 엄격한 도덕적 책무)의 표상으로 감명을 일으키고 있던 터였다.

그러던 어느 날 나는 고상한 인품의 신사 한 분과 우연히 자리를 함께하게 되었다. 내 고향에서 멀지 않은 신안군 장산도 출신으로,

민족운동가 장병준의 직계 손자 가운데 한 사람인 장하석 회장이
었다. 이런저런 대화를 나누던 중에 그가 일제강점기 때 독립운동
을 벌인 할아버지들에 대한 이야기를 내게 들려주었다.

장산도 지주 집안 출신으로 일제강점기에 일본 유학을 다녀온
그의 할아버지 장병준은 3·1운동을 맞아 고향에서 독립만세시위
를 주도했고, 상하이로 망명하여 대한민국임시의정원 의원으로 활
동했으며, 그 일로 체포되어 서대문형무소에서 3년간 옥살이를 한
뒤 목포 신간회 결성을 주도한 독립운동가였다. 그의 종조부 장홍
염 또한 1930년대에 서울에서 항일학생시위를 주도하고 중국으로
망명하여 아나키스트 조직에 들어가 항일무장투쟁을 벌인 독립운
동가였다. 장병상, 장홍재 등 할아버지의 형제들도 직간접으로 항
일운동과 관련된 인물들이었다.

한편 장산도 장씨 집안의 후손들은 김대중, 노무현 정부 10년 동
안 정부 요직에 줄줄이 발탁되어 개혁 드라이브를 주도하고 있었
다. 한마디로 민주정부의 인재 풀(pool)이었다. 이에 언론에서는 '호
남의 신흥 명문가'라는 타이틀로 장씨 가문을 잇달아 조명함으로써
세간의 관심을 불러일으키고 있었다.

20세기 초반에는 할아버지 4형제가 독립운동을 벌이고 21세기
초반에는 그 후손들이 민주정부의 개혁을 주도한 일가의 내력에서
나는 아나키스트 이회영 일가가 이루어낸 노블레스 오블리주의 그
림자를 보았다. 육지 끝 다도해의 한 섬마을에 그런 집안이 존재한
다는 사실에 나는 고무되었다.

때마침 장하석 회장은 집안의 자식들과 친지들이 나누어 읽어보게

할 요량으로, 할아버지 형제들의 삶을 담은 소박한 자료집을 준비하고 있었다. 나는 가족사든 전기든 제대로 된 책을 만들어 세상에 널리 알리면 좋겠다고 했다. 그리고 덜컥, 그 책임을 짊어지고 말았다.

그런데 지금껏 알려지지 않은 역사 속 인물들의 삶을 발굴하는 일은 쉽지 않았다. 요컨대 독립운동가 장병준은 일제강점기에 벌인 자신의 독립운동에 대한 기록을 스스로는 단 한 줄도 남긴 바가 없었다. 그 흔한 자서전은 물론이고 일기 한 쪽, 편지 한 장도 전해오는 자료가 없었다. 유족이나 주변 사람들을 통해 전해오는 이야기가 몇 가지 있었지만, 대부분 해방 이후의 행적에 대한 것이었다. 세월의 간극은 너무 컸다.

장병준이 독립운동가로 성장한 과정도, 만주와 연해주 일대를 넘나든 흔적도 찾을 길이 없었다. 국사편찬위원회에 보관된 일제 경찰의 신문조서가 남아 있었지만 그것은 조직 보호를 위해 조작된 내용이 대부분이어서 그 진위를 확인하기 위해 수많은 사람들이 조서와 대조하고 역사적 배경 자료를 뒤적이며 먼 길을 돌아가야 했다. 그렇게 2년 가까이 매달린 끝에 책 한 권 분량의 원고를 만들긴 했다. 하지만 내용이 너무도 엉성하고 부실하여 감히 세상에 내놓을 만한 게 못 되었다.

이러지도 저러지도 못하고 원고를 묵혀둔 사이에 여러 해가 지났다. 그러던 2013년 12월에 『도서문화』 제42집에 목포대 이기훈 교수의 논문 「장병준의 생애와 민족운동」이 발표되었다. 장병준의 민족운동 업적을 역사적으로 자리매김한 연구 결과가 나온 것이다. 이에 힘을 얻은 나는 오랫동안 묵혀둔 원고를 다시 꺼내들었다. 그리고 애초에 장병준, 장홍염 등 형제들의 활동상을 포괄적으로 다룬 내용을 대폭 수정하여 장병준의 생애와 활동을 집중 조명한 평전으로 재구성하는 작업에 들어갔다. 거기에도 꼬박 1년이 걸렸다. 그런 우여곡절을 거친 뒤, 끝에 병신(丙申)년 3·1절 무렵에 드디어 장병준 평전의 출간을 맞게 되었다.

그런데 이 책은 앞서 언급한 장하석 회장의 끈질긴 노력이 없었다면 세상에 나올 수 없었다고 단언한다. 내가 집필을 쉬는 동안에도 그는 장병준과 관련된 역사를 스스로 공부하고, 서술에 도움이 될 자료를 어렵게 구해주었다. 그는 장병준의 생애를 조금이라도 증언해줄 수 있는 분들을 찾아내어 그분들과의 인터뷰 자리를 일일이 마련해주었을 뿐만 아니라 바쁜 시간을 쪼개어 직접 동행까지 해주었다. 또한 평전 서술의 객관성을 확보하도록 명망 있는 역사학자들과의 만남도 주선해주었다. 조금이라도 도움이 될 자료를 얻기 위해 스스로 직접 북간도, 연해주 일대를 다녀오기도 했다.

간혹 집필 작업에 지친 나에게 따뜻한 위로와 격려를 보내주기도 했다. 이처럼 평전 집필을 위해 10년 넘도록 장하석 회장과 호흡을 함께하면서 그의 따뜻한 내면에 민족운동가 장병준의 피가 흐르고 있음을 보았다. 기분 좋은 경험이었다. 한마디로 '호사스러운' 집필 환경을 마련해준 장하석 회장에게 거듭 감사드린다.

한편 지난 10여 년 동안 장병준과 관련된 많은 분들을 만났다. 그분들에 대한 인터뷰는 대부분 2005년에서 2006년 사이에 이루어졌다. 장병준의 맏딸 장인숙 님은 당시 92세의 고령으로, 오래 전 기억을 애써 더듬어주었다. 한국전쟁기에 남편 임두택과 생이별을 하고 반세기를 지내온 셋째 딸 장예숙 님과의 인터뷰는 무척 감동적이었다. 1940년대 이후 장병준 선생의 행적에 대해서는 막내딸 장정숙 님의 증언이 많은 도움이 되었다. 며느리 윤염례 님도 시아버지 장병준과 관련된 여러 가지 중요한 증언을 해주었다.

장병준의 해방 후 활동에 대해서는 조카 장충식 님의 증언이 도움이 되었다. 장홍염의 딸 장명숙 님과 사위 박경석 님도 귀한 증언을 해주었다. 장산면 주민 허종주 님과 김생려 님의 증언은 객관적 입장에서 장병준과 장홍염의 활동을 이해하는 데 도움이 되었다. 감사를 드린다. 이밖에도 책이 나오기까지는 수많은 분들의 도움이 있었다. 일일이 열거하여 감사의 뜻 전하지 못한 점을 죄송하게 여긴다. 특히 인터뷰 뒤에 고인이 되신 몇몇 분들의 영전에는 고개 숙여 애도의 마음을 전한다.

긴 세월을 거쳐 우여곡절 끝에 나온 책이라 감회가 특별하다. 하지만 책 한 권으로 한 인물의 삶을 온전히 담아낼 수는 없는 노릇이어서 아쉬움도 많다. 더구나 일제강점기에 온 삶을 바쳐 민족해방을 위해 싸운 수천, 수만의 선열들이 아직도 익명으로 잠들어 있다. 그중에는 거친 대륙에서 나무껍질과 풀뿌리로 연명하며 무장독립운동을 벌이다가 젊은 나이에 생을 마감한 이들도 부지기수이다. 이 책이 그러한 익명의 선열들에 대한 관심을 조금이라도 촉발하는 계기가 될 수 있다면 더 없는 영광으로 삼겠다.

2016^(丙申)년 3월에
지은이 **박 남 일**

차 례

I.

거대한
불길

1 민족해방의 눈을 뜨다

섬마을의 어린 신랑
:

햇살이 고왔다. 다도해 물결은 은빛으로 반짝였다. 잔잔한 바다 위에 올망졸망 떠 있는 섬들은 마냥 한가로워 보였다. 그 가운데 한 섬 장산도에서는 왁자한 웃음소리가 울려 퍼졌다. 대리(大里) 장 진섭(張鎭燮)의 맏아들 장병준이 혼례를 치르는 중이었다. 신부는 하 의면 상태도 출신 박금례였다. 신랑은 열두 살, 신부는 열다섯이었 다. 맏아들에게서 일찍 후손을 얻으려던 집안 어른들 염원에 따른 조혼이었다. 때 이른 혼례를 치르는 신랑의 앳된 얼굴에는 내내 부 끄러운 기색이 떠나지 않았다.

장산도 인동 장씨 집안은 서남해 섬 지역의 지주였다. 18세기 후 반 장인걸(張仁傑) 대에 장산도에 들어와 주변 섬과 해안 지역 간척사 업을 벌인 결과 장진섭의 아버지 장도규 대에 이르러 지주로 자리

▲ 장산면 대리에 복원된 장병준 생가(본래는 초가집이었다)

를 잡은 터였다.[1] 하지만 명색이 지주 집안의 경사임에도 혼례 잔
치는 간소하고 소박했다. 집안 토지 대부분이 장남 장진백에게 대
부분 상속되는 바람에 장진섭이 지주 소리 들을 형편은 못 되었던
것이다.

　혼례를 치르고 상투를 올린 뒤에도 어린 신랑 장병준은 서당에
다녔다. 하지만 이미 다 배워서 새로울 것도 없는 서당 공부였다.
장병준은 서당이 파하기가 무섭게 친구들과 어울려 섬 전체를 들

---

1 인동 장씨 장인걸(張仁傑)은 1770년경 함평, 해남을 거쳐 진도 가사도에서
　대리로 이주하였다.

쑤시며 놀다가 날이 어둑해져서야 집으로 돌아왔다. 그나마 어린 신랑은 방에도 들어가지 않고 외양간 소여물 더미 옆에서 잠들기 일쑤였다. 그러면 부인 박씨는 "소한테 밟혀 죽으면 어쩌려고 여기서 자느냐"며 어린 신랑을 보듬어다 방에 눕히곤 했다고 한다.

그 무렵 뭍에서는 연달아 흉흉한 일들이 일어나고 있었다. 1904년 8월에는 1차 한일협약이 체결되었다. 그에 따라 대한제국 정부는 일본 고문의 간섭을 받게 되었다. 이어 1905년에는 박제순, 이지용, 이근택, 이완용, 권중현 등 5명의 대신들이 2차 한일협약에 조인함으로써 외교권을 일본에 박탈당하였다. 그리고 이듬해인 1906년 2월에는 일제 통감부가 설치되어 대한제국의 내정까지도 장악했다. 그로써 침략의 발판을 마련한 일본 제국주의 세력은 거침없이 한반도를 침탈해왔다. 무늬만 제국인 대한제국은 이미 일제 식민지로 전락하는 중이었다.

이처럼 뭍에서 나라가 망가지고 있었지만 다도해 섬마을은 비교적 평온했다. 목포에서 뱃길로 백 리나 떨어진 섬마을까지는 아직 시대의 격랑이 미치지 않은 터였고, 섬마을 사람들은 여전히 바다와 들과 산에서 땀 흘려 일한 대가로 일용할 양식을 얻어 일상을 이어가고 있었다.

그런 가운데 장병준의 아버지 장진섭은 착실하게 논밭과 염전을 일구며 남부럽지 않게 실팍한 살림을 꾸려나갔다. 다만 걱정이 있다면 자식들의 미래였다. 뭍 세상에는 커다란 변화가 일어나고 있음을 장진섭도 알고 있었기 때문이다. 장진섭은 격변의 시대를 살아갈 자식들에게 일찌감치 신식 교육을 시켜야 한다고 생각했다.

하지만 장산도에 있는 교육기관이라곤 케케묵은 구식 학문을 가르치는 서당뿐이었다. 장진섭은 목포에 집을 구해 병준, 병상, 홍재 등 자식들을 뭍으로 내보내기로 했다.

그 무렵 장병준은 망연한 눈길로 바다를 바라보며 생각에 잠기는 때가 많았다. 날마다 바라보는 들과 바다는 늘 그대로였지만 나날이 몸과 마음이 자라는 소년에게 섬마을은 비좁고 답답하기만 했다. 그런 사춘기 소년의 멍한 눈길을 안타깝게 바라보던 아버지는 목포에 몇 차례 다녀왔다. 그리고 어느 날 병준을 불러놓고 말했다.

"목포에 신식 학교가 생겼다더라. 거기 가서 공부해볼 생각 없느냐?"

섬마을의 따분한 일상에 싫증이 나 있던 장병준은 아버지의 말에 귀가 번쩍 뜨이는 듯했다. 장병준은 군말 없이 아버지의 말에 따랐다.

청운의 요람, 목포 양동 125번지
:

섬 소년 장병준은 아버지를 따라 목포행 연락선에 몸을 실었다. 그리고 다도해를 건너 목포항에 들어선 순간 장병준은 눈이 휘둥그레졌다. 커다란 배들이 짐을 가득 싣고 부두에 드나드는 광경이 섬 소년의 눈에는 놀랍기만 했다. 즐비하게 거리를 메운 근대식 건물과 수많은 사람들이 오가는 거리의 광경도 낯설었다. 일본인은 물론이고 피부 빛깔이 다른 서양 사람들도 종종 눈에 띄었다. 개화기를 맞은 항구도시의 풍경이 그저 신기해 보였다.

사실 장병준이 태어날 무렵만 해도 목포는 무안현에 딸린 작은 포구에 지나지 않았다. 그러나 부산, 원산, 인천에 이어 강제로 개항이 되면서 목포는 일제 식민지 거점 가운데 하나로 성장했다. 그리하여 목포항은 호남의 쌀, 목화, 소금, 누에고치 등을 실은 배가 빠져나가고, 일본에

▲ 목포 양동교회

서 만든 공산품이 들어오는 식민지 통로 역할을 하고 있었다. 부산, 인천과 더불어 식민지 3대 항구도시로 떠오른 목포는 호남에서 가장 번성한 도시로 발돋움하고 있었다. 겉으로 보기에는 그랬다.

장병준이 머무르게 된 곳은 목포시 양동 125번지, 양동교회 바로 근처였다. 미국에서 온 유진 벨(E. Bell, 한국명: 배유지) 목사가 설립한 양동교회는 선교 지역 내에 영흥학교와 정명학교를 사숙(私塾) 형태로 운영하고 있었다. 이 가운데 영흥학교에는 소학교 과정과 2년제 중등과정이 있었다. 그리고 1911년 3월경에 중등과정 첫 졸업생이 배출되었다.

당시 졸업생 명단을 확인할 자료는 남아 있지 않다. 그러나 시대 상황을 고려할 때 장병준은 그 무렵에 영흥학교를 졸업한 것으로

보인다. 공교육 제도가 들어서기 전이었으므로, 당시 목포에는 영흥학교 말고는 신학문을 배울 만한 학교가 없었다. 장진섭이 영흥학교 지척에 집을 구한 것도 그 때문이었다.

한편 양동교회는 의료, 교육 등 여러 분야에서 목포 지역 주민을 위한 사회사업도 벌이고 있었다. 또한 영흥학교와 정명학교에는 미국 선교사들과 더불어 남궁혁, 곽우영 등 조선인 교사들이 근무하고 있었다. 나중에 4·8목포만세시위운동을 주도하게 되는 인물들이었다.

그처럼 목포지역 독립만세운동의 근거지가 될 양동교회 옆에서 장병준은 신학문을 처음으로 접했다. 더불어 병상, 홍재, 홍염 등 장병준의 동생들도 나이가 차면 차례로 섬을 나와 목포 양동 125번지에 머물며 신식 학교에 다니게 된다. 그 때문에 장진섭 가의 후손들 호적에는 지금도 목포시 양동 125번지가 본적지로 기재되어 있다.

목포시 양동 125번지는 이처럼 장병준과 그 형제들에게 청운의 요람이었다. 물론 그 이면에는 장진섭의 헌신적인 노력이 있었다. 장진섭은 재물을 곳간에 쌓기보다는 자식들 교육에 아낌없이 투자했다. 그러다가 형편이 어려워지자 장진섭은 형들을 찾아가서 "자식들 학비 때문에 어려워서 그러니 돈 좀 빌려 주시오"라며 손을 벌리기도 했다. 그러자 형들은 혀를 끌끌 차며 "밥 달라고 하제, 글 달라고 하더냐?"고 타박을 했다는 이야기도 전한다.

이처럼 장진섭은 주변에 아쉬운 소리를 해가면서까지 자식 교육에 정성을 들였다. 장진섭의 그런 교육열은 장산도 인동 장씨 집안을 명문가로 꽃피우는 데 밑거름이 되었다.

보성전문에서 민족의식을 일깨우다
:

1910년 8월 29일. 대한제국 총리대신 이완용과 일본 데라우치 통감이 한반도 통치권을 일황에게 양도하는 합병조약에 도장을 찍었다. 대한제국은 일제 식민지로 전락했다. 경술년의 치욕스런 사건이었다. 이에 분을 삭이지 못한 인사들 수십 명이 스스로 목숨을 끊었다. 무기를 들고 일어선 의병들이 일제에 저항하기도 했다.

일제 식민지 침탈은 곳곳에서 독립운동을 불러일으켰다. 특히 서북간도와 연해주 지역에서는 경학사, 신흥강습소(新興武官學校), 중광단, 권업회와 같은 단체가 결성되어 항일 독립운동의 기지가 되었다. 일제의 감시와 탄압이 삼엄한 국내를 떠난 독립운동가들은 해외 독립운동 기지로 줄줄이 망명을 했다.

이처럼 일제의 식민지 침탈에 대한 저항이 싹틀 무렵, 장병준은 상급학교에 진학하기 위해 서울로 올라갔다. 그러나 식민지 치하에서 학업을 이어가는 데는 많은 난관이 따랐다. 이미 일제는 1911년에 조선교육령을 선포하여, 강제로 일본어를 보급하면서 학생들의 생각과 문화를 일본식으로 바꾸려고 획책하고 있었다. 그 때문에 장병준은 총독부 간섭이 덜한 사립학교에 들어가기를 원했다. 그 결과 보성전문학교 법학과에 입학하게 된다.

보성전문은 1905년에 대한제국 궁내부 내장원경(內藏院卿)[2] 이용익이 황실 지원으로 설립한 학교였다. 반일 성향을 가진 이용익은,

을사늑약으로 식민지화 위기에 처한 현실을 개탄하며 근대식 고등교육기관 설립을 추진했다. 그 사실을 보고받은 고종은 친히 '보성(普成)'이라는 교명까지 지어주면서 기뻐했다고 한다. 게다가 황실의 내탕금으로 학교의 설립 운영비를 부담케 했다. 그런 점에서 애초에 보성전문은 망국의 위기에서 황실이 세운 황립(皇立)학교였다.

그런데 장병준이 입학한 무렵에 보성전문학교는 천도교에 인수되어 사립학교로 바뀌어 있었다. 천도교는 1894년 갑오농민전쟁 이후 일제의 혹독한 탄압으로 운동적 힘을 잃은 터였다. 그러나 지식과 실력을 갖춘 인재를 길러내어 일제에서 벗어나자는 취지로 민족교육 사업에 기대를 걸고 있었다. 그 대표적인 사업으로 천도교는 1910년에 보성학교를 인수하여 운영해오고 있었다. 따라서 보성전문에는 자연스럽게 민족교육을 중시하는 학풍이 마련되었고, 식민지 현실에 분노한 전국 각지의 청년들이 보성전문으로 모여들었다.

한편 보성학교 관내에는 천도교에서 직영하는 '보성사'라는 인쇄소가 있었다. 겉으로는 천도교 관련 책자와 보성학교 교과서를 찍는 인쇄소였다. 하지만 보성사는 천도교 내 독립운동가들의 아지트 역할을 하는 곳이었다. 특히 보성사 사장 이종일은 민족의식이 강한 언론인으로서 시종일관 대중의 독립의식을 고취하는 활동을 벌이고 있었다.

보성사에는 민족운동가들의 발걸음이 끊이지 않았다. 보성전문

---

2 왕실 재산을 관리하는 관청의 수장.

학생들은 3년[3] 동안 그들의 발자국 소리를 들으며 민족의식을 일깨웠다. 일제강점기에 보성전문이 수많은 민족해방 운동가를 배출한 데에는 그런 배경이 있었다. 장병준 또한 그러한 분위기 속에서 민족의식에 눈을 뜨게 되었고, 보성전문 학연을 바탕으로 이후 독립운동을 펼치게 된다.

한편 장병준이 보성전문 졸업반이던 1914년 7월, 오스트리아가 세르비아에 선전포고를 하면서 제1차 세계대전이 발발했다. 전쟁은 곧 유럽 전역으로 확대되었다. 오스트리아, 독일, 헝가리, 오스만튀르크가 한편으로 동맹을 형성했다. 영국, 프랑스, 러시아, 이탈리아 등 연합국이 이에 맞섰다. 8월에는 일본도 독일에 선전포고를 하고 연합국 편에 가담했다. 유럽 대륙은 포연(砲煙)에 뒤덮이고, 세계 질서는 차츰 미궁으로 빠져들었다.

도쿄의 유학생 동지들
  :

1915년 초. 보성전문을 졸업한 장병준은 관부연락선(關釜連絡船)[4]에 올랐다. 화물여객선 객실은 대륙 침략에 동원된 일본인과, 일본으로 품을 팔러 가는 조선 노동자들로 붐볐다. 그들 틈에 섞여 대한해협을 건넌 장병준은 니혼대학(日本大學)[5] 법과에 입학했다. 그

---

[3] 1905년 설립 무렵에 2년제였던 보성전문의 학제는 1907년부터 3년제로 바뀌었다.
[4] 부산에서 시모노세키를 오가는 정기항로.
[5] 메이지 정부 첫 법무장관이었던 야마다 아키요시(山田顯義)가 1889년에 세운 니혼법률학교의 후신.

무렵에 니혼대학은 법과는 물론이고 고등사범과와 상과도 개설되어 있었다.

　대학에서 법률을 착실하게 공부하면 장병준은 일제의 식민지 지배에 협력하는 관리가 되어 편안한 미래를 누릴 수 있을 터였다. 근대 교육이라는 게 사실은 '엘리트'라는 이름의 이기적 개인들을 만들어내는 수단이었다. 실제로 당시 일본에서 공부한 조선인 유학생 다수는 그런 길을 걸었다. 오히려 그것이 보편적 현상이었다.

　다만 일제 지배에 신음하는 식민지 백성의 삶을 외면하지 못한 일부 양심 있는 유학생이 식민지 지배 질서 자체에 대한 문제의식을 가지고 독립의 길을 모색했다. 장병준도 그런 유학생 가운데 한 사람이었다.

　당시 도쿄의 조선인 유학생들은 여러 단체를 결성하여 독립의식을 고취하는 활동을 벌이고 있었다. 그중에서도 동경조선유학생학우회가 세력이 컸다. 이미 안재홍, 신익희, 현상윤, 송진우, 김성수 등 유명 인사들이 참여하여 활동한 바 있는 동경조선유학생학우회는 조선 유학생이면 거의 의무적으로 가입해야 할 만큼 세력을 떨치고 있었다. 심지어 이 단체에 가입하지 않은 유학생이나, 가입만 해놓고 활동을 하지 않는 회원은 거센 비난을 받았다고 한다.

　장병준이 일본 유학 기간에 특정한 단체의 일원으로 활동한 기록은 보이지 않는다. 그러나 당시 장병준이 가까이 교류한 선배나 동료 유학생들 대부분이 동경조선유학생학우회를 비롯한 항일단체에서 활동한 사실로 미루어 장병준 또한 항일단체 활동을 했으리라 짐작된다. 특히 유학 기간에 장병준과 친하게 지낸 것으로 알려진 보성전문 선배 이춘숙은 나중에 동경조선유학생학우회 총무로 활동할 만큼 유학생 운동을 주도한 사람이었다.

함경남도 정평군 출신으로, 당시 일본 주오대학(中央大學) 경제과에 다니고 있던 이춘숙은 낯선 일본 땅에 갓 건너온 장병준에게는 든든한 선배이자 동지였다. 이춘숙을 통해 장병준은 다른 유학생들과도 교류했다. 그 가운데 '홍도(洪濤)'라는 이름으로 잘 알려진 홍진의(洪震義, 1894~?)가 있었다. 홍진의는 함경남도 출신으로, 메이지대학(明治大學) 법과에 다니며 사회주의자로 활동하고 있었다. 그는 '일제 타도와 새 아시아 건설'을 내건 비밀결사체인 신아동맹당에서 김철수(金綴洙, 1893~1986), 장덕수 등과 함께 활동하고 있었다.

이밖에 황해도 은율 출신으로 메이지대학 법과에 다니던 손두환(1895~?, 이명 손건), 함경남도 홍원 출신으로 메이지대학 상과에 다닌 이봉수(李鳳洙, 1892~?, 이명 李喆), 함경남도 홍원 출신으로 보성학교 교장 최린의 아들인 최혁 등도 장병준이 유학 시절에 교류한 사람들이었다.

그런데 장병준과 가까웠던 이들은 주로 함경도, 황해도 등 서북 지역 출신들이었다. 남쪽 섬과 북쪽 내륙이라는, 각기 이질적 출신 배경을 가졌음에도 장병준이 이들과 친밀하게 지냈다는 사실은 조금 생뚱맞아 보인다. 하지만 장병준과 그들 사이에는 외딴 변방 출신이라는 공감대가 있었다. 한곳에 안주하지 않고 바다든 대륙이든 거침없이 내달리고자 하는 진취적인 기질도 서로 통했을 것이다.

이밖에도 장병준은 유학 시절에 신익희와 가까이 지냈다고 전해진다. 신익희는 1894년 경기도 광주 출신으로, 서울에서 한성외국어학교를 마치고 1912년부터 일본 와세다(早稲田)대학을 다니고 있었다. 신익희는 유학생 통일 조직인 학우회의 총무와 회장을 맡았으며, 학우회 기관지 '학지광'의 주필로 활동했다. 그러던 1917년에 귀국한 신익희는 한때 보성법률상업학교 등에서 교편을 잡았고, 3·1운동 이후에는 상하이에서 활동하게 된다.

일본 유학 기간에 장병준은 이들과 동지적 관계를 맺으며 일제에 대한 저항의식을 다졌다. 그러나 장병준은 유학 3년차를 맞은 1917년에 돌연 학업을 중단하고 귀국을 하게 된다. 나중에 일제 경찰의 신문에서 장병준은 그 이유를 '신병' 때문이라고 했다. 오랜 객지 생활로 인해 실제로 병이 났을 수도 있다.

하지만 후손들 증언에 따르면, 그 무렵 장병준이 학업을 포기할 만큼 아팠다는 이야기를 들은 적이 없다고 한다. 그렇다면 장병준의 이후 행적을 고려할 때 그것은 독립운동과 관련된 결단이었을 가능성이 높다. 식민지 수탈에 신음하는 나라의 처지가 다시 그를 관부연락선에 오르게 했을 터였다.

2 독립만세운동의 서막

섬마을 사람들을 포섭하다
:

일본 유학에서 돌아온 장병준은 한동안 고향 장산도에 머무르며 처자식과 어린 동생들을 보살폈다. 겉으로는 평온한 일상이 이어졌다. 하지만 그는 이춘숙 등 유학 시절 동지들과 연락을 유지하며 바깥 세계의 동향을 살피는 한편으로 섬마을 사람들의 민족의식을 일깨우는 활동을 벌였다. 더불어 결정적인 국면에 함께 활동할 동지들을 조직해나갔다.

장병준은 먼저 같은 마을 사는 고제빈의 집에 수시로 드나들며 친밀감을 쌓았다. 고제빈은 마을 젊은이들에게 신망이 두터운 사람이었다. 그의 집에는 마을 청년들이 자주 찾아와서 놀다 가곤 했다. 장산면 팽진리 주민 김극태도 그중 한 명이었다. 장병준은 이들과 친분을 쌓은 뒤, 틈나는 대로 세상 돌아가는 이야기를 나누면서 민족의식을 일깨웠다.

장병준은 집안 5촌 조카인 장동식과도 친밀하게 지냈다. 장동식은 장병준의 사촌형 장병민의 아들이었다. 동시에 장도규에서 장진백, 장병민으로 이어지는 장산도 장씨 종가의 2대 독자였다. 장병준과 장동식은 비록 항렬로는 당숙과 조카였지만 나이 차가 네 살밖에 나지 않아서 거의 형제처럼 지냈다. 특히 장동식은 목포 양동 125번지 집에서 살다시피 하며 장병준 형제들과 어울렸다고 한다. 그런 장동식에게 어느 날 장병준이 넌지시 물었다.

"나랑 같이 독립운동할 생각은 없는가?"

그러자 장동식은 잠시 난감한 표정을 짓다가 말했다.

"저는 2대 독자라서 직접 나서는 것은 어려울 것 같습니다. 대신 제게 재산이 있으니까, 당숙님께서 독립운동을 하시면 뒤는 얼마든지 받쳐드리겠습니다."

사실 장동식이 난색을 표한 데에는 다른 이유도 있었다. 당시 장동식은 장산면장을 지내고 있었던 것이다.[1] 비록 이십대 초반의 젊은 나이였지만 장동식은 지주 집안의 종손이라는 이유로 지역 유지 대접을 받고 있었고, 그 때문에 장동식은 자의반 타의반으로 면장 노릇을 하게 되었다. 비록 외딴 섬 말단 행정단위일망정 면장을 맡고 있는 처지에서 선뜻 독립운동에 나설 수는 없었던 것이다.

그러나 장동식은 이후 여러 차례 독립운동 자금을 내놓았고, 장

---

1 장산면에 확인한 바에 따르면 장동식은 4대, 6대, 10대 장산면장을 지냈다. 구체적인 재직 연대는 알 수 없으며, 다만 10대 면장 임기를 1945년에 마친 것으로 확인되었다.

병준의 생활비를 대주기도 했다. 또 장동식은 간척사업으로 생긴 많은 토지를 소작인들에게 거저 나눠주었고, 해방 뒤에는 장산도의 육영사업에 많은 재산을 쏟아 부었다. 그러면서도 자신을 전면에 내세우지는 않았다. 덕분에 장동식은 '덕은(德隱)'이라는 호를 얻게 된다. 숨어서 덕을 베푼다는 뜻이다.

한편 그 무렵 장병준은 자은면장 표성천과 암태면장 서태석을 만나게 된다. 서태석은 그럭저럭 살만한 자작농 집안에서 태어나 서당에서 한학을 배우고, 한편으로는 스스로 한의학을 공부했다. 그러던 열여섯 살 때는 인근 안좌면 옥도 사람들이 괴질로 고생을 하는 것을 보고 헌신적으로 치료를 해주어 섬마을 일대에서 명의(名醫) 소리를 듣게 되었다. 그런저런 일로 주민의 신망을 받게 된 서태석은 스물아홉 살이던 1913년부터 암태면장에 재직하면서 모범적인 면장으로 이름을 날렸다. 요컨대 서태석은 흉년에 구황작물로 무상 제공된 메밀을 팔아먹은 면 직원을 단호하게 조치하여 바로잡는 등 청렴함을 잃지 않았다고 한다.

그런데 장병준이 이들을 만난 당시 서태석과 표성천은 어디까지나 일제 식민지 말단 행정 관리인 데다, 친일파 이용구 등이 설립한 시천교 교도였다. 친일파로 분류해도 이상할 게 없는 처지였다. 그럼에도 장병준이 이들과 가까이 교류하게 된 데에는 당시 장산면장이던 조카 장동식의 역할이 있었을 것으로 추정된다. 함께 면장 노릇을 하면서 이들의 인품을 겪어본 장동식이 두 사람을 장병준에게 소개했을 가능성이 높다. 그 경위가 어쨌든 이 무렵 장병준과 서태석의 만남은 몇 년 뒤에 놀라운 역사적 반전을 일으키게 된다.

민족자결주의 바람은 불어오고
:

장병준이 일본 유학에서 돌아와 장산도에 머무르는 동안, 제1차 세계대전은 연합국의 승리 쪽으로 승부의 추가 기울어 갔다. 특히 1917년 봄에는 그간 중립을 표방하던 미국이 선전포고와 함께 연합국에 가담했다. 미국은 '세계 자유의 실현', '평화와 안전보장'과 같은 슬로건을 참전의 명분으로 내세웠다. 그러나 미국의 참전 목적은 경제공황에서 탈피하고 유럽에 투자한 자본을 보호하며, 러시아 볼셰비키혁명의 여파를 견제하는 데 있었다.

어쨌든 신흥 강국 미국이 참전함에 따라 제1차 세계대전은 사실상 연합국의 승리로 마감되었다. 동시에 승전국들은 식민지 시장 재분할을 위해 치열하게 패권을 다투었다. 그 틈을 타 일본은 아시아에서 절대 강자로 군림했다. 특히 일본 독점자본은 전쟁 특수로 크게 호황을 누렸다. 도쿄의 주식시장은 날마다 요동쳤다. 한쪽에서 피를 흘리는 동안, 다른 한쪽에서는 막대한 이윤을 축적해갔다. 제국주의 전쟁의 속살이 그대로 드러난 것이다.

한편 승전국들은 종전 이후의 세계 질서를 모색하기 시작했다. 여러 식민지 약소국들도 촉각을 곤두세우고 전후 처리 결과에 주목했다. 의미 있는 목소리는 연합국의 일원인 러시아 쪽에서 먼저 들려왔다. 1917년 4월에 러시아혁명 임시정부가 "민족자결권에 근거하여 영구적인 평화를 구축할 것"이라 천명한 것이다. 또 10월혁명을 완수한 뒤에 레닌은 '러시아 제민족의 권리선언'에서도 약소민족에 대한 민족자결권을 강조했다. 그것은 유럽과 러시아 지역은 물론이고 아시아의 식민지 약소국 민중에게도 복음 같은 소식이었다.

이어 1918년 1월에는 미국 대통령 윌슨이 평화원칙14개조에서 '피지배자의 동의' 또는 '대중적 지지'에 따라 패전국의 식민지 문제가 결정되어야 한다는 방침을 전후 질서로 제시했고, 2월에는 '4개 조항'을 통하여 식민지 약소국에 대한 민족자결 원칙을 선언했다. 그런데 잘 살펴보면, 레닌의 민족자결주의와 윌슨의 민족자결주의는 꽤나 다른 내용이었다.

레닌의 민족자결주의가 식민지 약소민족에 대한 보편적 원리로서 완전 독립을 지향한 것이라면, 나중에 등장한 윌슨의 민족자결주의는 패전국 식민지를 대상으로 하는 것이었다. 그나마 윌슨의 자결주의는 완전 독립보다는 위임통치를 염두에 둔 것으로, 실상은 패전국 식민지에 대한 통제권을 행사하려는 의도를 담고 있었다. 러시아 혁명가들은 이를 '전리품 협정'이라 비난했다. 그럼에도 식민지 피억압 민족은 윌슨의 민족자결주의에 더 고무되었다. 신흥 강국 미국과 서구 열강이 적극적으로 지지해준다면 식민 지배에서 벗어날지도 모른다는 기대감 때문이었다.

그러던 1918년 말에 제1차 세계대전이 종결되었고, 패전국에 속해 있던 체코슬로바키아, 헝가리, 폴란드 등이 줄줄이 독립을 선언했다. 1919년 1월 18일부터는 프랑스에서 27개 승전국 대표가 모여 전후 처리에 관한 회의를 열기로 했다. 이른바 '파리강화회의'였다. 윌슨이 일으킨 민족자결주의 바람으로 독립에 대한 기대에 들뜬 식민지 피억압 민족은 파리강화회의를 민족자결주의라는 복음이 실현될 무대로 여겼던 것이다.

민중봉기의 조건이 무르익다

:

파리강화회의는 일제 식민 지배에 신음하던 조선인들에게도 초미의 관심사가 되었다. 물론 종주국 일본은 패전국이 아니었고, 그러므로 조선은 종전 협상 대상국이 아니었다. 그러나 민족운동가들은 파리강화회의를 승전국 대표들에게 식민지 조선의 실상을 알리고 독립청원서를 제출할 기회로 여겼다. 예컨대 미국의 대한인국민회는 위임통치 청원서를 미국 대통령에게 전달했고, 상하이에서는 독립 청원을 위해 김규식을 파리에 파견하기로 했다. 또한 연해주 니콜리스크 전로한족회 총회에서도 파리에 대표를 보내기로 했다.

그런데 외교를 통한 독립 청원에 앞서 중요한 것은 조선 민중의 결집된 역량을 보여주는 일이었다. 조선 민중 스스로 민족해방과 독립 의지를 세계만방에 표출했을 때, 조선 독립에 대한 국제적인 여론도 형성이 될 터였다. 물론 천도교에서는 경술국치 직후인 1910년 9월부터 보성사 사장 이종일을 중심으로 대중봉기 계획을 세워왔다. 그러나 교주 손병희의 재가를 얻지 못해서 그 계획은 실현되지 않았다. 그러던 1월 21일 갑자기 고종이 승하했고, 일제가 고종을 독시(毒弑)했다는 소문이 나돌면서 조선 민중의 반일 감정은 극에 달하게 되었다.

그즈음 일본 내 조선 유학생들은 『더 저팬 애드버타이저』라는 영국계 신문 기사에 크게 고무되었다. 기사는 파리강화회의 및 국제연맹에서 한국을 비롯한 약소민족 대표들의 발언권을 인정해야 한다는 내용을 담고 있었다. 이 기사를 통해 민족자결주의와 관련된 국제 여론을 확인한 유학생들은 자신감을 얻게 되었다. 그리하여 동경조선유학생학우회를 중심으로 기독교청년회관에서 웅변대회를 열고 독립운동을 결의했다. 또한 최팔용, 김도연, 백관수 등 10명의 실행위원을 선출하여 민족대회 소집 청원서와 독립선언서를 작성케 했다.

동경조선유학생학우회는 송계백을 국내로, 이광수를 상하이로 보내어 청원서와 선언서를 전달했다. 그리고 각국 대사관, 공사관 및 일본 정부, 일본 국회 등에 발송한 뒤 2월 8일에 동경기독교청년회관에서 독립선언식을 열었다. 선언식은 일제 경찰에 의해 강제해산을 당하고 27명의 유학생이 검거되었지만, 도쿄 유학생들의 결의는 국내 민족운동가들에게 강렬한 메시지를 던졌다.

민족자결주의 바람에다 고종의 독살설, 거기에 도쿄 유학생의 2·8독립선언까지 겹치면서 나라 안팎에는 건드리기만 하면 터질 듯 팽팽한 긴장감이 감돌았다. 대중봉기의 조건이 무르익고 있었다. 그러자 천도교의 권동진, 오세창, 최린 등 중역들은 교주 손병희의 재가를 받아 만세운동을 준비했다. 여기에 이승훈, 이갑성, 박희도 등 기독교계 인사들과 불교 쪽 인사들도 가세했다. 시위를 주도할 학생들도 조직되었다. 드디어 독립만세운동을 추진하는 주체로서 독립단 본부가 결성되고, 독립선언서에 서명할 민족대표 33인에 대한 인선도 시작되었다. 3·1만세운동의 서막은 이미 오른 터였다.

3 거세게 번지는 불길

통일적 민족운동을 위하여

:

1917년에 일본 유학에서 돌아온 이후부터 1919년 초까지, 장병준은 장산도 고향집과 목포 양동 125번지에서 번갈아 머무르며 지역 내 민족주의자들과 교류했다. 당시 장병준의 구체적인 행적에 대한 기록은 확인되지 않지만, 양동교회와 영흥학교 인맥을 통해 지역 내 민족주의 인사들과 교류했을 가능성이 높다. 목포 신간회를 결성하는 등 몇 년 뒤에 그가 지역에서 벌인 여러 가지 활동이 그런 정황을 뒷받침한다.

또한 이 시기에 장병준은 보성전문 선후배들을 통해 국내외 정세를 살폈다. 특히 이춘숙이나 홍진의 등 일본 유학 시절에 뜻을 나누었던 동지들과는 귀국 후에도 지속적으로 연락을 취하면서 조직적 결속을 유지하고 있었던 것으로 보인다. 그런 가운데 식민지 독립에 대한 기대감으로 국내외 정세가 급박하게 돌아가자 장병준은 서울로 향했다.

1919년 2월 어느 날. 장병준의 발걸음은 서울 다옥정(지금의 중구 다동)에 있는 신흥여관 앞에서 멈추었다. 잠시 주위를 살핀 다음 장병준은 여관 안으로 들어갔다. 그러자 보성전문 선배 이춘숙을 비롯한 일본 유학 시절 동지들 몇몇이 장병준을 반가이 맞았다. 장병준은 그들과 일일이 수인사를 나눈 뒤 자리를 잡고 앉았다. 젊은 남자들로 꽉 찬 여관방에는 잠시 긴장감이 흘렀다. 이춘숙이 입을 열었다.

"민족자결주의 바람을 타고 나라 사정이 급박하게 돌아가고 있소. 천도교를 중심으로 대규모 독립만세시위도 준비하는 모양이오. 조만간 큰일이 터질 것이오. 이 중대한 시기에 우리 유학생 동지들이 중요한 역할을 해야 할 것이오."

이춘숙은 1918년 7월에 일본 주오대학 경제과를 졸업한 뒤 홍진의와 함께 6개월 동안 만주, 연해주 일대를 돌며 독립운동가들을 접촉하고 돌아온 터였다. 특히 1918년 12월에는 연해주의 니콜리스크로 가서 '전로한족회중앙총회' 회장 문창범[1]과 부회장 윤해[2]를 만

---

1 일곱 살 때부터 연해주 지역에서 터전을 닦고 살아온 인물로, 니콜리스크에 광동학교를 설립하여 민족교육에 힘쓰며 러시아, 만주 일대 독립운동단체 규합 활동을 해온 한인 지도자. 경술국치 이듬해에 국내 무력진공을 계획한 적이 있으며 만주, 러시아령 독립운동가들과 함께 1918년 무오독립선언서에 서명하기도 했다.
2 1888년 함경남도 영흥 출신으로 1910년에 보성전문을 졸업한 뒤에 망명하여 블라디보스토크의 권업회, 북간도의 간민회 등에서 활동하다가 전로한족회 중앙총회 기관지 청구신보(靑邱新報) 주필을 거쳐 1918년 6월에 전로한족회 중앙총회 부회장에 오른 인물.

나 민족운동 방향에 대한 의견을 나누었다고 했다. 이춘숙은 그 내용을 이렇게 전했다.

"우리는 제1차 세계대전의 종결과 파리강화회의 등 세계정세와 국내외 독립운동 현안에 대해 광범위하고도 깊은 이야기를 나누었소. 그 결과 세 가지 중요한 내용을 협의했는데, 첫째는 파리강화회의에 대표자를 파견하여 열국의 대표자에게 조선 독립의 원조를 구하자는 것이고, 둘째는 국내와 국외 운동가를 연결하여 일제히, 통일적으로 독립운동을 펼쳐야 하며, 셋째로는, 이에 대하여 국내 운동가 동지들의 의향을 확인하고, 일본 유학생과 연결을 도모하자는 것이외다."

실제로 당시 전로한족회중앙총회는 이 협의 내용에 따라 윤해와 고창일을 파리강화회의에 파견했다. 두 번째 임무를 수행하기 위해 홍진의는 국내와 상하이를 오가며 활동하고 있었고, 세 번째 임무를 맡은 이춘숙은 2월 초에 서울로 잠입한 뒤 보성고보 선배 김두봉[3]을 찾아가서 국내 독립운동 상황을 알아보았다. 당시 보성고보, 휘문고보, 중앙고보 등에서 강의를 하며, 학생들과 함께 3·1만세운동 준비에 가담하고 있었기 때문이다.

국내 상황을 자세히 파악한 이춘숙은 일본 유학생과, 일본 유학생 출신들의 관계망을 이용하여 국내외 독립운동가들의 통일적 운동을 도모하려 했다. 이춘숙이 서울에서 여러 동지들을 결집한 이유도 그것이었고 장병준도 거기에 가담하게 된 것이다.

---

3 한글학자 주시경의 수제자로 한글 연구와 사회주의 독립운동사에 큰 족적을 남겼다. 해방 후에는 북한 고위직에 재직하다가 김일성에게 숙청을 당하였다.

그날 밤, 신흥여관 구석방에서 젊은 운동가들은 서로 머리를 맞대고서 국내 독립운동과 연해주, 상하이, 도쿄 등 국내외를 망라하는 통일적인 독립운동 노선을 모색했다. 비록 천도교나 기독교 등 종교계 명망가들처럼 조직 기반을 가진 것은 아니었지만, 장병준을 비롯한 이들 젊은 운동가들은 정세를 꿰뚫는 냉철한 지성과 민족해방을 향한 뜨거운 열망으로 결속했다. 그리고 3·1독립선언을 준비하고 있던 독립단 본부와 접촉하면서 자신들이 수행할 역할을 구체적으로 계획했다.

타오르는 독립만세운동의 불길
:

독립단 본부는 1919년 2월 25일부터 27일 사이에 천도교 15명, 기독교 16명, 불교 2명 등 종교계 인사 33명을 민족대표로 선정했다. 이들 대표들은 3월 1일 오후 2시를 기해 탑골공원에서 독립선언식을 갖고 만세운동을 벌이기로 결의한 뒤, 최남선이 기초한 독립선언서에 서명했다. 이어 민족대표 33인 가운데 한 명인 이종일은 보성사 공장장 김홍규와 함께 저녁 6시부터 독립선언서 인쇄에 들어갔다. 일제 경찰의 눈을 피해 밤늦도록 2만 장 넘게 인쇄된 독립선언서는 다음 날인 28일 아침부터 서울을 비롯한 전국 각지로 배부되었다.

드디어 3월 1일. 민족대표들은 인사동의 고급 요릿집 태화관으로 속속 도착했다. 하지만 독립선언서에 서명한 대표자 33인이 모두 모인 것은 아니었다. 4인이 불참하는 바람에 실제로는 29인이 자리를 잡고 앉았다. 선언식이 시작되자 이들은 자리에서 일어나, 동쪽 처마에 걸린 태극기를 향해 절을 했다. 이어 불교계 대표 한용운이 나서서 간단한 인사말과 함께 독립선언서를 낭독하기 시작했다.

"오등(吾等)은 자(茲)에 아(我) 조선의 독립국임과 조선인의 자주민임을 선언하노라…"

공약 3장까지 낭독한 한용운은 '조선독립만세'를 소리 높여 선창했고, 나머지 민족대표들도 따라서 만세 삼창을 외쳤다.

그러나 그 만세 소리의 메아리가 멎기도 전에 헌병들이 태화관을 에워싸고 있었다. 선언식에 앞서 최린이 태화관 주인 안순환에게 민족대표들의 독립선언 사실을 조선총독부에 신고토록 한 것이다. 물론 교주 손병희의 지시에 따른 일이었다.

독립선언을 마친 민족대표들은 할 일을 다했다는 듯, 별다른 저항도 없이 순순히 일제 헌병들에게 끌려갔다. 경술국치 이후 10년을 벼르다가 성사된 독립선언은 그렇듯 요릿집에서 15분 만에 마무리되었다. 다만 민족대표들은 일제가 대기시킨 인력거를 거부하며 자동차를 이용하게 해달라고 요구했고, 그에 따라 일제 당국은 택시 7대에 나누어 민족대표들을 경무총감부로 연행해 갔다.

한편 그 시각 탑골공원에서는 오전 수업만 마치거나 아예 학교에 가지 않고 곧바로 모여든 남녀학생 수천 명으로 북적대며 민족대표 33인이 나타나서 독립선언식을 주도해주기를 기다리고 있었다. 그러나 오후 2시가 되어도 민족대표들은 나타나지 않자 학생들은 적잖이 당황했다.

더 이상 지체할 수 없다고 판단한 일부 학생들이 자체적으로 독립선언식을 갖자고 했다. 그리하여 스스로 단에 오른 한 학생이 독립선언문을 낭독했다. 낭독이 끝날 무렵 수많은 학생들이 모자를 하늘로 던져 올리며 외쳤다.

"조선독립만세!"

식민지 독립을 선언한 학생들은 줄을 지어 공원을 나섰다. 대한독립만세를 외치며 거리를 행진하는 동안에 수많은 군중이 대열에 합세했다. 만세시위 대열은 대한문 앞에 이르러 고종의 빈전(殯殿)[4]에 예를 올린 다음 두 대열로 나뉘어, 한 대열은 미국영사관 쪽으로, 다른 대열은 조선총독부 쪽으로 행진했다. 미국과 일본에 독립의지를 알리려는 의도였다.

그 후 만세시위대는 여러 갈래로 행진을 이어갔다. 서울 시내는 수만 군중의 외침으로 뒤덮였다. 간간이 "조선독립만세", 또는 "독립만세" 구호가 나오기도 했다. 정치적 지향에 따라 구호는 조금씩 달랐지만, 서울 전역으로 번진 만세시위 불길은 일제 경찰의 폭력적 진압에도 꺼지지 않았다. 3월 1일 밤늦도록 이어졌다. 그리고 시위 주도자 130여 명이 일제 경찰에 체포되었다.

한편 이날 태화관에서 민족대표들이 보인 행적은 오늘날까지도 역사적 논란거리로 남아 있다. 당시 민족대표들은 '학생들의 희생'을 고려해 요릿집으로 장소를 옮겼다고 밝혔다. 그러나 실상은 폭력적으로 번질지도 모를 만세시위에 대하여 자신들의 책임을

---

4 인산(因山) 때까지 임금 또는 왕비의 관을 두는 전각(殿閣).

최소화하려는 의도였을 것이다.

서북친목회와 보성학교 학생들의 활약
:

서울의 3·1독립선언과 만세운동 과정에서 장병준이 구체적으로 어떤 활동을 벌였는지에 대해서는 알려진 바가 없다. 그러나 서울에서 3·1운동에 관여한 정황은 탑골공원 시위를 주도한 학생들과의 관계를 통하여 장병준이 3·1독립만세운동에 참여했음을 짐작할 수 있다. 당시 서울 시내 학교에 독립선언서를 배부하고, 탑골공원 만세시위에 학생을 동원한 사람은 보성전문 재학생 강기덕이었다. 함경남도 원산 출신으로, 당시 서른세 살의 늦깎이 학생이었던 강기덕은 연희전문 학생 김원벽, 경성의전 학생 한위건 등과 함께 서울 시내 학생 만세시위를 실질적으로 이끌었다.

그런데 강기덕을 비롯하여, 그와 함께 활동한 주요 학생운동가 대부분이 서북 출신들이었다는 점을 눈여겨볼 필요가 있다. 예컨대 강기덕과 함께 학생 만세를 주도한 김원벽과 한위건은 각각 황해도 은율, 함경남도 홍원 출신이었다. 또 강기덕의 지시를 받아 보성고보 학생들을 만세시위에 동원한 장채극도 함경북도 부령 출신이었다.

사실 강기덕은 평안도, 함경도 등 서북지역 학생들 모임인 '서북친목회' 인맥을 학생 조직 구축의 통로로 삼았다. 1919년 2월 2일에 보성전문학교에서 회장 이병조의 주최로 서북친목회의 때 늦은 망년회가 열렸다[5]는 사실도 그 가능성을 뒷받침한다. 일찍이 서북학회[6]의 전통을 이어받은 서북 출신 학생들은 강한 유대감과 저항의식으로 결속하고 있었으므로, 3·1만세운동 국면에서도 의미 있는 역할을 담당했다.

한편 강기덕은 장채극, 전옥결, 이철 등 보성고보 재학생들을 규합하여 독립선언서 등 전단지 배포활동을 벌였다. 또한 3월 1일에는 보성고보 학생들을 대거 만세시위에 동원하기도 했다. 그런데 당시 장병준과 이춘숙 등 유학생 출신 운동가들은 강기덕을 비롯한 학생운동세력을 측면에서 지원한 것으로 보인다. 그러한 과정에서 장병준 또한 자연스럽게 3·1만세운동에 가담했음을 알 수 있다.

물론 이러한 사실은 장병준이 독립단본부 활동에 직접 가담했음을 의미하는 것은 아니다. 사실 그 무렵 장병준을 비롯한 유학생 출신 운동가들은 종교계 중심의 민족대표들과는 다른 차원에서 중장기적인 독립운동을 구상하고 있었다. 그러나 3·1만세운동이라는 거족적인 봉기를 앞두고 모든 민족운동 역량이 하나로 결집되는 시기였으므로 장병준 또한 3·1만세운동에서 어떤 역할을 담당했을 가능성은 높다.

한편 당시 3·1만세운동에 참여한 학생 등 다수 운동가들은 각기 고향으로 내려가 독립만세운동의 불길을 확산하는 활동을 벌였다. 그리하여 4월 말까지 전국 13개도에서 1천 건 이상의 크고

---

5 경성지방법원, 「강기덕 신문조서(3회)」(1919년 7월 9일), 『한민족독립운동사 자료집』 11권, 국사편찬위원회, 1990.
6 1908년에 국권 회복 운동을 위하여 평안도·함경도·황해도민이 조직한 민족 운동 단체. 1909년 일제의 탄압이 가중되자 만주에 무관학교를 설립하여 독립 군운동으로 전환시키는 데에 크게 기여하였으나 1910년에 강제해산되었다.

작은 만세운동이 벌어졌다. 3·1독립선언 직후에 장병준 또한 장산도로 내려갔다. 그리고 고제빈, 김극태 등 고향 사람들과 함께 만세시위를 조직했다. 3월 중순경에 장병준은 고제빈의 집에서 이들과 함께 울긋불긋한 깃발을 만들어 만세시위를 준비한 것으로 전한다.[7]

---

[7] 장산면 대리 허종주 씨 증언.

4 장산도 3·18만세운동

장산섬의 만세 소리

:

1919년 3월 18일. 다도해의 아침이 밝았다. 장산도를 감싸고 있던 짙은 안개도 서서히 걷혀갔다. 대성산의 부드러운 능선과 낮은 산골짜기를 따라 올망졸망 들어선 마을들이 차츰 모습을 드러냈다. 초봄의 바람결을 타고 길게 울려 퍼진 징소리가 섬의 적막을 깼다. 징소리의 여운을 따라 굵직한 외침이 울려 퍼졌다.

"광무 황제 요배식을 거행하오니, 모두 사정 터로 모입시다."

'사정(射亭)'은 활쏘기 연습을 하는 곳이었다. 장산도는 섬 전체가 산줄기로 연결되어 있어서 섬 이름도 '장산(長山)'이었다. 어찌 보면 섬 전체가 하나의 커다란 요새였다. 그 때문에 장산도는 오랜 세월 다도해의 군사 행정 요충지로서 왜구 침입을 막는 방패 역할을 해 왔다. 덕분에 장산도는 섬 전체가 하나의 병영(兵營)이었다. 지금도

▲ 장산도 3·18만세시위가 벌어진 장산면 대리 전경

남아 있는 대리 사정 터는 그 흔적 가운데 하나이다. 거듭 울려 퍼
지는 징소리는 집안에 있던 마을 사람들을 하나둘씩 밖으로 불러
냈다. 밖으로 나온 사람들 발걸음은 사정 터를 향했다. 오전 10시
쯤 되자 사정 터에 스무 명 남짓한 사람들이 모여들었다. 주로 이
삼십 대의 젊은 사람들이었다. 그때 이십대 후반쯤으로 보이는 젊
은 남자가 앞으로 나섰다.

　"이번에 광무 황제께서 서거하였으므로, 우리 모두 북쪽으로 요
배(遙拜)를 드립시다."

　단정한 모습으로 사람들 앞에 선 젊은이는 장병준이었다. 섬마

을 사람들은 매무시를 다듬고서 장병준의 말에 귀를 기울였다. 장병준이 또박또박 말을 이어갔다.

"듣자 하니 황제께서는 왜놈들의 모략으로 독살을 당했다고 합니다. 지금 온 나라에서 울분을 참지 못하고 있습니다. 삼월초하루에 민족대표들이 독립만세를 벌인 후에 서울에서 수만 명이 만세를 부르고, 그 불길이 방방곡곡으로 번지고 있습니다. 우리라고 가만히 있어서야 되겠습니까?"

몇 사람이 박수를 쳤다. 장병준은 품안에서 독립선언서를 꺼내어 읽었다. 그리고 손에 든 태극기를 번쩍 치켜들며 외쳤다.

"조선독립만세"

하지만 만세를 따라 외친 사람은 고작 몇 사람뿐이었다. 대부분은 바짝 긴장을 한 채 두려움에 얼어붙어 있었다. 장병준은 다시두 손을 번쩍 치켜들면서 큰 소리로 외쳤다.

"조선독립만세"

그때서야 몇몇 사람이 따라서 만세를 불렀다.

"조선독립만세"

장병준은 점점 목청을 높여서 만세를 선창했다. 이에 따르는 만세 소리도 점점 커졌다. 드디어 수십 명의 우렁찬 외침이 하나로뭉쳐 대성산과 배미산 중턱에 메아리쳤다. 일제에 대한 분노는 뭍사람들이나 섬사람들이나 별로 다르지 않았다.

장병준은 만세 행렬을 이끌고 도창리 쪽으로 움직였다. 고제빈,김극태 등 장병준과 함께 만세운동을 준비한 사람들이 선두에서 만세시위 행렬을 이끌었다. 시위대는 도창리 부근 노거수림(老巨樹林)을 따라 행진을 이어갔다. 남서쪽에서 북동쪽으로 기다랗게 뻗어 있는 노거수림은 사창마을 양곡 창고를 수백 년 동안이나 왜구의 눈에 띄지 않게 지켜준 숲이었다. 그 숲을 따라 만세 소리가 이어졌다.

도창리에서도 여러 사람이 가담하면서 시위 대열은 30여 명에 이르렀다. 만세 행렬은 천천히 공수리 쪽을 향했다. 시위대의 발걸음을 막는 사람은 아무도 없었다. 그렇게 섬을 한 바퀴 돌며 독립 만세를 외친 시위대는 오후 두 시 무렵에 제자리로 돌아왔다. 그리고 사정 터에서 독립만세를 몇 번 더 외친 뒤에 시위를 마쳤다.

무안읍으로 이어진 만세시위
:

평온하고 잔잔하던 장산섬에 만세 소리가 큰 파문을 일으킨 뒤, 섬마을은 다시 고요한 적막에 잠겼다. 하지만 그 고요함은 만세시위 이전과는 전혀 다른 종류의 것이었다. 장산섬은 한나절 사이에 일제 식민 통치를 거스른 반역의 섬이 되어 있었다. 섬에는 불안한 그림자가 어른거렸다. 언제 경찰이 들이닥칠지 모를 일이었다. 사람들은 서로 두려운 눈빛을 주고받았다.

섬 전체에 긴장감이 감도는 가운데 장병준과 고제빈, 김극태 등은 미리 준비해둔 목선을 타고 유유히 장산섬을 빠져나갔다. 물결은 평소보다 거세게 일렁거렸다. 목선은 바다를 가르며 앞으로 나아갔다. 뱃전을 때리는 파도소리가 유난히 크게 들렸다. 고향 섬마을은 등 뒤로 점점 멀어져갔다. 돌아올 때를 기약할 수 없는 길이었다. 다들 얼굴에 긴장의 빛이 역력했다. 이미 각오한 터였지만, 막상 뱃줄을 묻은 고향 마을을 떠나는 마음은 착잡했다. 장병준 일행은 깜깜한 밤이 되어서야 뭍에 올랐다.

다음 날인 3월 19일. 목포에 인접한 무안읍에서도 만세시위가 벌어졌다. 서울에서 3·1만세운동에 참여하고 내려온 경성제일고보생 박선규와 경성 휘문중학교 재학생 김한근 등은 마을 유지들과 함께 그날 정오에 무안읍 남산 골짜기에서 만세시위를 일으켰다. 수십 명의 시위대는 무안공립보통학교(지금의 무안초등학교)를 거쳐 읍내로 행진했다.

오후 2시쯤 되자 시위대 숫자가 5백여 명에 이르렀다. 중간에 경찰의 제지를 받았지만 시위대는 굽히지 않았다. 오히려 한 주민이 무안 주재 일본 순사부장에게 "너도 만세를 불러라"하고 외치자 그 기세에 눌린 순사부장이 마지못해 만세를 부르기도 했다고 한다. 목포에서 자전거 부대 50여 명, 광주에서 기마병 50여 명이 달려왔지만 처음에는 시위대의 기세에 눌려 멀거니 바라보기만 했다. 그런 가운데 시위는 밤늦게까지 이어졌다.

무안 만세시위는 공교롭게도 장병준이 주도한 장산면 만세시위 바로 다음 날에 일어났다. 당시 만세운동이 도시나 읍에서 먼저 시작된 뒤에 면 단위로 확대되는 게 일반적이었지만 무안에서는 순서가 바뀐 것이다. 게다가 장병준 일행은 이미 목선을 타고 뭍으로 나와 있던 터였다. 그렇다면 장병준이 무안 만세시위에도 가담한 것은 아닐까. 게다가 장산면 대리 선영에 있는 비문 가운데 "장터에 사람들을 모이게 하고서는 독립만세를 부르고"라는 내용이 나오는 점도 눈에 띈다.

무안 3·19 만세시위에 해당하는 내용이다. 물론 비문 내용이 정확한 사료에 근거한 것은 아니다. 실제로 비문에는 군데군데 오류가 발견되기도 한다. 하지만 장산 만세시위가 일어난 바로 다음 날에 무안 만세시위가 벌어졌다는 점이 눈길을 끈다. 비문 내용이 사실이라면 장병준은 3월 18일에 장산도에서 만세시위를 일으킨 뒤 고제빈, 김극태 등과 함께 장산도를 탈출하여 뭍으로 나왔고, 그런 다음 날 무안 만세시위에 가담한 셈이 된다.

하지만 장병준이 무안읍 만세시위에 관여했을 가능성은 낮아 보인다. 당시 장산도는 행정구역상으로는 무안군에 속해 있었지만 실상 생활권은 목포에 속해 있었다. 인적 교류 또한 목포를 중심으로 이뤄지고 있었다. 교통편도 불편한 무안읍 쪽 사람과는 거의 교류할 일도 없었다. 이런 정황을 감안할 때 장병준 일행이 무안읍 만세시위에 참여했을 가능성은 거의 없다고 봐야 할 것이다. 비문의 내용이 오류라 할 수 있다.

어쨌든 이날 무안 만세시위 때문에 무안과 목포 일대에는 경찰의 경비가 삼엄했다. 도피에 나선 장병준 일행은 분위기가 잠잠해지기를 기다렸다가 목포를 벗어났다. 그리고 3월 23일경에 대전에 이르러서야 잠시 한숨을 돌렸다. 장산섬을 떠난 지 닷새만이었다. 대전역에서 장병준은 고제빈, 김극태 등과 기약 없는 작별을 고했다. 장병준은 서울행 기차에 올랐고, 고제빈과 김극태는 부산을 향해 떠났다.

체면을 구긴 목포 경찰
:

한편 장산 만세시위 보고를 접한 목포경찰서에서는 3월 24일에
야 장산으로 현장 조사를 나왔다. 일제 형사들은 며칠 전의 만세시
위에 대하여 꼼꼼히 탐문 조사를 하면서 장병준을 비롯한 시위 주
모자들의 행방을 수소문하였다. 형사들은 섬 전체를 샅샅이 뒤졌
지만 주모자들은 이미 섬을 빠져나간 뒤였다. 형사들은 시위에 단
순 가담한 김은섭, 고인봉을 체포하여 경찰서로 데려온 뒤, 이들을
신문하여 만세시위 사건의 전모를 파악하려 했다. 하지만 두 사람
은 알고 있는 사실이 별로 없었다.

그러던 1919년 4월 7일. 고제빈과 김극태가 뜬금없이 목포에서
체포되고 말았다. 의외였다. 장병준과 대전에서 헤어져 일본으로
간다고 했던 고제빈과 김극태 두 사람이 어쩌다 목포에서 체포된
것일까.

두 사람이 일본행 배를 타기 위해 부산으로 내려간 것은 사실이
었다. 그러나 막상 부산항에 이르고 보니 출국하는 사람들에 대한
검문검색이 무척이나 삼엄했다. 그 사실을 확인한 고제빈, 김극태
는 결국 일본행을 포기하고 말았다. 하지만 마땅히 갈 곳이 없었
다. 그들은 목포로 돌아와서 서성거리다가, 이를 수상히 여긴 경찰
에 체포되고 말았다.

뜻밖의 성과에 고무된 경찰은 고제빈과 김극태를 혹독하게 신문
했다. 그리고 이들의 진술을 통해 장병준이 시위의 주모자임을 밝
혀냈다. 또한 장산면 대리 김영철을 주요 가담자로 추가했다. 그런

뒤 경찰은 장병준, 김영철 두 사람의 검거에 주력했다. 그러나 이들은 행방이 묘연했다. 게다가 4월 8일에 목포에서도 만세시위가 동시다발적으로 일어나면서 수사력이 분산된 목포경찰서는 장산 만세시위 사건에 주력할 수 없었다.

그리하여 1919년 4월 19일, 3·18 장산만세시위 사건을 송치받은 목포검사국은 고제빈, 김극태 두 사람을 보안법 위반 혐의로 구속 기소하고 김은섭, 고인봉 등 나머지 단순 가담자들은 훈방했다. 또 장병준, 김영철 두 사람에 대해서는 기소중지 처분과 함께 전국에 수배령을 내렸다. 그로써 '3·18 장산만세사건'에 대한 목포경찰서 의 수사는 사건을 접수한 지 한 달여 만에 일단락되는 듯했다.

하지만 사건이 처리된 직후인 4월 24일에 상황은 급변했다. 수배자 가운데 한 명인 김영철이 목포에서 우연찮게 검거된 것이다. 뜻밖의 성과를 얻은 경찰은 김영철을 강도 높게 신문했다. 처음에 김영철은 만세시위 가담 사실을 부인했다. 그러나 점점 혹독해지는 고문을 견디기 힘들어 가담 사실을 인정하고 말았다. 더불어 장병준의 행방을 대라는 추궁에 김영철은 이렇게 답했다.

"장병준은 대전으로 갔다가 목포로 돌아온 후 일본으로 간다며 기차로 목포를 출발했다."

그런데 하루 뒤 검사 신문에서 김영철은 다시 만세시위 가담 사실을 완강하게 부인했다.

"그런 일은 절대 없다. 나는 3월 15일 소금 전매를 위하여 목포로 나왔고, 20일에 장산도로 돌아가게 된 형편이어서 만세를 부른 당일은 마을에 있지도 않았다."

번복된 진술에 검사는 버럭 화를 내며 다그쳤지만 김영철은 일관되게 혐의 사실을 부인했다. 김영철을 시위 가담자로 언급했던 고제빈과 김극태 또한 애초의 진술을 번복했다.

"김영철은 같은 마을 사람이므로 함께 있었던 것으로 생각되어 경찰에서 그렇게 말했지만 깊이 생각해보니까 당시 그는 목포에 갔기 때문에 우리들 사이에 없었다."

결국 경찰은 김영철을 증거 불충분으로 풀어주었다. 그로써 주모자 장병준의 행방은 더욱 묘연해졌다. 경찰은 닭 쫓던 개 지붕 쳐다보듯, 수배 결과를 막연히 기다릴 수밖에 없었다. 게다가 수배 전단에는 다음과 같이 장병준의 인상착의가 엉터리로 기재되어 있었다.

'신장 5척 2촌 정도, 안색은 희고 비만한 편, 둥근 얼굴, 큰 눈, 두발은 하이칼라(조발의 한 형태)형으로 가르마를 타고, 기타 특징은 없음'

실제 장병준의 얼굴색은 결코 하얀 편이 아니었다. 몸도 비만하기는커녕 마른 편이었다. 얼굴은 갸름하고 야윈 편이었다. 눈은 크지 않았다. 머리 모양도 가르마를 즐겨하지 않았다. 수배 전단에 기재된 인상착의는 장병준의 진짜 외모와 정반대에 가까웠다. 사진이 흔치 않던 시절이라 경찰은 장산도 사람들의 말만 듣고 장병준의 인상착의를 작성했다. 하지만 장병준이 잡히지 않기를 바라는 주민들이 약속이라도 한 듯 일제 경찰을 속였던 것이다. 일제에 대한 섬사람들의 깨알 같은 저항이었다. 한동안 자신

들이 속은 사실조차 모르다가 나중에야 그 사실을 알게 되었을
목포 경찰은 체면이 말이 아니었을 터였다.

Ⅱ.

통합 임시정부
수립을 위해

1 한성정부 수립을 위한 국민대회

정부 수립을 향한 열망

:

1919년 3월 23일. 대전역을 출발한 기차는 간혹 긴 기적을 울리며 북쪽으로 내달렸다. 장병준은 창밖으로 지나가는 풍경들을 물끄러미 바라보았다. 멀리 보이는 산과 들은 예나 지금이나 별로 다를 게 없었다. 다만 거기에 발 딛고 사는 백성의 삶은 제국주의의 발톱 아래서 나날이 찢겨가고 있었다. 스물일곱의 피 끓는 청년 지식인에게 묵과할 수 없는 현실이었다. 장병준이 장산 만세시위를 일으킨 것도 그러한 폭력적 질서에 저항하기 위해서였다.

그 때문에 장병준은 고향으로 돌아갈 수 없는 신세가 되었다. 그런데 뒤집어 생각해보면 장병준은 고향을 떠나기 위해서 만세시위를 일으켰을 가능성도 있다. 어쩌면 그는 고향에서 만세시위를 주도함으로써 집안 문제 등 사사로운 일을 털어내고 독립운동에 투신하려 했을지도 모른다. 한마디로 그것은 본격적인 독립운동을 위한 전초전이었다. 그렇다면 이후에 그가 벌인 본격적인 활동이란 무엇이었을까.

3·1운동으로 독립에 대한 염원을 표출하긴 했지만, 그것만으로 식민지 억압에서 해방되는 것은 아니었다. 무릇 민족 독립은 스스로 통치를 행사할 수 있는 정부나, 적어도 그것을 준비하는 임시정부 형태로라도 구체화되어야 했다. 그 때문에 독립운동가들 사이에서는 일찍부터 정부 수립 논의가 은밀하게 이뤄지고 있었다. 그러다가 제1차 세계대전이 끝나고 지배 질서가 변화하면서 정부 수립에 대한 열망이 곳곳에서 터져 나오고 있었다.

요컨대 3·1운동 바로 다음 날에 배포된 '『독립신문』 2호'에는 "머지않아 국민대회를 개최하여 임시정부를 조직하고 임시대통령을 선거할 것이니, 우리 형제는 안심하고 더더욱 전진하여 앞사람이 죽으면 뒷사람이 계속하라"는 내용의 기사가 실린 바 있었다. 이어 3월 5일에 배포된 『독립신문』에도 "13도 대표자를 선정하여 3월 6일 오전 11시에 서울 종로에서 조선독립대회를 개최할 것이니 형제자매들은 모두 모이라"는 기사가 게재되었다.

물론 기사에서 언급한 국민대회나 독립대회는 실현되지 않았다. 그러나 두 기사는, 이미 3·1운동 준비 과정에서 정부 수립에 대한 논의가 함께 있었다는 사실을 보여준다. 더구나 그런 논의는 국내외 곳곳에서 일어났다. 그 결과 실제로 정부가 선포되기도 했다. 3월 17일에 러시아 연해주에서 공표된 대한국민의회가 대표적인 예였다.

문창범이 이끄는 전로한족중앙총회는 이미 3·1독립만세운동 직전인 2월 하순부터 조직을 확대하여 '대한국민의회'로 개편하고 의회정부를 선포한 것이다. 대한국민의회는 5개조의 결의안을 채택하고 대통령 손병희, 국무총리 이승만, 참모총장 유동열, 부통령 박영효, 군무총장 이동휘, 산업총장 남형우, 학무총장 윤현진, 강화대사 김규식, 내무총장 안창호 등으로 구성된 각원 명단도 내놓았다.

사실 대한국민의회는 행정 전반의 기능까지 행사하는 소비에트 성격이 강했다. 게다가 각료들 대다수가 해외에 흩어져 활동하고 있어서 군무총장 이동휘가 실권을 행사하는 구도였다. 국내 진격을 추구하는 무장투쟁 전략이 반영된 결과였다. 그럼에도 이처럼 대통령제 정부를 공표한 것은 식민지 현실을 감안한 결과였다. 즉 독립 전까지만 임시로 국민의회 역할을 맡겠다는 메시지였다.

이밖에도 3·1만세운동 직후에는, 추진 실체가 드러나지는 않았지만 임시대한공화정부, 대한민간정부, 고려임시정부 등의 수립을 알리는 전단지가 국내에서 나돌았다. 비록 '전단정부'에 그치고 말았지만, 이러한 움직임은 정부 수립에 대한 민족운동가들의 강렬한 열망을 보여주었다. 그러한 열망은 민족운동 세력들 사이에서 경쟁과 갈등의 양상으로 나타나기도 했다. 그러나 민족해방운동가들 대부분은 궁극적으로 통합된 임시정부를 수립하는 방향으로 힘을 모으고 있었다.

장병준 또한 그런 역사적 흐름의 한가운데로 담담하게 걸어 들어가는 중이었다. 도중에 몇 차례 경찰의 검문을 받았지만, 장병준은 미리 준비해둔 가명을 대며 상인으로 행세했다. 지극히 태연하게 행동하는 그에게 일제 형사들은 별다른 의심을 보내지 않았다.

국민대회 간부로 활동하다
⋮

서울에 도착한 장병준은 종로구 인사동 '압동여관'에 여장을 풀었다. 나중에 장병준은 일제 검사 신문에서 장산 만세사건 이후 행적을 묻는 검사에게 "경성 인사동의 압동여관에서 1주 정도 있다가 4월 말경부터 도염동 박재세 집에서 7월 말까지 있었다"[1]고 진술한 바 있다. 물론 이 진술은 알리바이 성립을 위해 위장되었을 가능성이 높지만, 인사동 압동여관 부분만큼은 사실일 것으로 판단된다. 일제 검찰이 마음먹으면 언제든 여관 숙박계 기록을 확인할 수 있는 상황이었기 때문이다.

그런데 장병준이 압동여관에 머물렀다는 기간에 국내 독립운동가들 사이에서는 중요한 일이 추진되고 있었다. 이른바 '국민대회'였다.

이미 3월 초순부터 변호사 홍면희와 기독교 감리회 목사 이규갑 등 기호 지방 명망가와 기독교계 인사들은 비밀리에 임시정부 수립을 추진하고 있었던 것이다. 이들은 정부 수립의 명분을 세우기 위해 13도 대표자 명의로 국민대회를 열고자 했다. 그리고 한남수, 현석칠, 이동욱, 민강, 김사국, 김유인 등을 끌어들여 국민대회 실

---

1 목포지검, 「장병준 신문조서」(1920년 3월 29일), 『한민족독립운동사자료집』 47권, 국사편찬위원회, 2001.

무 준비 단위를 조직하는 한편, 천도교계의 신숙, 안상덕 등과 접촉하며 13도 대표자를 모집하는 중이었다. 이른바 한성정부[2] 설립이 추진되고 있었던 것이다.

바로 이때 장병준은 국민대회 간부로 활동했다. 당시 국민대회 13도 대표자 가운데 한 명으로, 국민대회와 관련된 문건 작성 실무를 맡았던 이동욱은 나중에 일제 경찰 신문에서 이렇게 진술했다. "작년 4월 23일 대한민국대회(국민대회)라는 것이 조직되었을 때, 13도에 25명의 대표자를 선정했고, 나는 그 대표자의 1인이었고, 장병준은 대표자는 아니나 그 간부원의 1인이었으므로 자연 그 방면에 관해서는 친밀하게 되어 있었던 것이다."[3]

이동욱은 당시 경성부인성서학원 교사로 근무하면서 국민대회 준비 실무를 맡고 있던, 감리교의 젊은 운동가였다. 그런 이동욱의 진술인만큼 장병준이 한성정부의 국민대회 준비 과정에 참여한 것은 사실이라고 볼 수 있다. 물론 이와 관련된 구체적인 활동에 대한 기록은 발견되지 않는다. 하지만 그 무렵 장병준과 밀접한 관계를 맺고 활동했던 이춘숙, 홍진의, 이봉수 등 서북지역 출신 유학생 동지들의 활동을 통해서 당시 장병준의 역할이 무엇이었는지 짐작할 수 있다.

---

2 한성정부는 국민대회 형식으로 서울(한성)에서 선포한 정부를 뜻한다. 당시 추진 주체들이 스스로 한성정부라 부르지는 않았지만, 대한국민의회나 상하이 임시정부 등 다른 정부와 구별하기 위해서 나중에 한성정부라 부르게 되었다.

3 경성동대문경찰서, 「이동욱 신문조서」(1920년 2월 27일), 『한민족독립운동사자료집』 47권, 국사편찬위원회, 2001.

그즈음 이춘숙 등 서북 출신 운동가들은 한성정부와 별도로, 한인사회당[4] 위원장인 이동휘를 수반으로 하는 임시정부를 구상하고 있었다. 여기에는 보성학교 출신 학생운동가들과 일부 천도교 인사들도 참여했다. 서북 출신의 핵심 운동가였던 홍진의, 이봉수 등은 '경성독립단본부' 명의를 내세워 상하이 쪽 민족운동 세력과도 접촉했다. 나중에 드러나지만, 이들이 추진한 정부는 바로 '신한민국정부'였다.

그런데 곳곳에 임시정부가 난립하는 상황에서 또 하나의 정부를 무작정 선포하는 것은 역사의 요청을 거스르는 일이었다. 따라서 신한민국정부를 추진하던 서북파는 한성정부 추진 세력과 협상하여 함께 국민대회를 열고 통합된 정부를 수립하고자 했다. 천도교 측 신숙(申肅, 1885~1967) 등이 두 세력의 통합을 주선했다. 그리고 서북파에서는 홍진의가 공식 협상자로 나섰다.

하지만 협상은 생각처럼 순조롭지 않았다. 기호파와 서북파의 정부 수립에 대한 입장은 생각보다 차이가 컸다. 그런 터에 기호 지방 인사도 아니고, 서북 출신도 아니면서 서북파의 입장을 잘 이해하는 실무 협상가가 필요했다. 그 상황에서 장병준은 비교적 객관적 입장에서 협상을 추진할 적임자였다. 그는 스스로도 두 정부의 통합을 중요하게 생각하고 있었다. 그리하여 장병준은 신한민국정부 입장을 대변하는 실무 협상가로 통합 국민대회 협상에 참여했다. 13도 대표자도 아니고, 국민대회 실무자도 아니었던 장병

---

4 1918년 하바롭스크에 조직한 한국 최초의 사회주의 정당. 1921년 1월 고려공산당으로 개명했다.

준을 이동욱이 국민대회 간부라고 진술한 데에는 이와 같은 배경이 있었던 것으로 보인다.

한편 두 임시정부 추진 세력의 협상이 진행되고 있을 때, 상하이에 있던 이봉수[5]가 국내로 들어왔다. 이봉수는 독립임시사무소 대변인 역할을 하던 이광수로부터 "천도교 쪽 지도자들과 접촉하여 정부 수립에 대하여 민족대표 33인이 남긴 뜻을 확인하고 열흘 안에 돌아오라"는 임무를 위탁받은 터였다. 서울로 온 이봉수는 천도교 지도자들을 만나는 한편으로 홍진의, 이춘숙 등 서북 출신 동지들과 만나 이야기를 나누었다.

그 과정에서 서북파는 한성정부와 국민대회 준비를 주도하고 있는 이규갑, 홍면희 등의 배후에 상하이 독립임시사무소 총무 현순[6]이 있음을 알게 되었다. 3·1독립선언 직전에 기독교계 인사들의 결정에 따라 상해로 가서 독립임시사무소 총무로 활동하던 현순은, 상하이에서 정부 수립에 대한 논의가 일어나자 재빨리 국내의 이규갑에게 편지를 보내어 정부 수립을 위한 국민대회 준비를 재촉했던 것이다.

나아가 한성정부의 배후에는 이상재, 박승봉, 신흥우, 오기선 등 기호 지방의 기독교 지도자들과 조선기독교청년회연합회 등의 세력이 버티고 있었다.[7] 이러한 사실은 한성정부가 이승만 등 미국

---

5 이명 이철. 1892년 함경남도 홍원 출신으로 일본에 유학하여 메이지대학 상과에 다님.
6 1880년 서울 출신. 일명 송원상(宋元相). 3·1독립선언 때 기독교계의 지시로 상하이에 망명하여 독립임시사무소 총무로 활동하면서 '독립청원' 운동을 벌였다. 상하이 임시정부 초기 외무차장, 내무부 차장 등을 맡았다.

내 한인 기독교 세력과도 닿아 있을 것이라는 추측을 불러일으키기에 충분했다. 그 때문에 신한민국정부 추진 세력 안에서는 한성정부와의 통합 협상에 대하여 회의적인 분위기가 고개를 들었다.

한성정부 통합 협상은 결렬되고
:

서북파와 기호파의 통합 협상은 난관에 부딪혔다. 정부 체제와 관련하여 근대적 공화제 정부를 수립한다는 방침에는 서로 이견이 없었다. 그러나 정부 각료 인선에 대해서는 두 세력이 팽팽하게 대립했다.

기호파가 내놓은 한성정부 각원 명단은 집정관총재 이승만, 국무총리총재 이동휘를 비롯하여 박용만, 이동녕, 노백린, 이시영, 한남수, 김규식, 신규식, 문창범, 안창호, 유동열, 이세영 등이었는데, 이 가운데 김규식과 이동휘를 제외한 5명이 모두 미국에서 활동하던 인사들이었다. 여기에는 한성정부 추진 세력의 외교독립 노선이 반영되어 있었다. 서북파는 이승만 등 기독교계 망명인사 위주로 작성된 각원 명단을 받아들일 수 없었다. 특히 얼마 전에 미국 대통령에게 위임통치 청원서를 제출하여 논란을 일으킨 이승만을 집정관으로 추대한 것에 대한 반발이 컸다.

위임통치 청원서란, 1919년 2월에 이승만과 그의 측근 정한경이 "미국이 국제연맹의 위임을 받아 조선을 통치해 달라"는 내용으로

---

7 고정휴, 「세칭 한성정부의 조직주체와 선포 경위에 대한 검토」, 1996.

작성한 청원서를 말한다. 이승만은 3월 7일에 이 청원서를 미 국무부에 전하고, 이어 3월 16일에는 기자회견을 열어 위임통치청원서의 내용을 공개함으로써 많은 민족운동가들의 비판을 받고 있었다. 그런 상황에서 한성정부와 신한민국 정부의 통합 국민대회는 쉽지 않아 보였다. 마침내 서북파는 이동휘를 집정관으로 하는 독자적인 정부안을 상하이 쪽에 전달하여 자신들의 정부 구성안을 관철하기로 결의했다.

한편 그 무렵에 상하이로 돌아간 이봉수는 일단 독립임시사무소 쪽에 "정부조직에 대하여 33인은 아무 말도 뒤에 남긴 것이 없다"[8]고 전했다. 상하이 쪽 사정에 맞게 임시정부 수립을 추진해도 된다는 뜻이었다. 그에 따라 독립임시사무소 쪽은 정부를 속히 조직하기로 했다. 그리고 이 사실을 국내에 알리기 위해 이봉수는 다시 서울로 들어왔다.

4월 2일. 국내 한성정부 측은 인천 만국공원에서 13도 대표자 모임을 열었다. 하지만 사람이 많이 모이지 않아서 논의는 성공적이지 못했다. 게다가 상하이 쪽과 파리강화회의의 사정을 정확히 알지 못한 상황에서 정부 수립은 신중해야 한다는 문제 제기가 있었다. 이에 따라 상하이의 상황을 자세히 알아보되 국민대회는 그대로 추진하자는 내용이 의결되었다. 그리고 상하이 쪽 상황을 파악하기 위해 한남수가 서울을 떠났다.

이어 4월 3일에는 한성정부와 신한민국정부 사이에 마지막 통합

---

8 이광수, 「나의 고백」, 『이광수 전집』 13, 삼중당, 1962, 237쪽.

협상이 있었다. 그러나 이날 협상은 국민대회 개최 날짜를 두고 양측 의견이 확연히 엇갈렸다. 기호파는 4월 8일에 열자고 주장한 반면 서북파는 그 이후를 고집했다. 상하이에 간 이봉수가 서울로 돌아오면 상하이 쪽 상황을 들어본 다음에 국민대회 날짜를 잡아야 한다는 게 서북파의 속내였다. 결국 두 세력은 국민대회 개최 일정에 합의하지 못했다.

비록 주권도 없는 식민지 임시정부였지만, 정부 추진 주체들은 이처럼 권력적 욕망을 숨기지 않았다. 그 때문에 노선과 학연, 지연 등에 따라 정부 운영의 주도권을 행사하려는 치열한 경쟁을 벌였다. 더구나 이러한 차이를 해소하고 통합을 이루기에는 돌아가는 정세와 일정이 너무 급박했다. 결국 기호파와 서북파의 협상은 결렬되었다. 다만 기호파 쪽에서는 4월 8일에 국민대회를 열기로 결의했다.

그런 직후에 이봉수가 서울로 돌아왔다. 이봉수는 상하이에 임시정부 수립이 임박했다는 사실을 동지들에게 알렸다. 다급해진 서북파는 강대현[9] 등 천도교 인사들과 함께 대책을 논의했다. 이들은 기호파 주도로 한성정부의 국민대회가 치러질 4월 8일 이전에 자신들이 구상한 정부안과 각원 명단을 상하이 독립임시사무소에 전달하기로 했다. 그리하여 경성독립단본부 명의로 '헌법 원문'과

---

9 1887년 10월 8일 평안남도 용강군 삼화면 옥정리 출생으로, 보성전문에서 공부했다. 이춘숙보다 두 살 많았지만 비슷한 시기에 보성전문을 다녔을 것으로 추정된다. 3 · 1운동 전후에 천도교계 민족운동 조직에서 활동하다가 나중에 상하이 임시정부 요원으로 활동했고, 장병준과 함께 국내외 연락 활동을 벌였다. 이에 대한 내용은 3장에서 다루기로 한다.

'각원 명단'을 급히 작성했다.

이렇게 작성한 헌법 원문과 각원 명단을 상하이에 전달하는 임무는 강대현이 맡았다. 서북 출신으로 천도교 인사인 강대현은, 임시정부 수립의 기초가 될 역사적인 문서들을 품안에 넣고 상하이로 떠났다. 그 직후에 이봉수, 이춘숙, 홍진의 등도 상하이로 향했다. 장병준 또한 이들과 함께 서울을 떠나 망명길에 올랐다.

한편 한성정부 쪽에서 추진하던 4월 8일의 국민대회는 다급한 국내외 상황 때문에 4월 23일로 연기되었다. 그리고 현석칠, 민강, 이동욱 등 기호파 인사들과 김사국, 김유인, 이춘균, 장채극, 김옥결 등 학생운동가들에게 그 준비를 위임했다. 그런 다음에 이규갑과 홍면희 등은 한성정부의 선포 문건을 담뱃갑과 성냥갑 속에 감추고서 서울을 떠났다.

국내에서 통합 정부를 추진하던 두 세력은, 이로써 각기 다른 정부 조직 안을 가지고 상하이로 달려가게 되었다. 어차피 국민대회를 통해 서울에서 정부를 선포하더라도 실제 활동은 나라 밖에서 망명정부 형태로 이루어질 수밖에 없을 터였다. 그 점에서 서구 열강의 조계(租界)지가 있는 상하이는 임시정부 수립의 적지였다. 게다가 이미 상하이에서는 파리강화회의를 기회로 외교 독립을 추진하던 운동가들이 독립임시사무소를 열고서 정부 수립에 준비에 매달리고 있었다. 이런 상황에서 국내 정부 수립의 주체들이 상하이로 달려간 것은 그리 이상한 일이 아니었다.

임시의정원 의원이 되다

상하이에 내딛은 첫발
:

1919년 4월 8일. 경성 독립단본부 명의로 된 헌법 원문과 각원 명단을 가지고 상하이에 도착한 강대현의 발걸음은 프랑스 조계 바오창로(寶昌路) 329호 앞에서 멈추었다. 프랑스풍의 낡은 단층 건물이었다. 강대현은 그 건물 한쪽에 있는 독립임시사무소의 문을 두드렸다.

신한청년당[1] 주요 인사들과 이동녕, 김구, 현순, 최창식, 신익희, 윤현진, 김동삼, 이시영 등이 바오창로에 작은 방을 얻어 개소한 독립임시사무소는 비록 여섯 평 남짓한 작은 방에 지나지 않았지만

---

[1] 1918년에 여운형, 김철, 선우혁, 조동우, 한진교, 장덕수, 김규식, 서병호 등 망명인사들이 만든 상하이 내 독립운동단체. 상하이 독립운동의 중심 역할을 하면서 김규식을 파리강화회의에 한국대표로 파견하여 독립외교를 벌였다.

상하이 독립운동가들의 본부 역할을 하고 있었다. 당시 독립임시사무소는 이동녕, 이시영, 조소앙, 이광, 조성환, 신석우, 이광수, 현순 등으로 구성된 8명의 임시위원회를 구성하여 임시정부와 임시의정원 수립을 준비하고 있었다. 그리고 이들 가운데 5명은 기호파 인사였다.

강대현은 헌법 원문과 각원 명단을 품안에서 꺼내어 임시위원회에 전달했다. 그로부터 잠시 후, 독립임시사무소에서는 한바탕 소란이 일어났다.[2] 강대현이 내놓은 경성독립단본부의 각원 명단 때문이었다. 당시 상하이의 기호파 인사들은 내심 이승만을 정부 수반으로 하는 한성정부 안을 기대하고 있었다. 그러나 막상 강대현이 가져온 각원 명단은 이동휘를 집정관으로 하는 정부안이었다. 따라서 기호파 인사들은 크게 놀랄 수밖에 없었다.

사실 강대현이 가져온 각원 명단은 홍진의 등이 만든 본래의 신한민국정부안을 살짝 수정한 것이었다. 요컨대 신한민국정부안의 '부장'을 '총장'으로 바꾸고, 노동부장과 차장을 없애는 대신 안창호를 내무총장으로 내정한 정도였다. 또 교통차장에 이희경 대신 현순이 들어가 있었다. 상하이 쪽 분위기를 감안하여 안창호를 비중이 높은 내무총장으로 하고, 교통차장에는 이희경 대신 독립임시사무소 총무 현순을 넣은 것으로 볼 수 있다.

여기까지는 사실 별 문제가 없었다. 그런데 결정적으로 정부 수반이 이동휘로 되어 있다는 사실에 기호파 인사들은 당황할 수밖

2 『대한민국임시정부자료집』 별책 292권, 「조선민족운동연감」, 대한민국원년 (1919) 주요 사건.

에 없었다. 당시 임시정부 수립과 관련된 논란의 핵심은 결국 정부 수반을 누구로 하느냐의 문제였다.

내심 이승만을 정부 수반으로 세우려고 준비 중이던 현순 등 상하이의 기호파 세력은 난감했을 터였다. 하지만 홍면희, 이규갑 등 한성정부 지도자들은 아직 상하이에 도착하기 전이었다. 그러므로 강대현이 내놓은 '각원 명단'과 '헌법 초안'은 일단 국내 독립단의 뜻이 반영된 한성정부 안으로 간주되었다. 그리하여 독립임시사무소의 8인 위원은 이를 기초로 상하이 임시정부의 관제를 만들었다. 그로써 상하이 임시정부 준비는 탄력을 받게 되었다.

한편 4월 8일 이후에는 강대현에 이어 장병준, 이춘숙, 홍진의 등도 상하이에 발을 디뎠다. 이들이 한꺼번에 움직였는지, 아니면 비슷한 시기에 따로 상하이로 건너갔는지는 확인되지 않는다. 장병준이 상하이에 도착한 정확한 날짜도 특정하기는 어렵다. 그러나 4월 13일자 임시의정원 기록[3]에 장병준의 이름이 나오는 것으로 보아 장병준은 4월 8일부터 4월 13일 사이에 상하이에 도착했음을 알 수 있다.

대한민국임시정부의 탄생
:

상하이에는 국내외 독립운동가들이 속속 모여들었다. 1919년 4월 10일 오전 10시. 이광수와 손정도의 제의로 프랑스 조계 김신부

---

3 국사편찬위원회, 「제3장 독립운동에 관한 약사」, 『한국독립운동사자료 44권』 임정편 Ⅳ.

▲ 상하이 대한민국임시정부 터

로에서 '각 지방 대표자 회의'가 소집되었다. 신한청년당원을 비롯하여 각지에서 모여든 29명[4]의 인사들이 회의장을 메웠다. 조소앙의 제안에 따라 모임의 명칭은 '임시의정원'이 되었다. 공화제 정부 수립을 위한 입법 기관 역할을 자임한 것이다. 그로써 엉성하긴 하지만, 역사적인 '제1회 임시의정원'이 개원했다.

초대 임시의정원 의장에는 이동녕이, 부의장에는 손정도가 뽑혔다. 서기는 이광수, 백남칠이 맡았다. 그리고 각 출신 지역에 따라 조직한 선거회에서 지역별 임시의원을 선출했다. 회의는 4월 10일 밤을 넘겨 다음 날 오전까지 이어졌다.

제1회 임시의정원회의에서는 임시정부를 수립하자는 안이 의결되었다. 국호는 신석우의 제안에 따라 '대한민국'으로 정했다. 잃어버린 대한제국을 회복하는 의미에서 '대한'을 살려 쓰되, 군주제를

---

4 임시의원 명단은 신채호, 현순, 손정도, 신익희, 조성환, 이광, 이광수, 최근욱, 백남칠, 조소앙, 김대지, 남형우, 이회영, 이시영, 이동녕, 조완구, 김철, 선우혁, 한진교, 진희창, 신철, 이홍근, 신석우, 조동진, 조동우, 여운형, 여운홍, 현창운, 김동삼 등이었다.

지양하고 민주주의 국가를 건설한다는 의미로 '민국'이라 했다. 드디어 근대적 공화제 정부의 초석이 놓인 것이었다. 역사적인 일이었다. 여기까지는 모두에게 좋았다.

그러나 제1회임시의정원은 4월 8일에 경성 독립단본부 각원 명단에 따라 제정한 임시 관제 개정에 들어갔다. 즉 강대현이 가져온 정부안에 근거한 집정관제를 국무총리제로 바꾸어버린 것이다. 그런 뒤 임시의정원은 새로운 관제에 따라 각원을 새로 선출했다. 먼저 정부 수반인 국무총리 후보를 선출했다. 가장 먼저 신석우가 이승만을 추천했다. 여기에 조완구가 재청을 했다. 그러나 이때 신채호가 긴급동의를 발의하고 나섰다.

"이승만은 위임통치 및 자치 문제를 제창한 자이니 국무총리로 선임할 수 없습니다."

그러나 신채호의 긴급동의는 받아들여지지 않았다. 대신 이승만 외에 안창호, 이동녕 등을 더하여 3명의 후보자를 놓고 무기명 단기식 투표를 하는 쪽으로 정리되었다.

투표 결과 이승만이 당선되었다. 이어 내무총장 안창호, 외무총장 김규식, 재무총장 최재형, 교통총장 신석우, 군무총장 이동휘, 법무총장 이시형, 국무원 비서장 조소앙, 내무차장 신익희, 외무차장 현순, 재무차장 이춘숙, 교통차장 선우혁, 군무차장 조성환, 법무차장 남형우 등 국무원 인선도 의결했다.

집정관을 없앰으로써 국무총리 이승만이 저절로 행정 수반이 되는 절묘한 개정이었다. 그에 따라 이동휘는 군무총장으로 격하되었다. 정부 조직에서 가장 핵심인 정부 형태와 정부 수반이 이처럼 모두 바뀐 것은, 초대의정원 의원 29명 가운데 절반이 기호 지방 출신이라는 사실과 관련이 있었다. 이동휘를 수반으로 세우느라 애를 써온 서북파 인사들로서는 허탈한 일이었다.

한편 임시의정원은 지금 헌법의 원조라 할 수 있는 "'대한민국임시헌장'을 선포했다. 임시헌장은 헌법 전문 형식의 선포문과 10개 조항의 규정으로 구성되었다. 제1조는 "대한민국은 민주공화국제로 함"이라 하여 군주제나 귀족공화제가 아닌 민주공화제 정부임을 천명했다. 이어 제2조에서는 "임시정부는 임시의정원의 결의에 의해 통치함"이라 함으로써 정부에 대한 의회의 통치권을 분명히 밝혔다. 이는 집정관제를 폐기하고 국무총리제로 관제를 개정한 것과 관련이 있는 조항이다.

이밖에 제3조부터 제6조까지는 인민[5]의 평등, 자유, 참정권, 의무 등, 민주공화제 국가에 필수적인 인민의 권리와 의무에 대해 규정했다. 다만 제8조의 '구황실을 우대함'이라는 내용에 대해 제1조의 '민주공화제'라는 개념과 충돌한다는 이유로 여운형 등 몇몇 의원들이 강력히 반대했다. 그러나 구황실에 대한 대중적 정서를 고려해야 한다는 다수 의원들의 의견에 따라 헌장에 포함되었다. 이밖에 제10조에서 국토 회복 후 1년 내에 '국회'를 소집한다고 명기했다. '국회'의 명칭이 이때부터 사용된 것이다.

국체와 국호, 그리고 헌법기초에 해당하는 임시헌장까지 정해

---

5 지금의 헌법은 '국민'이라는 용어를 쓰고 있지만, 지금 헌법의 기초라 할 수 있는 대한민국임시헌장에는 '인민'이라는 용어가 쓰이고 있음을 주목할 필요가 있다.

짐으로써 대한민국임시정부는 기본적인 정부 형식을 갖추게 되었다. 하지만 잡음은 멈추지 않았다. 역사적 결정을 내린 임시의정원이 과연 민족적 대표성을 가지고 있는가 하는 문제가 제기되었다. 실제로 초대 임시의정원 의원들 대부분이 이전부터 상하이에서 활동해오거나, 아니면 각지에서 망명해온 명망가들로 구성되어 있었다. 그나마 기호 지방 출신이 다수를 구성하고 있었다. 그러므로 논란은 당연했다. 그 또한 식민지 망명정부가 지닌 한계였다.

임시의정원 의원으로 내정되다
:

정부 구성을 위해 숨 가쁜 일정이 이어지는 상하이에는 날마다 새로운 망명 인사들이 속속 모여들었다. 4월 13일경에 상하이에 집결한 한인 수는 어느덧 천여 명에 이르렀다. 각 도를 대표할 만한 인물들은 이미 다 모인 듯했다. 그러자 이날 국내 8도에 러시아령, 미국령, 중국령 등을 더하여 모두 11개 지방의 대의사(代議士)를 뽑는 선거를 치르게 되었다. 제1회 임시의정원은 지역별 선출 과정 없이 명망가들이 의원을 자처하면서 구성된 임시기관이나 마찬가지였다. 따라서 임시의정원이 공식성을 가지려면 지역별 선거 절차에 따라 임시 의원을 선출하여 의정원법을 제정해야 했던 것이다.

이날 지방별로 선거를 실시한 결과 임시의장 손정도 외 경기도 6명, 황해도 3명, 충청도 4명, 경상도 6명, 전라도 4명, 강원도 3명,

함경도 3명, 러시아령 1명, 중국령 1명, 미국령 2명 등 총 33명이 대의사로 뽑혔다.[6]

이때 장병준은 김철, 한남수, 나용균 등과 함께 전라도 의원으로 선출되었다. 정확히 말하면 임시의정원법 제정에 참여할 예비의원이었다. 당시 장병준은 만 26세였고, 다른 의원들도 20, 30대가 대부분이었다. 전라도만 해도 김철은 33세, 나용균은 24세였다. 37세인 한남수는 여러 의원 중에서도 나이 많은 축에 들었다.

참고로 장병준과 함께 전라도 의원으로 뽑힌 김철, 한남수, 나용균 등의 이력을 살펴보면 다음과 같다.

김철은 1886년 전남 한평군 신광면 함정리 출신이었다. 영광 사립광흥학교와 서울의 법관양성소를 마친 그는 일본으로 건너가 메이지대학에서 공부한 뒤 1915년에 귀국했다. 그리고 1917년 말경에 상하이로 망명하여 신한청년당에서 활동하다가 독립임시사무소 설치에도 참여했다. 김철은 1919년 2월부터 3월 사이에는 국내로 들어와 함평, 영광 등지를 돌며 독립운동자금 모금 활동을 벌였다. 그 과정에서 기산도[7] 등과 접촉했다. 구한말 전남 장성의 의병장 기삼연의 종손이기도 한 기산도는, 기식(奇寔)이라는 이름으로 한성정부의 국민대회 13도 대표자에도 이름을 올린 바 있었다. 기산

---

6 국사편찬위원회, 『대한민국임시정부자료집』 별책 292권, 「조선민족운동연감」, 대한민국원년(1919) 주요 사건.
7 1878년 10월 16일 전남 장성 출생으로, 박인호 등과 자강회를 조직, 국권회복운동을 벌였고, 암살단을 조직하여 을사5적의 한 명인 이근택을 습격하여 상해를 입히기도 했다. 그 후 체포되어 고문 후유증으로 다리를 절게 되었고, 의열 투쟁을 벌이다가 1928년 전남 장흥에서 사망했다.

도는 역시 국민대회 13도 대표자 가운데 한 명인 김탁(金鐸)[8]과 함께 수백 원의 자금을 모금했다고 한다.

한남수는 1882년 전남 영암 출신으로, 매우 흥미로운 이력을 가진 사람이었다. 일본 와세다대학을 졸업한 것으로 알려진 그는 경술국치 이후에 동양척식회사 토지 매입 중개인으로 일하다가 자금을 횡령한 일로 배임죄에 걸려 1년 남짓 징역살이를 한 적이 있었다. 그 후 이런저런 사업을 벌였다는 한남수는 동네 구멍가게부터 총독부에 이르기까지 통하지 않는 데가 없는 만사형통의 사업가로 알려졌다. 덕분에 그는 '호랑이똥'이라는 별명으로 불렸다.[9] 홍면희가 한남수를 한성정부 조직에 끌어들인 것도 그의 사업 수완을 자금 조달에 이용하려는 의도였던 것으로 보인다.

한남수는 임시정부 초기에 나름대로 중요한 역할을 한 인물로 평가된다. 그런데 상하이 임시정부 안팎에서는 한남수를 별로 신임하지 않는 분위기였고, 그 자신도 독립에 대한 기대가 크지 않아 얼마 뒤에 황옥[10]과 함께 귀국했다가 검거되었다고 한다.

---

8 본명은 김종탁. 전남 영광군 백수면 장산리 태생으로, 3·1운동 이전 행적에 대해서는 밝혀진 내용이 없으며, 기산도의 권유로 13도 대표자에 이름을 올린 것으로 알려졌다.

9 정화암, 『어느 아나키스트의 몸으로 쓴 근세사』, 자유문고, 1992.

10 일명 황만동. 1887년 경북 문경 태생으로 독립운동에 참여하는 한편으로 경기도경 경부로 특채되어 일제 경찰 신분으로 조선공산당 및 의열단에 가입하여 활동. 1923년에 김원봉으로부터 임무를 받고 무기를 지닌 채 국내로 들어오다가 일행의 밀고로 사전에 체포되었다. 일명 '황옥 경부 사건'이다. 이에 대해 황옥이 일제 밀정으로서 벌인 사건이라 보는 견해가 지배적인데 황옥이 일제 밀정인지 이중간첩이었는지는 확실치 않다. 또한 그런 황옥과 연루된 한남수의 행적 또한 단언하기 어렵다.

나용균은 1895년 전라북도 정읍 태생으로, 일본 와세다대학 정경학부 유학 중 백관수, 김도연 등과 함께 1919년 2·8조선유학생독립선언에 참여하고 상하이로 망명해온 터였다. 이후 나용균은 임시의정원 법제위원, 정무조사 특별위원, 정치분과위원 등의 역할을 맡게 된다. 특히 1921년에 나용균은 여운형, 김규식과 더불어 모스크바에서 열린 극동인민대표대회에 참가하기도 했다. 8·15해방 후에 나용균은 제헌의원, 보건사회부장관, 국회부의장 등을 역임하는 등 활발한 정치 활동을 벌이게 된다.

장병준을 비롯한 네 명의 전라도 의원들은 별로 교류한 적이 없는 사이였다. 물론 장병준과 한남수는 서울에서 한성정부 통합을 협상하던 과정에서 면식이 있었을 터이지만, 그야말로 서로 얼굴을 아는 정도 이상은 아니었을 것이다. 말 그대로 이들은 각기 다른 활동 배경을 가진 4인 4색의 운동가들이었다.

임시의정원의 성립과 조촐하게 치러진 국민대회
:

지역별 의원이 내정된 뒤에도 임시의정원 안팎은 정부 수반과 의원 자격 등의 문제로 여전히 시끄러웠다. 그즈음 임시정부 내 기호파와 서북파 인사들은 국내에서 4월 23일로 예정된 13도 대표자회의와 국민대회에 제각기 촉각을 곤두세우고 있었다. 그런저런 사정이 얽혀 제2회 임시의정원은 쉽게 열리지 못하다가 열흘가량 지난 4월 22일 밤에야 정식 개원했다. 프랑스 조계 김신부로에서 저녁 9시부터 열린 제2회 임시의정원은 다음 날인 4월 23일 오전

9시까지 밤샘 회의로 이어졌다.

이날 회의에는 69명[11]의 의원이 참여했다. 열띤 분위기에서 진행된 제2회 임시의정원 회의에서는 임시정부 관제를 바꾸었다. 국무총리와 각부 총장은 그대로 두었지만, 그 아래 차장을 폐지하고 위원제를 신설했다. 각부 총장들이 대부분 공석이어서 젊은 차장들이 혼자 업무를 보는 건 무리였기 때문이다. 이때 임시정부 재무차장이던 이춘숙은 위원제가 실시됨에 따라 홍진의와 함께 국무위원이 되었다.

회기 이틀날인 4월 23일, 이춘숙은 "국내에서 열린 국민대회에 대하여 임시의정원이 성립된 것을 발표하자"[12]는 안건을 발의했다. 때마침 그날은 서울에서 13도 대표자회의와 국민대회가 열리기로 한 날이었다. 안건은 쉽게 가결되었다. 국내에서 열린 국민대회와 상하이 임시의정원의 성립을 연계함으로써, 임시의정원에 정통성을 부여할 수 있었기 때문이었다. 그리하여 대한민국임시의정원의 성립이 공식적으로 발표되었다.

제3회 임시의정원 회의는 이틀 뒤인 4월 25일 오후 4시부터 밤

---

11 현순, 손정도, 신익희, 조성환, 이광, 이광수, 최근우, 백남칠, 조소앙, 김대지, 남형우, 이회영, 이동녕, 이시영, 조완구, 신채호, 김철, 선우혁, 한진교, 진희창, 신철, 이형근, 신석우, 조동진, 조동호, 여운형, 여운홍, 현창운, 최완, 윤현진, 김홍서, 양준명, 홍진의, 한남수, 김홍조, 조영진, 이치준, 김우진, 민제호, 민충식, 옥성빈, 유경환, 배형식, 서성권, 김구, 장정로, 김병조, 안승원, 조원창, 김응선, 김응섭, 이영찬, 한기악, 김현식, 이춘숙, 이봉수, 정원택, 유범규, 이필규, 윤원삼, 김정목, 이규정, 고한, 김갑, 김홍권, 백남규, 이기룡, 김보연, 유정근 등.
12 국사편찬위원회, 대한민국임시의정원기사록 제2회집, 『한국독립운동사 자료』 22권 임정편 Ⅱ.

12시까지 열렸다. 이때는 제2회 때 참석한 의원들 전원을 비롯하여 약 70여 명의 의원이 참석했다. 제3회 임시의정원은 대한민국임시정부 법률 1호인 '임시의정원법'을 의결했다.

이 법에 따르면 임시의정원은 각 지방 대표위원으로 구성하며, 위원의 자격은 중등교육을 받은 만 23세 이상 남녀로 한정하며, 의원 수는 인구 30만 명당 1인으로 하되, 정확한 인구조사 전에는 경기도, 충청도, 경상도, 함경도, 평안도는 각 6인, 나머지 지방과 중국령, 러시아령, 미국령은 각 3인 등 48인을 선출하도록 했다. 더불어 의원 임기는 2년으로 했다. 그리고 의정원법에 따라 4월 30일 이내로 의원을 다시 선거하기로 결의했다.

이로써 의원 자격과 관련된 논란은 어느 정도 가라앉았다. 그밖에 선거 세칙 및 임시정부 관제 제정에 관한 건은 국무원에 위임하기로 했다. 그리하여 대한민국임시의정원은 의회로서 기본 틀을 갖추게 되었다.

그런데 여기서 한 가지 이상한 점이 발견된다. 4월 13일에 전라도 대의사가 된 장병준이 제2회와 제3회 임시의정원 회의에 모두 불참했다는 사실이다. 어떻게 된 일일까. 그 정확한 이유를 알 수는 없다. 다만 앞에 설명한 것처럼 제2회 임시의정원 회의에서 이춘숙이 국민대회와 임시의정원의 성립을 연계하자고 발의한 사실에 주목할 필요가 있다.

상하이 임시정부에 참여한 뒤에도 이춘숙 등 서북파는 국내의 김유인, 이춘균 등과 연락을 유지하며 신한민국 정부 안을 국민대회에 관철시키려고 노력했다. 그런데 당시 김유인, 이춘균, 장채극,

▲ 13도 대표자 명의로 작성된 한성정부의 국민대회취지서

전옥결, 이철 등 국민대회 실무를 담당하던 서북 출신 청년들은 한성정부 선포 문건에 공화제 이념이 명확하게 제시되지 못한 데 불만을 가지고 있었다. 그래서 한성정부 방침과 별도로 '공화제 만세'라고 쓴 깃발도 준비해두고 있었다. 또 4월 17일에 평안북도 철산, 선천, 의주 등지에 뿌려진 '신한민국정부 선언서' 일부[13]와 이동휘를 수반으로 하는 각원 명단[14]을 입수하여 국민대회 당일에 한성정부선포문과 함께 배포하려는 계획도 가지고 있었다.

이러한 사실은 이춘숙, 홍진의 등 상하이의 서북파와 국민대회

---

13 '신한민국정부선언서'에 들어있던 '임시정부 선언문'과 '임시정부령' 1, 2호.
14 집정관 이동휘, 국무총리 이승만, 내무차장 조성환, 외교부장 박용만, 외교차장 김규식, 재정부장 이시영, 재정차장 이춘숙, 교통부장 문창범, 교통차장 이희경, 노동부장 안창호, 노동차장 민찬호 등.

실무를 맡은 국내 청년 세력, 그리고 신한민국정부 선언서를 배포한 단위가 서로 긴밀하게 연결되어 있었음을 뜻한다. 더불어 이 세 단위 사이에는 은밀하게 연락을 유지하는 일이 무엇보다 중요했다. 장병준이 제2회와 제3회 임시의정원 회의에 참석하지 않은 이유도 이와 관련이 있을 것이다. 즉 장병준은 국내와 연락을 유지하며 민족운동 세력의 규합을 추진하는 임무를 시급히 수행하느라 의정원 회의에는 참석하지 않았던 것으로 보인다.

한편 4월 23일에 서울 서린동 봉춘관에서 열기로 한 13도 대표자 회의는 무산되었다. 이규갑, 한남수, 홍면희 등이 서울을 떠나버린 데다, 급히 선정된 각도 대표자들에게 제대로 연락도 되지 않았던 까닭이었다. 다만 김유인, 이춘균 등이 몇몇 학생들과 함께 조촐한 국민대회를 시도했다. 이들은 자동차에 '국민대회 만세', '공화 만세' 등의 깃발을 달고 만세를 부르며, 13도 대표자 명의의 국민대회 취지서와 임시정부 수립을 알리는 전단을 배포했다. 그러나 곧 일제 경찰이 몰려오는 바람에 몇 학생은 현장에서 체포되고 나머지는 쫓기게 되었다. 국민대회는 그것으로 막을 내렸다.

3 통합 임시정부를 향한 여정

임시정부 위치를 둘러싼 논란
:

1919년 4월 하순. 제3회 임시의정원에서 제정한 임시의정원법에 따라 각 지역별 의원이 선출되었다. 이때 장병준은 김철, 한남수와 함께 정식으로 전라도 의원으로 뽑혔다. 이어 4월 30일부터 제4차 의정원 회의가 상하이 법계 장안리 민단 사무소에서 열렸다. 첫날인 4월 30일. 임시의정원은 임시정부 장정(章程)을 의결하고, 임시의정원 의장에 손정도를 뽑았다. 그런 뒤 이동녕을 국무총리 대리로 선출했다. 이동녕은 미국에 머무르고 있는 이승만을 대신하여 국무를 관할하게 되었다.

회기 3일째인 5월 2일에는 임시정부 재원 마련 방안에 대하여 분분한 논의가 있었다. 비록 식민지 망명정부일망정 돈 없이 정부가 운영될 수는 없었다. 오히려 임시정부는 일제의 탄압으로 인하여 운영자금을 마련하는 데 애를 태우고 있었다. 정부 운영에서 재정 확보는 그만큼 중요한 일이었다. 따라서 여러 가지 의견이 쏟아져 나왔다.

"임시정부 령으로 모든 백성에게 인두세를 징수합시다."

"국내외에서 공채를 모집해야 합니다."

"급히 필요한 재원은 상하이 거주 동포들에게서 의연금(義捐金)을 걷도록 합시다."

이런 의견 가운데서 구급 의연금 모집과 인두세 징수 안이 재원 방침으로 가결되었다.

한편 4차 임시의정원회의에서 가장 중요한 의제는 러시아령 대한국민의회를 비롯한 해외 각 지역의 독립운동 단체를 끌어들여 명실상부한 통합 임시정부를 수립하는 일이었다. 이에 대해서는 이미 4월 15일에 원세훈[1]이 상하이로 와서 러시아아령 대한국민의회와 상하이 임시의정원의 통합을 제안한 터였다. 이어 대한국민의회는 4월 29일에 상설의회를 열어 다음과 같은 방침을 정했다.

> "상하이 임시정부를 가(假)승인하되, 러시아령으로 이전해 올 때까지
> 는 완전한 협력을 보류하며, 임시정부의 노령(露領) 이전은 일본군의 후
> 퇴 후에 단행한다."

----

1 1887년 함경남도 정평 출신. 평양 대동법률전문학교를 마치고 중국 베이징 대학교에서 노어노문학을 공부한 뒤 러시아 연해주에서 대한국민의회 상설 위원으로 활동하고 있었다.

원세훈은 제4차 임시의정원 회의가 진행 중이던 5월 7일에 다시 상하이로 와서 정부를 러시아령으로 이전하는 조건을 내세워 의회 통합을 제안했다. 그러자 상하이 임시정부는 뜨거운 논란에 휩싸였다. 의회와 정부의 통합 자체에는 누구나 찬성했지만, 정부 위치를 어디로 둘 것인가에 대해서는 의견이 둘로 나뉘었던 것이다. 임시의정원은 이날 정회(停會)를 선포한 뒤에도 의회 통합에 대한 논란으로 시끄러웠다. 요컨대 간도나 러시아령에서 활동하다가 상해로 온 의원들은 정부의 러시아령 이전을 주장했다.

  "러시아령에는 한인이 많이 거주하고 있고, 중국과도 가까워서 교통 연락이 편리합니다. 이에 비하여 상하이 조계지는 전체적으로 활동하기에 불편하지요. 그러므로 정부를 러시아령으로 이전해야 합니다. 그게 정 어렵다면 교통부와 외교부만 상하이에 남겨두는 방법도 있을 것입니다."

  그러나 다수 의원들은 이에 반대했다.

  "상하이는 교통의 요지이며, 조계지가 있어서 다른 지역보다는 일제로부터 안전하다는 이점이 있습니다. 또한 만주 동삼성에 한인이 많이 살고 있기는 하지만, 함경도 출신이 많아 정부가 한민족 전체를 다스리는 것과는 거리가 있고, 무엇보다도 일본 관헌의 지배 아래 있어 안전하지 못합니다."

  의회 통합 문제는 워낙 중요한 사안이었다. 그런 만큼 날이 저물도록 논란은 잦아들지 않았다. 의견 충돌로 인한 어수선한 분위기는 다음 날에도 이어졌다. 임시의정원은 5월 8일에도 정회를 선포했다. 5월 9일에 임시의정원 회의는 다시 열렸지만, 이번에는 국무

원 쪽에 사달이 났다. 며칠 전에 선거한 국무총리 대리 이동녕이
사임을 한 것이다.

소란은 거기서 그치지 않았다. 다음 날인 5월 10일에는 법무총장
이시영이 사임했다. 의견 충돌로 마음이 상하여 아예 상하이를 떠
나는 사람도 있었다. 대부분 통합 임시정부 위치를 둘러싼 의견 대
립 과정에서 빚어진 일이었다. 게다가 그 무렵, 충청도 의원 이명
교가 일제 밀정과 내통하여 조선총독부 여행권을 얻고, 상하이에
올 때도 밀정으로 의심되는 인물과 동행했다는 사실이 밝혀져 임
시의정원이 발칵 뒤집히기도 했다.

의회 통일을 위한 의안 제출
：

제4회 임시의정원에 참석한 장병준은 의회 통합 건으로 소란스
러운 과정에서 별다른 발언을 하지는 않았다. 그는 한걸음 물러서
서 비교적 냉정하게 상황을 지켜보았다. 정부 위치와 관련해서는
양쪽 의견이 다 일리가 있다고 보았다. 독립 외교를 벌이기에는 상
하이가 안전했고, 국내로 무력 진격을 벌이기에는 러시아령이 유
리했다. 그것은 실상 독립운동에 대한 노선 차이에 따른 대립이었
다. 즉 운동 노선의 차이가 해소되지 않는다면 정부 위치에 대한
의견 통일도 쉽게 이루어질 수 없다는 것을 의미했다.

장병준은 독립운동의 올바른 노선을 가리기에 앞서, 하나의 정
부와 하나의 의회로 통일하는 일이 먼저라고 생각했다. 그리고 회
기가 끝나기 전에 의회 통일에 대한 정식 안건을 제출하여 의원들

의 결의를 끌어내야 한다고 보았다. 그는 이춘숙, 홍진의 등 동료 의원들과 함께 그 문제를 논의했다. 황해도의 손두환 의원과 함경도의 장도정, 한위건, 임봉래도 논의에 참여했다. 이들은 차분하게 의견을 나누었다.

"의회 통일이 무엇보다 시급하다는 데는 이견이 없을 줄 압니다만."

"물론이지요. 문제는 의회를 어디로 통일할 것이냐 하는 건데, 참 민감한 문제입니다."

"다수의 의원들이 상하이를 중심으로 통일시키자는 추세이니, 일단 거기에 따라야 하지 않겠습니까?"

"그렇게 되면 대한국민의회 쪽 반발이 만만치 않을 텐데요?"

사실 이 문제에 대하여 이춘숙과 홍진의는 난감한 입장이었다. 이들은 불과 몇 개월 전에 연해주를 방문하여 대한국민의회 지도자 문창범을 만나 운동적 신뢰를 쌓고 돌아온 터였다. 하지만 개인적 의리로 시대적 임무를 대신할 수는 없었다. 잠시 고민하던 이춘숙이 말했다.

"우리 중에 누군가가 대한국민의회에 가서 직접 의견을 들어보고 만주와 연해주 쪽 독립단체들의 의사도 조사해보는 게 좋을 듯싶습니다."

그러자 장병준이 나섰다.

"제가 다녀오겠습니다."

오랜 토론과 고심 끝에 이들은 의정원에 제출할 내용을 '의회 통일에 관한 안'이라는 제목으로 결의안을 작성했다.

첫째, 의회통일에 관한 건이니, 일국에 국회가 양립(兩立)치 못할 것
　　　이라. 시급히 통일이 필요하다.

둘째, 상해에 설립된 의정원은 정부에 밀접한 관계가 있어 이를 나누
　　　기 어려우니 다른 지역에 설립된 의회를 속히 본 의정원에 통
　　　일케 하자.

셋째, 러시아령에 성립된 국민의회에 대하여 정부로 하여금 3일 이
　　　내로 사람을 파견하여 조사한 뒤에 그 사건을 본원에 제출케
　　　하자.[2]

　이렇게 작성한 결의안에 장병준, 홍진의, 손두환, 장도정, 한위
건, 임봉래 등 의원 6인이 연서(連書)를 했다. 회기 마지막 날인 5월
13일에 결의안은 정식 안건으로 올라왔다. 한위건과 손두환이 제
안 설명을 했다. 그런 뒤 표결에 들어갔다. 안건은 절대다수의 찬
성으로 가결되었다. 그에 따라 의정원은 결의 사항을 임시정부 쪽
에 전달했다.

　한편 이날 장병준은 임시의정원 전라도 의원 직위에서 해임되었
다. 명목상으로는 세 번째 의결 사항인 파원(派員) 관련 임무를 수행
하기 위해서였다. 하지만 실상은 거기에서 나아가 국내외에 연대
조직을 결성하고 그에 따른 연락을 유지하는 비밀활동을 벌이기
위해서였다.

　장병준은 14일간의 짧은 의정 활동을 마치게 되었다. 당시 임시
의정원을 들썩이게 하던 의회 통합 안건을 발의한 장병준은 그 과

---

2 국사편찬위원회, 「임시의정원기사록 제4회집」, 『대한민국임시정부자료집』,
　50쪽.

제를 실현하기 위해 의원직을 내던지고 직접 험난한 비밀 활동의 길로 뛰어들었다. 그것은 자신의 이름을 버리는 일이었다. 실제로 이후부터 임시정부와 임시의정원의 공식 문서에는 장병준의 이름이 더 이상 나오지 않게 된다.

임시정부 비밀활동에 투신하다
:

장병준 등이 제출한 의회 통합안 가결을 끝으로 제4회 임시의정원은 폐회했다. 그러나 임시정부 국무원은 임시의정원에서 결의한 3일이 훌쩍 지나도 연해주 국민의회에 대한 공식 파원 명령을 내리지 않았다.

사실 그 무렵 상하이 임시정부는 국무총리 대리 이동녕이 사임한 직후였고, 그 때문에 대한국민의회와의 통합을 정상적으로 추진할 상황이 아니었던 것이다. 실제로 안창호가 미국에서 상하이로 건너와 국무총리 대리에 취임하기 전까지 정부 통합 운동은 답보 상태에 머물러 있었다. 이런 사실은 국무원에서 임시의정원에 보낸 6월 17일자 공함(公函)[3]에서도 확인된다.

> "러시아령 소재 국민의회에 대한 안건은, (중략) 국민의회에서 파위(派委)된 원세훈과 누차 만나서 의논했고, (중략) 민의의 대표인 귀 의회에서 어떠한 결정이 없다면 일이 가능치 않을 것이므로, 러시아령으로 전원(專員)을 파송하되, 별지와 같은 범위 내에서 전권을 줄 필요가 있다

3 공사(公事)에 관하여 왕래하는 공식 문서나 편지를 통틀어 이르는 말.

고 보아, 별지와 같이 안건을 제출하오니 살펴보신 후 임시의회를 소집하여 결정해주실 것을 정중히 요구합니다."[4]

5월 13일에 임시의정원에서 '3일 이내로 사람을 파견하여 조사'하라고 요청한 데 대한 뒤늦은 답변으로, 그간 파원 조사를 실행하지 못한 데 대한 변명을 담고 있었다. 즉 원세훈을 통해 국민의회 쪽 사정을 이미 전해 들었기 때문에 따로 사람을 파견할 필요가 없었다는 것이었다. 더불어 공함에는 임시의정원에서 별지의 안건[5]을 의결해주면 그에 따라 앞으로 사람을 파견하겠다는 것이었다.

그런데 이 의안은 7월 14일에야 임시의정원 안건으로 올라갔다. 그나마 의원 표결에서 안건은 부결되었다. "임시정부는 상하이에 두고 통합 의회는 러시아령에 둘 수 있다"는 별지의 안건이 문제가 되었던 모양이다. 이러한 사실은 임시정부가 7월 중순이 되어서도 러시아령 대한국민의회에 조사 요원을 파견하지 못했다는 사실을 보여준다.

그러나 이처럼 임시정부의 공식 파원이 이뤄지지 않았음에도 장병준은 국내외 민족운동 통합을 위한 비밀활동을 벌이기 위해 임시의정원 의원직을 사임하고 곧바로 상하이를 떠났을 가능성이 높다. 그리고 기록으로 확인된 바는 없지만 장병준은 베이징, 뤼순(旅順), 간도, 연해주 등에 산재한 독립운동 기지들을 비밀리에

---

4 국회도서관 편, 『대한민국임시정부의정원문서』, 1974, 49~50 · 53~54쪽.
5 별지의 안건이란 "1. 임시정부는 상하이에 둔다. 2. 임시의정원과 대한국민의회를 통합하여 의회를 구성하되, 국민의회 측에서 그 위치를 러시아령 쪽에 절대로 두자고 할 때에는 이를 허용한다. 3. 의회는 단순한 의사기구로서만 기능해야 한다" 등 세 가지였다.

방문했을 것으로 추측된다.

한편 장병준은 그 기간에 국내에도 들어와 인천 서울, 전주 등을 오가며 활동했다. 이런 사실은 나중에 '3·1운동일주년선언문 배포 사건'으로 체포된 서태석의 검사 신문조서에서도 확인된다. 당시 서태석은 당시 서태석은 "장병준과는 작년 6月경에 경성 남대문통 의 한양여관에서 처음으로 만났을 뿐"이라고 진술한 것이다. 구체 적인 여관 이름까지 적시한 것으로 보아 서태석의 진술은 신빙성 이 있다. 서태석의 이러한 진술 내용으로 미루어 장병준은 1919년 6월경에 국내에 들어왔다는 사실을 알 수 있다.

그런데 러시아형 등지를 오가며 활동하던 장병준은 왜 갑자기 국내에 들어오게 된 것일까. 그 답은 이어진 서태석의 진술 내용에 서 실마리를 찾을 수 있다. 무슨 일로 장병준을 만났느냐는 검사의 질문에 서태석은 이렇게 답했다.

"장동식과는 먼저부터 알고 있었지만 동인은 나의 숙부라고 하 면서 소개하여서 장병준을 알게 되었다"[6]

이처럼 장병준이 장동식과 서태석을 동시에 만난 것은 독립운동 자금 모금과 관련되었을 터였다. 실제로 그 무렵 임시정부는 정부 통합 문제에 앞서 재원(財源) 조달 문제에 골몰하고 있었다. 그것은 임 시정부가 6월 15일에 재무부령 1호로 '인구세 시행령세칙'을, 다음 날 에는 정부령 3호로 '임시징세령'을 공포했다는 사실로도 뒷받침된다.

이처럼 임시정부 재원 문제에 비상이 걸리자 장병준은 1919년

6 목포지청 검사분국, 「서태석 신문조서(제2회)」(1920년 3월 24일), 『한민족독 립운동사자료집』 47권, 국사편찬위원회, 2001.

6월경에 독립운동자금 모집의 임무를 띠고 국내로 잠입했고, 장동식과 서태석을 함께 만나 그 해결책을 구한 것으로 보인다. 장동식은 장산도 대지주의 종손이었고, 서태석 또한 당시 만주를 드나들며 사업을 벌이고 있었다는 점은 그러한 가능성을 높여준다.

한편 임시정부 비밀 요원 장병준에게 정부 통합과 관련된 임무는 1919년 7월 이후에 주어졌을 가능성이 높다.

의회 통일과 관련하여 7월 14일자 공함으로 제출한 의안이 의정원에서 부결되자, 임시정부 국무총리 대리 안창호는 국민대회 절차를 거친 한성정부안을 상하이 임시정부와 러시아령 대한국민의회 통합 조건으로 활용하는 방안을 내놓았다. 즉 상하이 임시정부와 대한국민의회 정부를 모두 해산한 뒤에 '집정관 이승만', '국무총리 이동휘'로 된 애초의 한성정부 안으로 내각을 재구성하자는 것이었다. 안창호는 이동휘와 대한국민의회 측에 그 내용을 전달했다.

마침내 대한국민의회 측은 이 조건을 받아들였다. 그리하여 8월 30일에 총회를 열어 만장일치로 해산을 결의했다. 이어 9월 6일에는 제6회 임시의정원에서 임시헌법이 통과되었다. 그로써 임시정부 통합은 성사되었다. 이어 임시의정원은 한성정부 안에 따라 대통령을 비롯한 각원을 선출했다. 그 결과 대통령 이승만, 국무총리 이동휘가 뽑혔다. 그리고 9월 18일경에는 국무총리 이동휘, 교통총장 문창범, 내무총장 이동녕, 재무총장 이시영, 법무총장 신규식 등이 취임을 위해 상하이로 왔다.

그러나 이동휘와 문창범 등은 상하이 임시의정원이 아직 해산을 하지 않은 채, 정부 조직만 한성정부로 '개조'하기로 한 사실을 알고는 내각 취임을 거부했다. 그러다가 11월 3일에 이르러서야 이동휘, 이동녕, 이시영, 신규식 등이 함께 각원에 취임함으로써 상하이 대한민국임시정부는 통합정부의 모습을 갖추게 된다.

그런데 이러한 일련의 과정에서도 장병준의 이름은 나오지 않는다. 임시정부 공식 문서에는 8월 20일경에 현순과 김성겸이 러시아령에 파견된 사실만 기록되어 있다. 하지만 정부 통합 작업이 한번의 교섭 요원 파견으로 성사될 만큼 단순한 일은 아니었다. 실제로 그 이면에는 이름을 숨긴 채 국경을 넘나들며 치열한 활동을 벌인 비밀 활동가들의 노력이 숨어 있었다. 장병준도 그런 비밀 활동가 가운데 한 사람이었다. 즉 1919년 7월 중순 이후부터 장병준은 만주와 연해주 등을 오가며 의회 통합과 관련된 비밀 연락 임무를 수행했다고 볼 수 있다.

독립운동 통합을 위한 여정
:

임시정부 통합과 관련된 장병준의 구체적인 활동상은 그가 노년기에 후손이나 주변 사람들에게 들려준 이야기를 통해서 일부가 전해온다. 예를 들면 1972년 장병준이 타계했을 때, 장의위원장을 맡은 김상호 씨는 조사(弔詞)에서 "남북 만주와 시베리아에 흩어져 있던 독립운동 단체들을 설득하여 하나로 통합하기 위해 만주 연해주 일대의 단체를 찾아다니며 지도자들을 만났다"[7]고 말한 바 있다. 또 장산

---

7 김상호, 「외우(畏友) 포양(包洋)의 영전에」, 『전남일보』 1972년 3월 19일자.

면 대리 선영에 남은 장병
준 비문[8]에서도 비슷한 내
용이 확인된다.

　　"공은 곧바로 임정 의정
원 전남 대표로 선출되고
재정부 차장으로 활약하셨
다. 공의 뜨거운 열혈(熱血)
광복운동 앞에서는 대륙도
좁았다. 공은 남북만주와
시베리아에 흩어져 있던
광복단체 지도자들을 두로
찾아다니며 이들을 설득한
끝에 모두 상해 임정 솔하   ▲ 신안군 장산면 대리 선영에 세워진 장병준
(率下)로 통합하는 큰 공을   묘비(뒷면에 그의 행적이 새겨져 있다)
세우셨다. 부민단, 중광단,
한족회, 신흥회, 서로군정서, 북로군정서, 대한독립단, 광복군일영 등 당
시 공에게 설득돼 임정으로 들어온 독립운동단체들의 면면은 공의 활동
이 얼마나 열정적이었는지를 잘 보여준다."

　　물론 비문에는 여러 군데 오류가 보인다. 과장된 사실도 몇 군데
있다. 예컨대 장병준이 임시정부에서 '재정부 차장으로 활약하셨
다'는 내용은 근거가 없다. 장병준이 만주, 연해주 일대에서 접촉했

---

8 장병준 서거 22주기인 1994년에 지역 언론인 김석학(金奭學)이 작성했다.

다는 단체 이름도 그대로 믿기에는 한계가 있다. 또 비문에 나오는 신흥회는 실체가 확인되지 않은 단체 이름이다.[9] 그리고 광복군일영은 1920년에 출범한 광복군사령부와 관련된 편제를 일컫는 이름으로, 이 역시 장병준의 접촉 대상이었을 가능성은 거의 없다.

한편 부민단은 1911년에 이회영 일가가 통화현에 세운 '경학사'의 후신으로, 1912년에 이상룡, 이시영 등이 설립했다. 독립운동 기지 건설과 군 간부 양성을 위해서 신흥학교를 운영했다. 그러나 장병준이 만주 쪽에서 활동하기 전인 1919년 4월에 부민회는 한족회로, 신흥학교는 신흥무관학교로 확대 개편된 터였다. 그리고 이를 바탕으로 1919년 5월에 서간도 군사기관 확대 개편과 함께 서로군정서를 창설한다. 따라서 장병준이 접촉 가능했던 단체는 부민단이 아니라 한족회나 서로군정서였을 것이다.

중광단은 1911년, 대종교 교도인 서일 등이 만주로 망명한 의병들을 규합하여 중국 지린성 왕칭현에서 조직한 단체였다. 그러나 3·1운동 이후 대한정의단으로 개편되었고, 다시 대한군정부로 통합된 뒤 대한군정서로 바뀌었다. 그리고 1919년 12월에는 북로군정서로 개편된다. 따라서 장병준이 '중광단'이나 '북로군정서'와 접촉했을 가능성도 희박하다.

이처럼 비문에는 모순되는 내용이 다수 발견된다. 하지만 그것이 비밀요원 장병준의 활약상을 부인하는 이유가 될 수는 없다. 기본적으로 비문의 오류는 장병준이 제 이름을 버리고 흔적 없이

9 비문의 신흥회는 부민단에서 운영한 '신흥학교'의 오기(誤記)일 가능성도 있다.

활동한 데서 비롯되기 때문이다.

한편 비문에는 정작 중요한 내용이 빠져 있다. 바로 북간도 대한국민회와 관련된 내용이다. 일제강점기에서 해방 직후에 이르는 역사에서 '대한국민회'라는 단체 이름은 심심찮게 나온다. 3·1운동 직후만 해도 북간도, 평양[10], 서울 등 세 곳에서 대한국민회라는 이름의 단체가 등장했다. 이중 북간도 대한국민회는 1919년 4월 초순에 옌지 현에서 결성되었다. 3·1운동 무렵에 구춘선[11] 등 북간도 기독교장로회 인사 33명이 결성한 '조선독립의사회'로 출발하여 3월 21일에 조선독립기성총회로 개편되었고, 다시 4월 초에 연해주 대한국민의회와 함께 '대한국민회로' 개편된 터였다. 그로써 간도 대한국민회는 사실상 연해주 대한국민의회의 간도 지부 역할을 했다.

당시 국무총리 대리 안창호가 이끌던 상하이 임시정부는 대한국민의회와의 통합을 추진하는 과정에서 간도 대한국민회에 많은 관

---

10 평양의 대한국민회는 박승명, 윤종식, 김홍건 등이 기독교장로회 조직을 중심으로 1919년 8월 하순에 결성했다. 대한국민회는 회비를 모아 상하이 임시정부에 자금을 지원하고, 기관지 『대한민보』를 매주 발행하는 등 활발하게 활동했다. 9월에는 '대한독립청년단'을 별동대로 결성하기도 했다. 그러나 1919년 말에 평양의 본부가 일제 경찰에 발각되고 간부들이 체포되면서 활동이 중단되었다.

11 구춘선(具春先 1857~1944)은 1857년 함경북도 온성 출신으로, 대한제국 시절 군인이었으며 1899년에 만주로 이주한 뒤 민족교육 활동을 벌이다가 1907년부터 기독교장로회 관련 조직에서 활동하며 1919년 3월 옌벤 룽징(龍井)에서 만세시위운동을 주도했다. 이어 대한독립기성총회와 대한국민회 지도자가 되어 국민회군을 창설하는 등 독립군 양성에 힘썼고, 그 후 봉오동전투와 청산리전투에도 참전했다.

심을 보였다. 요컨대 임시정부는 8월 23일에 내무부령 46호를 발하여 정재면[12]을 대한국민회에 특파했다. 그리하여 상하이 임시정부와 대한국민의회 통합 정부가 출범한 11월에 북간도 대한국민회 또한 상하이 임시정부 솔하(率下)에 편입되는 성과를 이룬다. 더불어 대한국민회 지도자 구춘선은 임시정부 군무부 왕칭현 교통부 책임자로 임명되었다. 이후 대한국민회는 3백여 명 규모의 직할부대로 국민회군을 결성하고 만주 일대 독립군 부대와 통합을 추진했다. 그리고 여기에 홍범도 부대 600명이 결합하면서 마침내 대한독립군을 편성하기에 이른다.

이러한 과정에서 장병준은 상하이 임시정부와 대한국민회 사이의 연락 임무를 수행했을 가능성이 높다. 물론 장병준이 이러한 단체들과 접촉한 구체적인 내용이나 시기는 확인되지 않는다. 다만 그의 독립운동 선배 이춘숙이 1919년 8월 5일에 임시정부 군무차장을 맡은 사실을 눈여겨볼 필요가 있다.

당시 임시정부 군사 업무를 실질적으로 관장하게 된 이춘숙은 만주와 연해주 일대의 항일 무장단체들을 임시정부 산하로 끌어들여 체계적으로 통합해야 할 과제를 안고 있었다. 따라서 이춘숙은 장병준에게 그 임무를 맡겼을 가능성이 높다. 그에 따라 장병준은

---

12 정재면(鄭載冕, 1882~1962)은 평안남도 숙천 출신으로, 서울에서 기독청년학원을 졸업하고 원산 보광학교 교사로 재직하며 신민회에 참여했다. 이후 북간도 명동학교 교사로 근무하며 1919년 2월에는 전로한족회중앙총회에 북간도 대표로, 3월에는 대한국민회 전신인 '조선독립기성총회'에 참여했다. 그 뒤 상하이로 건너와 임시정부에서 활동하다가 8월 23일에 대한국민회에 파견되었다.

만주, 연해주 일대를 누비며 여러 독립운동 단체를 접촉했다고 볼 수 있다.

한편 임시정부 통합 임무를 수행하던 장병준은 1919년 여름에 상하이로 들어가기 위해 다롄(大連)을 지나다가 일제 민정서(民政署)에 체포되고 말았다. 이듬해인 1920년에 있었던 일제 검사 신문에서 장병준은 이렇게 진술했다.

"작년 음력 7월인가 8월경에 중국 관동주의 다롄까지 갔다가 민정서에 체포당하였으나 사정을 몰랐기 때문인지 빨리 조선으로 돌아가라고 하여 돌아오게 되었다."[13]

민정서는 일제가 관동 일대에 설치한 행정기관을 말한다. 중국 랴오둥 반도 남쪽 끝에 있는 항구도시 다롄은 만주 내륙과 서해 뱃길을 잇는 교통의 요충지였다. 그런 까닭에 상하이와 만주 지역을 오가던 독립운동가들의 주요 경유지였다. 따라서 일제는 다롄에서 독립운동가들에 대한 검문을 강화하고 있던 터였다. 거기에 장병준이 걸려든 것이다. 장병준에게는 절체절명의 위기였다. 임시정부의 비밀 업무를 수행하는 중인 데다, 이미 장산 만세시위 건으로 수배자 명단에 올라 있었던 까닭이다.

조사가 시작되자 장병준은 미리 준비한 가명을 대고서 철저히 장사꾼으로 행세했다. 일제 관헌은 의심스러운 조선 청년의 신원을 캐기 위해 집요하게 물고 늘어졌다. 장병준도 끝까지 버텨냈다. 혹독한 조사가 무려 20여 일간이나 이어졌다. 일제 민정서장은 의

---

13 광주지방법원 목포지청 검사분국, 「장병준 신문조서(제2회)」(1920년 3월 29일), 『한민족독립운동사자료집』 47권, 국사편찬위원회, 2001.

심을 거두진 못했지만 증거를 캐내지도 못한 채 결국 장병준을 풀
어주었다. 그러면서 명령조로 외쳤다.

"어서 조선으로 돌아가라!"

Ⅲ.

민중이여,
다시 봉기하라

1

전국적 대중투쟁을 향한 결의

항일결사 대한국민회를 결성하다
:

　다롄의 민정서에 체포되기 이전, 그러니까 1919년 8월 초순에 장
병준은 서울에 잠입하여 비밀 활동을 벌인 적이 있다. 이때 장병준
은 보성전문 동문이자 천도교 조직에서 활동 중이던 박기영을 서
울 종로구 간동에서 만났다.

　박기영은 1893년 전북 남원에서 태어나 보성전문을 졸업한 뒤
전주 창동사립보통학교 교사로 재직하다가 두 해 전부터는 천도교
조직에서 활동하고 있었다. 그는 1919년 3월 19일에 박정주 등과
함께 전북 장수군 산서면 동화리에서 '장수 3·1만세운동'을 주도
하고, 3월 23일에는 장수군 반암면 만세운동에도 참여한 터였다.

　두 젊은 동갑내기 운동가는 식민지 현실을 개탄하며 서로 깊은
이야기를 나누었다. 장병준은 임시정부 비밀요원으로서 국내외를

드나들며 파악한 정세를 박기영에게 전해주고, 박기영은 천도교를 중심으로 한 국내 독립운동 상황을 상세히 알려주었을 터였다. 그리고 두 사람은 국내에서 전국적인 시위를 일으켜 일제 식민지 침략에 정면으로 저항하는, 야심 찬 계획을 세웠다.

장병준과 박기영은 먼저 대중투쟁을 주도할 전국적인 비밀결사체를 조직하기로 했다. 그리하여 기독교 쪽 청년 세력과 연계하는 방안을 찾았다. 이때 장병준은 3·1운동 직후 한성정부 13도 대표자 가운데 한 사람으로 참여하며 국민대회 준비 실무를 맡았던 이동욱을 끌어들이기로 했다. 당시 이동욱은 1919년 4월 23일의 국민대회 사건 이후 일제 경찰의 검거를 피해 강원도 금강산 일대에서 숨어 지내다가 7월경에 서울로 돌아와 부인성서학원 교사로 근무하고 있었다.

장병준은 박기영과 함께 원동 238번지로 이동욱을 찾아갔다. 그리고 거사 계획을 밝힌 뒤 이동욱에게 함께해줄 것을 당부했다.

"지난 4월 23일의 국민대회도 허망하게 끝난 터에 국내에서는 항일 기운이 너무도 침체되어 있으니 걱정이오. 그러니 제2의 국민대회를 일으킨다는 생각으로 같이 힘을 모아봅시다."

이어 박기영도 거들었다.

"천도교와 기독교가 손잡고 다시 한 번 13도에 독립만세의 외침이 울려 퍼지도록 우리가 나서서 일을 만들어봅시다."

신중한 성격의 이동욱은 심사숙고를 거듭한 뒤에 두 사람의 제안을 받아들였다.

마침내 세 젊은 운동가들은 3·1운동 1주년이 되는 이듬해 3월

1일을 거사일로 잡아, 전국적인 대중투쟁을 벌이기로 결의했다. 이들은 머리를 맞대고서 거사 준비를 위한 절차를 의논했다. 먼저 전국적인 항일 결사체를 조직하기로 하고, 그 이름을 대한국민회로 했다. 거기에는 북간도 대한국민회를 답사하고 돌아온 장병준의 의도가 반영되었다. 장병준은 이러한 상황을 상하이 임시정부에 보고했다.

그리하여 1919년 8월 중순에 장병준, 박기영, 이동욱 등은 이충모,[1] 김영호, 최규홍,[2] 양재명, 김형준, 송영섭, 박양근, 이양이, 정용욱 등과 함께 서울 종로구 간동 75번지에서 대한국민회를 결성했다. 나중에 박기영의 재판 소식을 다룬 신문 기사는 당시 상황에 대해서 '8월 중순에 경성부 간동 75번지에서 동지와 함께 대한국민회를 조직하고, 장병준을 상해 가(假)정부에 보내서 연락[3]을 했다고 전한다.

그런데 며칠 뒤에 같은 신문에 나온 박기영 관련 기사에는 흥미로운 내용이 눈에 띈다. 대한국민회를 결성한 "그해 12월 중에 회원인 조병준을 상하이로 파견하여 안창호, 박용만과 면회를 한 후에 조선 독립에 관해 협의[4]"를 했다는 것이다.

기사에서 대한국민회 회원으로 박기영의 지시에 따라 안창호와

---

1 1896년 함남 홍원 출신의 사회주의자. 양복 직공 생활을 했으며 1924년 이후에는 조선노농총동맹, 조선노동당, 북풍회, 조선공산당 등에서 활동하게 된다.
2 김영호는 당시 25세로, 전주천도교청년회 간부였고, 최규홍은 당시 35세이며 순창군 천도교 지도자였다.
3 『동아일보』 1922년 1월 27일자.
4 『동아일보』 1922년 2월 13일자. 이 기사는 박기영의 구형공판 법정 진술을 토대로 작성된 것이다.

박용만을 면회했다는 조병준이라는 인물이 누구일까. 당시 임시정부 관련 인물로 의병 출신의 평북독판 조병준(趙秉準)이 있긴 하지만, 그는 이미 57세의 원로였다. 그런 조병준이 대한국민회 회원이었을 가능성은 희박하다. 그러므로 기사에 등장하는 조병준은 장병준의 오기(誤記)임을 알 수 있다.

그렇다면 장병준은 8월에 이어 그해 12월에도 대한국민회 건으로 임시정부에 다녀왔다는 말이 된다. 게다가 이때 임시정부의 안창호를 만나는 데서 나아가 박용만과 면회를 했다는 사실을 눈여겨볼 필요가 있다. 박용만은 이승만의 외교독립 노선에 반대하여, 상하이 임시정부에 참여하지 않고 베이징에서 신채호, 신숙 등과 함께 무장독립 노선을 걷고 있었기 때문이다. 만약 기사 내용이 사실이라면 장병준의 독립운동 노선에 미묘한 변화가 생겼음을 뜻한다.

조직 확대를 위한 포섭 활동
:

한편 장병준과 박기영, 이동욱은 대한국민회 조직 확대에 노력을 기울였다. 박기영은 장수 대한국민회를 조직하는 등 전북 지역 천도교 세력을 규합했다. 이동욱은 8월 23일에 대전으로 내려가, 대전역 개찰원으로 근무하고 있던 이길용을 대한국민회 조직원으로 포섭했다. 이길용은 한때 이동욱이 교사로 근무했던 인천 영화학교에서 공부한 학생이었다. 이어 이동욱은 서울에서 이길용의 친구 박성환과도 접촉하며 점조직을 넓혀갔다.[5]

그 사이에 장병준은 상하이를 오가며 연락 임무를 수행하면서 이정섭, 김홍기, 최혁 등 보성고보 졸업생을 대상으로 포섭 활동을 벌였다. 이들 중에 이정섭과 최혁은 함경남도 함흥 출신이고, 김홍기는 1996년 함경남도 정평군 출신이었다. 함흥과 정평은 인접한 지역이다. 특히 정평은 임시정부 군무차장 이춘숙의 고향이다. 따라서 세 사람 모두 이춘숙의 동향 후배인 셈이었다.

장병준이 이정섭과 김홍기를 만난 것은 8월 어느 날 관훈동 홍소사(洪김史)라는 하숙집에서였다. 당시 이정섭은 보성고등보통학교를 졸업한 뒤 경성우체국 사무원으로 일하다가 사직한 처지였다. 김홍기 또한 같은 시기에 보성학교를 졸업하고 경성부 재무계 직원으로 근무하다가 사직한 뒤 간동 97번지에서 하숙업을 하고 있었다.[6]

이 가운데서 프랑스 유학을 앞두고 있던 이정섭은 조직 활동에 소극적인 편이었다.[7] 반면 김홍기는 장병준과 밀접한 관계를 맺으며 조직 활동에 참여했다.

이듬해 종로경찰서 신문에서 김홍기는 장병준이 상하이 임시정

---

5 종로경찰서, 「이길용 신문조서」(1920년 3월 23일), 『한민족독립운동사자료집』 47권, 국사편찬위원회, 2001.

6 종로경찰서, 「김홍기 신문조서(1회)」(1920년 3월 2일), 『한민족독립운동사자료집』 47권, 국사편찬위원회, 2001.

7 이정섭(1899~?)은 이후 프랑스 파리대학교에서 유학하고 1926년에 돌아와 신간회 발기인 및 언론인으로 활동하다가 보안법 위반으로 기소된다. 그러나 1938년 이후에는 내선일체 정책과 대동아공영권을 찬양하며 친일 행각을 벌였다. 그에 따라 민족문제연구소가 발표한 친일반민족행위자 705인 명단에 포함되었다.

부로 가는 도중 중국 다롄에서 체포되어 20일간 구류 처분을 받은 사실을 진술한 바 있다.[8] 더불어 장병준이 임시정부 군무차장 이춘숙과 연락하고 있다는 사실을 진술했다. 또 "장병준과 이춘숙은 일본 유학 때부터 절친한 사이이며, 3·1운동 직후 상하이로 가서 함께 임시정부 설립에 참여했다"고 경찰에 털어놓았다. 그리고 김홍기는 이춘숙의 원적지 주소까지도 정확하게 진술했다.[9] 이렇듯 김홍기는 장병준과 이춘숙에 대해 잘 알고 있었다. 그만큼 장병준과 가까웠다는 뜻이다.

장병준은 이어 최혁과도 접촉했다. 장병준과 최혁은 이미 일본 유학 시절인 1916년 7월경에 도쿄에서 만난 적이 있었다. 당시 최혁은 보성고등보통학교를 졸업하고 일본으로 건너와 세이소쿠(正則)영어학교에 다니고 있었다. 두 사람은 최혁이 두 달 만에 유학을 그만두고 귀국할 때까지 교류했다. 그 뒤 최혁은 고향으로 돌아가서 할아버지 최덕언의 약방 일을 돕다가 3·1운동 직전에 서울로 와서 아버지 최린[10]의 뒷바라지를 하고 있던 터였다.

그런 최혁과 장병준이 다시 만난 것은 1920년 1월 초순경이었다. 1919년 12월에 대한국민회 건으로 중국에 가서 안창호 등을 만나고서 다시 국내로 들어온 직후였다. 안국동 길거리에서 만난 두 사람

---

8 종로경찰서, 「김홍기 신문조서(1회)」(1920년 3월 2일), 『한민족독립운동사자료집』 47권, 국사편찬위원회, 2001.
9 종로경찰서, 「김홍기 신문조서(2회)」(1920년 3월 2일), 『한민족독립운동사자료집』 47권, 국사편찬위원회, 2001.
10 최린(崔麟, 1878~1958)은 3·1독립선언서에 서명한 민족대표 33인 가운데 한 사람이며, 당시 그 일로 최린은 징역 3년을 선고받고 서대문 감옥에서 복역하는 중이었다. 하지만 나중에 최린은 친일 반민족행위자의 길을 걷게 된다.

은 반갑게 인사를 나눈 뒤, 다음 만남을 약속하고 헤어졌다. 그리고 두 사람은 1월 22일경에 다시 만나[11] 3·1운동 1주년 기념 거사에 대한 이야기를 나누었다. 이때 최혁은 고향 사람 김상구[12]를 장병준에게 소개해주었다.

이밖에 장병준이 거사 준비 기간에 접촉한 인물로는 광화문통에서 세탁소 직원으로 일하던 한상옥이 있다. 당시 37세의 한상옥은 세탁물 배달을 하면서 동지들 간의 연락을 유지하는 역할을 맡았다.

한편 국내 거사를 앞두고 사람을 규합하는 등 비밀 활동을 벌이는 운동가들에게는 늘 거처가 문제였다. 이들의 거처는 단지 먹고 자는 곳에서 나아가 비밀 활동을 벌이는 거점 역할을 했다. 일제의 감시가 번뜩이는 국내에서 비밀결사의 중심에 서 있던 장병준 또한 그 문제에 각별히 신경을 써야 했다.

그런 상황에서 장병준은 1919년 12월부터 1920년 2월 말까지 3개월여에 걸쳐 종로 안국동 160번지 정연규(鄭然圭)의 집에 머물렀다. 철통같은 보안이 필요한 시기에 석 달씩이나 한곳에 머물렀다는 것은 집주인과 확실한 신뢰관계가 있어야 가능한 일이었다. 집 주인 정연규와 장병준 사이에도 그런 신뢰가 있었던 것으로 보인다.

정연규는 당시 스무 살의 문학청년이었다. 1899년 경상남도 거

---

11 종로경찰서, 「최혁 신문조서」(1920년 3월 2일), 『한민족독립운동사자료집』 47권, 국사편찬위원회, 2001.
12 김상구는 당시 33세로, 1916년까지는 일제 순사로 있다가 사직한 뒤, 대부업을 하면서 친일 성향의 제세교에 들어가 활동하고 있었다. 이런 이력 때문에 장병준은 김상구에게 별다른 역할을 맡기지 않은 것으로 보인다.

창의 지주 집안에서 태어난 그는 가족을 따라 상경한 뒤 인현공립보통학교, 경성고등보통학교를 거쳐 법관양성소의 후신인 경성전수학교를 1918년에 졸업했다. 그 무렵 정연규의 아버지와 두 형은 총독부 관리였다. 정연규 또한 출세가 보장된 엘리트코스를 밟고 있었다. 그러나 일찍이 문학에 심취한 그는 만사를 팽개치고 현실 비판적인 소설 쓰기에 몰두했다.[13] 따라서 안국동 160번지는, 경성전수학교를 거의 꼴찌로 졸업한 정연규가 현실에 염증을 내고 가족의 그늘에서 벗어나 소설 창작에 몰두하던 작업실이었을 가능성이 높다.

문학청년 정연규를 알게 된 경위에 대해 장병준은 "내가 정연규와 면회한 것은 작년 12월이 처음"이었으며, "그의 형은 전부터 친구이다. 그는 총독부 산림직 기수에 있는 자"[14]라고 진술한 바 있다. 여기서 장병준의 친구이자 정연규의 형이라는 인물이 누구인지는 확인되지 않는다. 다만 장병준이 석 달이나 머무르는 동안에 정연규의 작업실은 비밀결사 활동을 벌이는 독립운동가들의 아지트가 되었고, 스무 살의 문학청년 정연규도 그 일원으로 참여했다.

한편 그런 경험을 통해 민족의식을 드높인 정연규는 독립운동에 관한 한글 소설 『혼(魂)』과 이상적 국가를 소재로 한 『이상촌(理想村)』을 집필하여 1921년에 발표하게 된다. 그러나 소설 『혼』은 일제 검

---

13 김태옥, 「재일조선인 정연규의 생애와 활동」, 『한국일본어문학회 학술발표대회 논문집』, 2006.
14 종로경찰서, 「장병준 신문조서」(1919년 6월 16일), 『한민족독립운동사자료집』 47권, 국사편찬위원회, 2001.

열에 걸려 압수 대상이 되었고, 정연규는 총독부로부터 추방 명령
을 받는다. 그 뒤 일본으로 망명한 뒤에도 정연규는 장편『방황하
는 하늘』, 단편『생의 번민』등을 써서, 일제에 의해 강제로 이식된
천민적 자본주의와 왜곡된 근대화의 실상을 일관되게 비판했다.[15]

이처럼 정연규가 사회 현실을 예리하게 반영한 작품을 연거푸
쓰게 된 데에는 석 달 동안이나 한솥밥을 먹은 장병준의 사회의식
이 어느 정도 영향을 끼쳤음을 부인하기 어렵다.

장동식의 통 큰 기부
:

1920년 새해가 밝았다. 거사는 두 달여 앞으로 다가왔다. 장병준
과 박기영, 이동욱 등은 그간의 조직 상황을 냉정하게 점검해보았
다. 전국적 봉기를 일으킬 만한 규모는 아니었다. 아무래도 대한국
민회 조직을 확대하는 데는 무리가 있었다. 지역 조직도 전라북도
장수 대한국민회에서 멈춘 터였다. 그렇다고 드러내놓고 사람을
모집할 수도 없었다. 대한국민회 자체 역량으로 전국 각지에서 만
세시위를 조직하기는 어려웠다. 장병준과 그의 동지들은 현실적
상황을 고려했다. 그리하여 3·1운동 1주년을 맞아 각 지역의 자생
적 만세시위를 촉구하는 경고문을 대량으로 만들어 전국에 배포하
는데 주력하기로 했다.

세 사람은 각기 역할을 나누었다. 먼저 경고문 인쇄는 이동욱이

---

15 김태옥, 「식민지시기의 왜곡된 근대」, 『한국일본어문학회 학술발표대회 논
문집』, 2012.

맡았다. 전국적인 배포 계획은 박기영과 장병준이 함께 주관하고, 경고문의 제작과 배포 등 거사 준비에 소요되는 비용은 장병준이 조달하기로 했다. 사실 가난한 식민지 백성들이 벌이는 거사에서는, 사람을 모으는 일보다 자금을 모으는 일이 더 어려웠다. 상하이 임시정부 운영에 필요한 자금도 조달하여 보내야 하는 데다, 국내 거사에 필요한 비용까지 마련하는 과제를 스스로 떠안은 장병준은 적잖이 머리가 아팠다.

그러던 2월 1일. 저녁이 다 되어 제우교 신자인 서태석이 찾아왔다. 당시 서태석은 몇 달 전에 암태면장을 그만두고 만주보민회사 사업을 벌이고 있었다. 서태석은 장병준의 거처에서 사흘 동안이나 머물렀다. 그런 뒤 2월 5일에 장병준과 서태석은 함께 호남선 기차에 올랐다. 그리고 늦은 오후에 두 사람은 장성군 북이면 사거리역[16]에서 내려 근처 여관에서 하룻밤을 묵었다.

다음 날인 2월 6일. 아침 일찍 사거리 여관을 나온 이들은 십리쯤 걸어, 장성군 북이면 모현리 신만우의 집으로 갔다. 떠들썩한 혼례잔치가 벌어지고 있었다. 장병준과 서태석이 집안으로 들어서자 신랑이 뛰어나오며 반가이 맞았다. 장산도에서 온 장동식이었다. 그랬다. 그날은 신만우의 딸 신은주와 장동식의 혼례식 날이었다. 달포 전인 1월 5일에 서태석이 장동식을 신만우의 집으로 데리고 와서 맞선을 보게 한 뒤에 이뤄진 혼사였다.

장병준은 하객들에게 '장현숙'이라는 가명으로 자신을 소개하고

---

16 지금의 전남 장성 백양사역.

인사를 나누었다. 그런 뒤 서태석, 장동식과 함께 신만우의 집 사랑방에 자리를 잡고 앉아 이야기꽃을 피웠다. 이날 상황에 대해 신만우의 장남 신용식은 나중에 "두 사람은 객실에서 무언가 재미있는 것처럼 이야기하고 있었다"[17]고 증언했다. 그러나 장병준과 서태석이 그 자리에서 혼례에 대한 덕담만 나눈 것은 아니었다. 장병준은 세상을 놀라게 할 거사를 눈앞에 두고 있는 터였고, 장동식과 신은주의 혼례식 또한 단순히 젊은 남녀가 부부의 연을 맺는 것 이상의 의미를 뒤에 숨기고 있었다.

혼례식이 벌어진 신부의 집안도 범상치 않았다. 일제 경찰 자료에 따르면 "신만우, 신경식 등은 배일사상을 갖고 있는 완고한 자로서 작년 봄, 그들의 자제는 보안법 위반으로 처벌된 요시찰인"[18]이었다. 신경식과 그의 형제인 신태식, 신종식 등은 1919년 4월 3초에 일어난 장성 모현리 만세운동에 가담하여 처벌을 당한 터였다. 그처럼 가난한 독립운동가 집안의 딸 신은주와 장산도 지주 집안 종손의 혼례는 이면에 뭔가 사연이 숨어 있을 법했다.

이와 관련하여 주목되는 사실이 하나 있다. 장동식이 자신의 혼례에 즈음하여 장병준에게 집 한 채 값에 해당하는 거액의 돈을 맡겼다는 사실이다. 나중에 일제 경찰 신문에서 장병준은 그 돈에 대하여 이렇게 진술했다.

---

17 목포경찰서, 「청취서」(1920년 3월 28일), 『한민족독립운동사자료집』 47권, 국사편찬위원회, 2001.
18 목포경찰서, 「정치에 관한 범죄처벌의 건 위반 피고 사건수사보고」(1920년 3월 19일), 『한민족독립운동사자료집』 47권, 국사편찬위원회, 2001.

"장산면의 장동식으로부터 집을 산다고 하여 보내온 돈 5,500원이 있는데, 그 돈은 한성은행에 저금하여 두었다."[19]

더불어 장병준은 그 돈으로 산 집에서 장동식의 처 신은주가 거처할 예정이라고 했다. 하지만 이러한 장병준의 진술을 그대로 믿기에는 의문스러운 구석이 많다. 무엇보다도 당시 장병준은 장산 만세시위 주도 혐의로 수배 중인 데다, 국내외를 수시로 드나들며 독립운동 자금 모집에 바쁜 터였다. 그런 장병준에게 장동식이 집을 마련한 돈을 선뜻 맡겼다는 건 이해가 되지 않는다. 게다가 갓 혼인한 새색시가 서울에서 혼자 머물러야 할 이유도 없었다.

결국 그 돈은 장동식이 장병준에게 내놓은 독립운동 자금이었을 가능성이 높다. 비록 자신은 집안의 2대 독자로 독립운동에 나서지는 못했지만, 장동식은 통 크게 집한 채 값을 선뜻 내놓음으로써 장병준의 활동을 받쳐주었던 것이다. 그로써 장병준은 자금 조달에 대한 고민을 상당 부분 해결할 수 있었고, 다가오는 3월 1일의 거사도 힘 있게 준비할 수 있었다.

한편 장동식과 신은주의 혼인은 많은 사람들에게 관심거리가 되었다. 특히 장병준의 행적을 조사하던 목포 경찰은 장동식의 혼인과 장병준과의 관련성을 깊이 파고들었다. 그리하여 목포경찰서 측은 "서태석은 그 결혼의 중매자로서 물론 그 결혼식에 참석하였고, 신(申) 등과 장병준은 조선, 봉천, 상해 등지에 함께 왕래하면서 서로가 제휴하여 일을 진행하는 모양"[20]이라는 결론을 내렸다. 장

19 종로경찰서, 「장병준 신문조서」(1920년 6월 16일), 『한민족독립운동사자료집』 47권, 국사편찬위원회, 2001.

병준과 서태석, 신경식 등이 조직적 관계를 맺고서 함께 활동하고
있다는 것이었다.

　이런 사실은 장동식과 신은주의 혼인이 애초에 장병준과 신경식
이라는 두 독립운동가 사이에서 추진되었을 가능성을 짐작케 한
다. 나중에 서태석은 "그대는 장동식, 신만우 등을 아는가"라는 일
제 검사의 질문에 "장동식은 알고 있으나 신만우는 모른다"[21]고 답
했다. 이처럼 서태석은 장동식의 혼례와 자신이 무관한 것처럼 보
이려 했다. 하지만 서태석의 그런 태도는 거꾸로 장동식의 혼례에
심상치 않은 배경이 있음을 암시하는 것이었다. 요컨대 서태석은
장동식과 신은주의 중매를 서는 모양을 취하며 장동식이 마련한
자금을 장병준에게 전달하는 역할을 맡았을 것으로 보인다.

20 목포경찰서, 「정치에 관한 범죄처벌의 건 위반 피고 사건수사보고」(1920년
　3월 19일), 『한민족독립운동사자료집』 47권, 국사편찬위원회, 2001.
21 목포지청검사분국, 「서태석 신문조서(2회)」(1920년 3월 24일), 『한민족독립
　운동사자료집』 47권, 국사편찬위원회, 2001.

2

민중이여, 다시 봉기하라

전국적 배포망을 조직하다
:

1920년 2월 20일. 음력으로는 정월 초하루였다. 민족 명절인 설 날이었지만 그런 기분에 젖을 새가 없었다. 3·1운동 1주년 기념 일을 열흘가량 앞두고서 일제 경찰의 감시는 점점 엄중해지고 있 었다. 그런 가운데 장병준과 그 동지들은 몇 달 동안 준비해온 거 사의 성공을 위해 숨 가쁜 일정을 이어갔다. 이들은 대한국민회 명의로 1년 전 3·1독립선언서에 버금가는 '경고문'을 제작하여 전 국 13도의 학교와 주요 도시의 시내에 배포하기로 결의하고 그 세 부계획을 세웠다. 장병준은 비용을 조달하고, 이동욱은 경고문 기 안(起案)과 인쇄에 대한 일을 맡기로 했다.[1] 경고문 배포는 장병준과

---

1 동대문경찰서, 「이동욱 신문조서」(1920년 2월 29일), 『한민족독립운동사자 료집』 47권, 국사편찬위원회, 2001.

박기영이 담당하기로 했다.

한편 경고문의 전국적 배포망도 점검했다. 이에 앞서 장병준과 박기영, 이동욱 등은 13도 각지에서 경고문을 배포하여 독립만세 시위를 촉발시킬 사람을 선정하는 데에 많은 노력을 기울였다. 그러나 시위를 일으킬 만한 운동가들은 이미 1년 전 3·1운동의 여파로 투옥되었거나 중국 등지로 망명을 한 뒤였다. 게다가 일제 경찰은 삼엄한 감시망을 펼쳐놓은 채, 조금이라도 의심이 가는 사람들을 마구 잡아들이고 있었다. 그런 터에 거사를 함께할 사람을 찾는일은 쉽지 않았다. 결국 이들은 대전, 대구, 마산, 목포, 전주 등 지방의 거점 도시에 배포망을 구축하고, 그 도시 기차역을 중심으로 경고문을 배포하기로 했다.

대전 지역 배포는 이동욱의 영화학교 제자인 이길용이 맡았다. 이길용은 대전역 개찰계 직원으로 일하고 있던 터였으며, 이미 지난해 8월부터 이동욱과 연락을 취하고 있었으므로 경고문 배포의 적임자였다. 그리고 목포 쪽 배포를 맡은 사람은 서태석이었다. 이 무렵 서태석은 장병준과 거의 동지적 관계를 맺고서 독립운동에 참여하고 있었던 것으로 보인다.

전주 쪽은 박기영과 관련이 있는 천도교 조직을 통해서 배포자가 결정되었다. 전주의 배포 책임자가 누구였는지는 확인되지 않는다. 대구의 경우는 남성정(南城町)에 사는 최일문에게 배포를 맡기기로 했다. 최일문이 누구인지, 그리고 그가 어떤 경로를 통해서 경고문 배포 책임자로 결정됐는지에 대해서는 밝혀진 바 없다.

마산 지역 배포 책임자는 마산역 근처에서 운송점 서기로 일하는 팽동주로 정했다. 팽동주는 당시 나이 스물여덟으로 보통학교 서너 달 다닌 것이 학력의 전부였지만, 고향에서 면서기를 지낼 만큼의 식견은 갖춘 사람이었다. 그런 팽동주를 장병준에게 소개해준 사람은 안확(安廓)[2]이었다. 마산 창신학교 교사였던 안확은 1914년에 일본으로 건너가 니혼대학 정치학과에서 공부했고, 장병준은 이듬해인 1915년부터 니혼대학 법과에서 공부했다. 이처럼 안확은 장병준의 유학 시절 선배였다. 거사를 앞두고 장병준은 안확에게 마산 쪽 배포 책임자 소개를 부탁 했고, 이에 안확은 제자 팽동주를 장병준에게 연결해준 것으로 보인다. 그에 따라 안확은 2월 초순에 팽동주에게 "근자에 소포 우편으로 어떤 물품을 보낼 터이니, 3월 1일까지 팔아달라"[3]는 내용으로 편지를 보내어 경고문 배포를 당부했던 것이다.

이로써 각 지방 주요 도시의 배포 책임자가 선정되었다. 그런데 전국적인 경고문 배포를 위해서는 각 지방으로 경고문을 운반할 사람이 필요했다. 일제 경찰의 검문을 피해 경고문을 먼 거리까지 운반하려면 대단한 담력과 책임감이 필요했다. 먼저 목포와 전주 쪽은 서태석과 그의 친구 표성천이 맡기로 했다. 당시 표성천도 서태석과 함께 만주보민회사[4] 설립을 위해 만주와 서울을 자주 오르내리던 중이었다. 그런데 문제는 대전, 대구, 마산 등지의 경고문

---

2 호는 자산((自山). 3·1운동 때 마산에서 만세시위를 주도한 독립운동가이며 국학자. 일제 경찰이 작성한 「팽동주 신문조서」에는 '안혁(安赫)'으로 되어 있는데 이는 '안확(安廓)'의 오기(誤記)이다.
3 종로경찰서, 「팽동주 신문조서」(1920년 3월 23일), 『한민족독립운동사자료집』 47권, 국사편찬위원회, 2001.
4 천도교에서 분리된 일진회 계열의 신흥종교 제우교 신자들이 만주 일대에서 추진한 회사. 친일파 이인수(李寅秀)가 고안한 것으로 알려졌다.

운반 책임자를 찾는 일이었다. 장병준과 박기영은 거듭 고심했다. 그러던 중에 박기영은 뜻밖의 제안을 하였다.

"내 하숙집 누님에게 부탁하면 어떻겠소?"

박기영이 말한 하숙집 누님이란 교육을 받은 적이 없어서 글도 잘 모르는 마흔세 살의 독신 여성 박자선(朴慈善)이었다. 장병준은 박기영의 말에 무릎을 쳤다. 일제 경찰의 의심을 피하는 데는 오히려 남자보다도 여자가 나을지 모른다는 생각이 든 것이다. 그리고 무엇보다도 박자선은 성품이 곧아서 믿음을 주는 사람이었다. 장병준은 박기영의 제안에 동의했다.

대전, 대구, 마산 쪽은 박자선이 맡고, 목포와 전주 쪽은 사업차 만주를 오가던 표성천을 통하여 서태석에게 전달하기로 했다. 더불어 학생용 경고문의 배포는 김홍기 등 장병준의 보성학교 후배들이 맡았다. 이에 이동욱은 서울시내 중등학교 23개교 명단을 작성하여 장병준에게 넘겼다. 그로써 두 종류의 경고문을 전국의 도시와 학교에 배포하는 계획을 마무리 지었다.

비밀리에 경고문을 인쇄하다
:

거사 날짜가 사나흘 눈앞으로 다가왔다. 일제 경찰의 감시도 견고해졌다. 이번 거사는 지난해 장산도 만세시위와는 비교할 수 없을 만큼 위험이 따르는 일이었다. 성공하든, 실패하든 그 이후에 몰아닥칠 탄압의 강도도 엄청날 터였다. 장병준은 거사 이후에 밀어닥칠 경찰의 탄압에도 대비했다. 그 뒷일은 동생 장병상의 몫이었다.

당시 스물한 살이던 장병상은 인사동 61번지 홍희득 집에서 하숙을 하며 사립 중동학교 졸업을 앞두고 있었다. 보성전문에 진학하기 직전이기도 했다. 장병준은 동생 병상의 집으로 찾아가 한성은행 통장을 맡겼다. 통장에는 장산도의 장동식이 보내온 거금 5,500원이 들어 있었다. 그밖에 거사 이후에 예상되는 여러 가지 뒷일도 꼼꼼히 알려주고 돌아왔다.

한편 1920년 2월 22일, 이동욱이 두 가지 경고문의 초안을 내놓았다. 하나는 학생들에게 동맹 휴교를 선동하기 위한 '대한독립 1주년 기념 축하 경고문'이었다. "남녀 학생은 일제히 휴교하고, 시중으로 출동하여 그 축하회에 참여하여 만세를 외치라"는 내용을 담고 있었다. 다른 하나는 상인들을 대상으로 하는 '대한독립 1주년 기념 철시 경고문'으로, "일반 상가는 일제히 폐점하고 축하회에 모여 호응하라"는 내용이었다. 한마디로 3·1독립만세운동을 다시 일으키자는 선동문이었다. 세 사람은 면밀히 문안을 검토하며 몇 가지 사소한 수정을 가했다.

"이만하면 된 듯하오."

장병준이 흡족한 표정으로 말하며 박기영을 돌아보았다. 박기영도 고개를 끄덕였다. 그리하여 경고문은 확정되었다. 장병준은 인쇄 비용 100원을 이동욱에게 건네주며 당부했다.

"왜놈들에게 발각되지 않도록 조심하시오."

2월 23일 오후 6시경. 이동욱은 청량리로 가서 인쇄 기술자 유진상을 찾아갔다. 유진상은 시조월보(時兆月報)라는 잡지사의 인쇄공으로, 이동욱이 전부터 알고 지내온 사람이었다. 그 무렵에 유진상은 아내와 사별한 뒤, 세 아이와 노모, 동생 등의 식솔을 거느린 가난한 가장이었다.[5] 이동욱과 유진상은 경고문 인쇄에 대해 조심스럽게 이야기를 나누었다.

"우리가 교류한 게 몇 년이어도 서로 흉금을 터놓고 얘기한 적이 없었던 것 같습니다만, 특별히 비밀스런 일을 한 가지 부탁하려 하는데 들어주시겠소?"

"해도 괜찮은 일이면 들어주어야지요."

"이건 비밀스러운 일인데, 작년 3월 1일의 대한독립만세 1주년이 임박했습니다. 그래서 오는 3월 1일에는 축하를 올리기 위해서 간단한 경고문을 인쇄하려고 합니다. 조선 독립에 관해서는 동의하실 터이니, 도와주실 수 있는지요?"

"만약에 발각되면 난처하게 되는 것 아니오?"

"그래도 꼭 좀 부탁합니다. 비용은 넉넉히 드릴 테니까."

유진상은 잠시 난감한 얼굴로 고민에 잠겼다. 일제 관청의 허가를 받지 않은 인쇄물을 제작하는 것은 처벌을 받을 일이었다. 하지만 일제로부터 해방되기 위해 벌이는 일을 차마 거절할 수는 없었다. 유진상은 마침내 경고문 인쇄를 맡기로 했다. 이동욱은 안도하며 유진상에게 경고문 원고를 건네주고 5천 장의 인쇄를 부탁했다. 인쇄 비용 70원도 내놓았다. 모자라면 더 줄 수 있다는 말을 덧붙였다.

다음 날인 2월 24일. 유진상은 인쇄 작업을 준비했다. 그러나 인

---

5 동대문경찰서, 「유진상 신문조서」(1920년 2월 29일), 『한민족독립운동사자료집』 47권, 국사편찬위원회, 2001.

쇄에 필요한 활자를 구하는 일부터가 쉽지 않았다. 일제의 감시가 철저한 때라서 대놓고 활자를 빌릴 수도 없었다. 궁리 끝에 유진상은 자신의 직장인 시조월보사 인쇄실에서 몰래 활자를 가져왔다. 인쇄 용지는 자신의 직장 동료인 권학규를 시켜 몰래 사오도록 했다. 비밀리에 일을 추진하다 보니 모든 게 더뎠다. 유진상은 다음 날인 2월 25일 저녁 무렵에야 자신의 집에 인쇄 기계를 설치했다.

한편 목포 지역에 경고문 배포 책임을 맡은 서태석과 표성천은 만주보민회사 일을 핑계로 2월 20일경부터 서울에 머무르고 있었다. 인쇄물이 나오면 곧장 목포에 가지고 내려갈 참이었다. 그러나 인쇄가 늦어지는 바람에 2월 23일경까지도 경고문이 나오지 않았다. 이동욱은 유진상 쪽의 인쇄물을 막연히 기다릴 수는 없다고 판단하고 자신의 직장인 죽첨정 성서학원에서 등사판을 이용하여 직접 경고문을 만들었다. 그러나 손으로 하는 작업이라 속도가 더뎌서 밤새 100여 장의 경고문을 등사하는 데 그쳤다. 다음 날 이동욱은 퀭한 눈으로 장병준의 집을 찾아왔다. 때마침 서태석과 함께 있던 장병준이 이동욱을 반겨 맞았다.

"어서 오시오, 애썼소."

이동욱은 품안에서 등사한 경고문 100여 장을 내밀었다. 장병준은 그 내용을 확인해보고 나서 서태석에게 말했다.

"이것을 가지고 내려가시다가 전주에 전달해주세요. 목포 쪽에 필요한 양은 나중에 보내드리겠소."

그에 따라 서태석은 24일경에 목포로 내려갔고, 대신 표성천이 장병상의 하숙집에서 머물며 인쇄물이 나오기를 기다렸다. 그 사이에 장병준은 집에서 밤늦도록 태극기 두 장을 직접 그렸다.

2월 26일 오후. 이동욱이 추가로 찍은 인쇄물 200여 장을 가져왔다. 장병준은 그 경고문과, 자신이 전날 그린 태극기 두 장을 옷에 싸서 여행용 가방에 넣고 자물쇠를 채웠다. 그리고 가방과 열쇠를 표성천에게 건네주었다. 표성천은 다음 날인 2월 27일 아침에 서울을 출발했다.[6]

'누님' 박자선의 활약
:

그 사이에 청량리의 유진상도 본격적으로 인쇄 작업에 들어갔다. 유진상은 이동욱, 권혁규 등의 도움을 받으며 27일까지 3천 장에 가까운 경고문을 찍었다.[7] 물론 처음 목표한 5천 장에는 턱없이 모자라는 양이었다. 일제 경찰의 감시와 주변 사람들의 시선을 피해가며 비밀스럽게 작업을 하다 보니 그만큼 속도가 더딜 수밖에 없었다. 유진상은 자신이 찍은 인쇄물을 직장 동료 권학규와 동생 유진익을 시켜 이동욱에게 전달했다. 이동욱은 그 인쇄물을 다시 장병준에게 가져왔다.

2월 27일 밤. 장병준과 박기영은 그간 쌓인 인쇄물을 세 덩어리로 나누었다. 그런 다음 신문지로 단단히 포장을 하여 품안에 숨긴

---

6 목포경찰서, 「표성천 신문조서」(1920년 3월 4일), 『한민족독립운동사자료집』 47권, 국사편찬위원회, 2001.
7 유진상은 경찰 신문에서 첫날에 500장, 27일 600장, 28일에 1,200장의 경고문을 찍은 것으로 진술했지만, 이는 의도적으로 인쇄 부수를 축소시켜 진술한 것으로 보인다.

채 안국동 114번지 박자선의 집으로 향했다. 늦은 밤거리는 기분 나쁘도록 조용했다. 두 사람은 거리를 순찰하는 경찰과 숨바꼭질을 하며 무사히 박자선의 집에 이르렀다. 박자선이 긴장한 표정으로 두 사람을 맞았다. 박기영은 박자선에게 차근차근 임무를 설명해주었다.

"이것은 대전역 개찰계 직원인 이길용이라는 사람에게 전하시고, 두 번째 것은 대구 남성정에 사는 최일문이란 사람에게 주십시오. 그리고 세 번째 덩어리는 마산에 가서 팽동주에게 건네주면 되는 것이오."

박기영의 설명이 끝나자 장병준은 박자선에게 20원을 건네주었다.

"여비입니다. 먼 길 조심해서 다녀오세요."

그러자 박자선이 힘 있는 목소리로 대답했다.

"걱정 마셔요. 잘 전달하고 올 테요."

박자선은 그날 밤을 거의 뜬눈으로 지새웠다. 젊은 운동가들에게 대답은 씩씩하게 한 터였으나, 불안과 긴장으로 잠을 이룰 수 없었다. 긴 밤을 이리저리 뒤척이다가 박자선은 2월 28일 새벽을 맞았다. 자리를 털고 일어난 박자선은 인쇄물을 싼 보자기를 들고 서울역으로 가서 대전행 기차에 몸을 실었다.

그날 점심 무렵. 박자선은 대전역에 도착했다. 그리고 개찰구로 가서 쉽게 이길용을 만났다. 낯선 중년 여성의 출현에 적잖이 긴장하며 주위를 살피던 이길용은 박자선을 인적이 드문 곳으로 데리고 갔다. 박자선은 이길용의 신원을 확인한 뒤에 조심스럽게 보자기를 풀었다. '대전역 이길용 앞'이라고 포장된 덩어리가 나왔다. 박자선은 이동욱의 명함과 함께 그 물건을 이길용에게 건넸다. 명함 뒷면에는 "2월 29일 밤에 물건을 팔아 달라"는 내용이 이동욱의 자필로 적혀 있었다. 유인물을 배포해달라는 뜻이었다. 이길용은 긴장한 표정으로 유인물 덩어리를 받아들었다.

이길용과 헤어진 박자선을 곧장 대구로 가서 남성정에 사는 최일문을 찾았다. 하지만 최일문은 집에 없었다. 박자선은 낯선 동네를 뒤지며 최일문을 수소문했다. 그러는 동안에 날이 저물자 숙소를 잡아 하룻밤을 묵었다. 그리고 다음 날 오전 내내 최일문의 행방을 수소문했다. 그러나 점심때가 다 되도록 아무런 소득이 없었다. 결국 박자선은 최일문을 찾는 일을 포기하고 마산으로 향했다.

박자선이 마지막 목적지인 마산에 도착한 것은 2월 29일 오후 6시경이었다. 날이 이미 어둑했다. 역 근처에서 운송점 서기로 일하는 팽동주는 쉽게 만날 수 있었다. 팽동주는 난데없는 중년 여성이 사무실로 찾아오자 잠시 어리둥절한 표정을 지었다. 박자선이 주위를 살피며 말했다.

"저희 집 손님 부탁으로 서울에서 물건을 가지고 왔습니다."

그러자 팽동주는 알겠다는 표정을 짓더니 인적이 없는 사무실 구석으로 박자선을 안내했다. 자리에 앉자마자 박자선은 보자기를 풀었다. 인쇄물 두 덩어리가 모습을 드러냈다.

"이것은 마산에서 팔 물건이고, 이쪽 것은 대구에 사는 최일문이라는 사람에게 보낼 것인데, 대구에서 그 사람을 찾지 못하여 가져왔습니다. 가지고 있다가 대구에 갈 일이 있으면 좀 전해주시오."

팽동주는 부담스러운 표정을 지었다. 그러자 박자선은 재차 부탁을 했고, 팽동주는 마지못해 인쇄물 두 덩어리를 모두 받아서 사무실 구석에 숨겼다.

임무를 마친 박자선은 안도의 한숨을 내쉴 겨를도 없이 서둘러 사무실을 빠져나왔다. 벌써 깜깜한 밤중이었다. 박자선은 종종걸음을 치며 역사로 갔다. 그러나 서울행 기차는 이미 끊긴 터였다. 게다가 차비도 부족했다. 낯선 객지에서 오갈 데 없는 처지가 되어버린 박자선은 다시 팽동주에게 가서 사정을 하였다.

"대구에서 최일문 씨를 찾느라고 돈을 써버려서 여비가 2원밖에 없어요. 이거라도 드릴 테니 하룻밤 묵을 곳과, 내일 아침 출발하는 경성행 차표를 좀 알아봐 주세요."

그러자 팽동주는 어쩔 수 없다는 듯 돈을 받아 주머니에 넣은 뒤 성큼성큼 매표소로 갔다. 그리고 자신의 돈을 보태어 4원 85전을 내고 다음 날 서울행 기차표를 끊어서 박자선에게 주었다. 그런 뒤 이웃에 사는 정명로의 집으로 박자선을 데리고 가서 하룻밤 묵게 해주었다.

목포 역전에 펄럭이는 태극기
:

한편 2월 24일경에 목포에 먼저 도착한 서태석은 남교동 우편소로 가서 전주보통학교 앞으로 소포 하나를 발송했다. 서울에서 장병준으로부터 받아온 경고문이었다. 서태석이 전주에 직접 들러 경고문을 전달하지 않고 목포까지 가져온 이유는 확실치 않다. 다만 거사 날까지는 아직 닷새가량 남은 데다, 개인적인 이유도 있었을 터였다. 어쨌든 전주로 경고문을 발송한 뒤에 서태석은 암태도로 들어가서 개인적인 일을 처리했다.

2월 28일에 서태석은 다시 목포로 나왔다. 그날 서태석은 다도해섬 지방을 돌아 목포로 나오는 배 안에서 친구 박종선을 만났다. 박종선은 인근 섬 안좌도 출신으로 목포 보정(寶町)[8]에서 연초(煙草)상을 하고 있었다. 두 사람은 서로를 알아보고 반갑게 인사를 나눈 뒤, 시간 가는 줄도 모르고 이야기를 나누었다. 그런 뒤 목포에 도착한 서태석은 대정정(大正町)[9]에 있는 김운재의 여관으로 갔다. 암태면 단고리 출신 김운재의 여관은 주변 섬사람들의 단골 숙소로 이용되고 있었다.

김운재의 여관집에 들어서자 전날 밤에 서울에서 내려온 표성천이 기다리고 있었다. 표성천은 곧바로 서태석에게 태극기와 경고문이 든 가방을 건네주려 했다. 그러나 서태석은 주변에 보는 눈이 너무 많아서 표성천을 모른 척하다가 그날 밤 자정이 다 되었을 무렵에야 가방을 건네받았다.

다음 날인 2월 29일 아침. 표성천은 개인적인 일을 핑계 삼아 자은도로 들어갔고 서태석은 전날 만난 박종선을 찾아갔다. 박종선을 한쪽으로 불러낸 서태석은 박종선에게 경고문을 보여주며 부탁했다.

"내일은 3 · 1독립만세운동 1주년을 기념하는 날인데, 서울에서

---

8 목포시 만호동의 일제강점기 지명.
9 목포시 명륜동의 일제강점기 지명.

이런 것이 왔네. 나랑 같이 시내에 배포를 해줄 수 없겠는가?"

그러나 위험을 감지한 박종선의 낯빛이 변했다. 박종선은 서태석의 청을 거절했다.

"나는 부모를 모셔야 하는 처지라 잘못되면 곤란하네."

서태석은 한 번 더 청을 해보았지만 박종선은 고개를 저었다. 전날 배 안에서 만났던 때와는 다른 박종선의 태도에 실망한 서태석은 씁쓸한 표정을 짓다가 일단 여관으로 되돌아왔다.

그날 오후 4시경에 다시 여관을 나온 서태석은 명치정(明治町) 13번지 잡화상을 찾아갔다. 그리고 잡화상 직원 김재식에게 20전을 주면서 비밀리에 태극기 4장을 만들어 달라고 주문했다. 이미 장병준이 보낸 2장의 태극기를 받았음에도 서태석은 자비를 들여 4장의 태극기를 더 제작한 것이다.

이밖에도 서태석은 여관 주인 김운재에게 경고문 30여 장을 주면서 주변 사람들에게 배포해 달라고 했다. 또한 여관으로 지인들 서너 명을 불러놓고 경고문 배포와 만세운동을 함께 도모하려 했다. 그러나 다들 반응이 신통치 않았다. 그나마 여관 주인 김운재는 이웃집을 돌며 경고문 몇 장을 배포했다.

결국 서태석은 2월 29일 저녁 7시부터 혼자서 목포 시내를 돌며 경고문을 배포했다. 그는 외투를 뒤집어 입거나 아예 외투를 벗는 방법으로 변장을 하면서 눈에 띄는 담장이나 나무 기둥 따위에 경고문을 붙여 나갔다. 그렇게 백여 장 넘는 경고문을 시내에 부착한 그는 밤 10시경에 숙소로 들어와 잠시 휴식을 취했다. 그리고 밤 12시경에 태극기 두 장과 대나무 두 개를 들고서 여관을 조용히 빠져나왔다.

주위는 아직 깜깜했다. 바람 끝이 차가웠지만 날짜로는 벌써 3월 1일이었다. 서태석은 두근거리는 가슴을 애써 가라앉히며 목포역으로 가서 구내에 서 있는 나무 꼭대기에 태극기 한 장을 매달았다. 그런 다음 일본 신사(神社)가 있는 송도공원[10]으로 가서 남은 태극기 한 장을 매단 깃대를 소나무 줄기에 단단히 묶었다. 아직 겨울인데도 몸에서 땀이 났다.

일을 마친 서태석은 소나무 아래 잠시 앉아서 휴식을 취했다. 대나무 끝에 매달린 태극기가 펄럭였다. 마치 식민지 백성들의 신음소리 같았다. 서태석은 그 신음소리가 만세의 함성으로 울리기를 바라며 아침을 기다렸다.

한편 3·1운동 1주년 기념일을 하루 앞둔 2월 29일. 대전역 개찰원 이길용은 전날 박자선으로부터 건네받은 경고문을 들고 퇴근한 뒤에 조심스럽게 경고문 덩어리의 포장을 뜯어냈다. 이길용은 수백 장의 경고문을 다시 두 덩어리로 나눈 뒤, 그중 한 덩어리를 품속에 넣고 집을 나섰다.

저녁 7시경, 이길용은 대전역 부근에서 친구 최성운에게 경고문 한 뭉치를 건네주며 배포를 부탁했다. 또 저녁 8시경에는 친구 한부에게도 경고문 배포를 부탁했다. 한부는 건네받은 인쇄물의 양이 많지 않은 것을 보고서 말했다.

"3월 1일은 장날이어서 많은 사람이 모일 텐데 이것만으로 안 될

---

10 지금의 목포시 동명동 자리에 있었던 섬. 당시 일본인들이 육지와 이어서 공원을 만들고 신사를 설치한 곳이었는데, 해방 이후 없어졌다.

것이네. 조금 더 없는가."

그러자 이길용이 주변을 살피며 조용하게 답했다.

"경찰의 경계가 삼엄하여 많이 배포하기 어려울 것이네. 가져온 것만 배포하세."

그리하여 이길용은 최성운, 한부와 함께 밤중을 틈타 대전 시내 장터와 길거리 등에 경고문 수백 장을 뿌렸다.

2월 29일 늦은 밤에는 마산 시내에도 경고문이 뿌려졌다. 그날 팽동주는 박자선에게 숙소를 안내해준 뒤에 밤이 깊어지기를 기다렸다가 밤 11시경부터 배포를 시작했다. 팽동주는 우마차(달구지)제조소 부근과 석정 등 시내 주요 거리의 전봇대와 담벼락에 경고문 수십 장을 붙였다. 그리고 남은 경고문은 거리에 뿌렸다.

다음 날, 마침내 3월 1일 아침이 밝았으나 경고문은 마산 경찰에 의해 먼저 발견되었고, 이로 인해 발칵 뒤집힌 마산 경찰은 온 시내에 비상경계망을 펼쳤다.

이처럼 역사적인 3·1운동 1주년 기념일 전야에 장병준과 그 동지들이 만든 경고문은 목포, 대전, 마산 등 지방 도시 곳곳에 배포되었다. 하지만 애석하게도 대부분의 경고문은 감시의 눈을 번뜩이고 있던 일제 경찰에게 먼저 발견되었다. 바람에 나부끼던 태극기와 거리에 흩날리던 경고문은 대부분 경찰에 수거되었고, 정작 식민지 백성 대부분은 그런 문건이 배포된 사실조차 알지 못했다. 3·1만세운동은 1주년을 맞았지만 식민지의 어둠은 더욱 깊어만 가고 있었다.

3 탄압의 사슬에 묶여

줄줄이 체포된 동지들

2월 28일경, 일제는 기미년의 만세시위가 재현되는 것을 막으려 작심을 하고 서울 시내에 거미줄보다 촘촘한 감시망을 펼치고 있었다. 그런 가운데서도 장병준은 김홍기, 최혁 등 보성학교 후배들과 함께 서울 시내 23개 학교에 동맹휴교를 촉구하는 경고문을 어렵게 전달했다. 가능성이 가장 높은 곳은 서울 시내 학교들이었다. 장병준이 각 학교에 경고문을 전달하는 일을 직접 주관한 것은 그런 이유 때문인 것으로 보인다.

이어 장병준은 29일 밤중을 틈타 서울 시내에 상가용 경고문을 배포할 계획도 세워두고 있었다. 그러나 거사를 하루 앞둔 2월 29일 아침. 청량리에서 경고문 인쇄물 1천 2백 장을 이동욱 집으로 운반하던 유진익이 동대문 경찰에 체포되고 말았다. 더불어 유진익이 운반 중이던 인쇄물도 모두 압수를 당했다. 이어 원동 집에서 인쇄물을 기다리고 있던 이동욱도 급습한 동대문서 형사들에게 체포되었다. 안국동 114번지 박자선의 집에 있던 박기영 또한 아침 7시경에 동대문경찰서로 연행되었다. 이어 인쇄 작업을 맡았던 유진상과 권학규도 동대문경찰서로 연행되었다.

이처럼 연쇄적으로 사전 검거가 이뤄진 것은 일제 경찰이 경고문 제작과 운반 과정을 미리 파악하고 있었기 때문일 터였다. 3·1운동 1주년 기념일을 앞두고서 일제 경찰의 감시는 그만큼 철저했다.

주모자인 장병준은 일단 검거를 면했지만, 박기영과 이동욱이 체포됨으로써 거사는 사실상 실패로 돌아갔다. 장병준은 우선 몸을 피하기로 했다. 그날 밤에 서울 시내에 경고문을 배포하려던 계획도 무산되었다.

한편 동대문경찰서로 검거된 이동욱은 곧바로 조사를 받았다. 경찰은 경고문을 누가 만들었는지부터 캐물었다. 이동욱은 자신과 장병준 둘이서 발의하여 제작한 것으로 답했다. 그와 관련된 내용 일체에 대해서도 이동욱은 순순히 털어놓았다. 그리하여 이동욱의 경찰 조사는 한 번으로 끝이 났다. 그만큼 숨김없이 진술했다는 뜻이었다. 하지만 이동욱은 거사의 주모자 가운데서 박기영의 존재에 대해서는 철저히 숨겼다.

그런데 이동욱이 조사를 받는 동안에 박기영도 동대문경찰서에 연행되어 신문을 받고 있었다. 하지만 박기영은 처음부터 자신과는 전혀 다른 인물로 행세했다. 그는 자신의 이름을 '박종모'라 하고 나이도 34세로 속였다. 본적지와 주소 또한 남원이 아닌 전주로 위장했다. 박기영은 또 정광조, 이돈화 등 천도교 관련 인사들과 교류한 사실은 인정했으나 3·1운동 1주년 경고문과 관련된 내용에 대해서는 일체 모른다고 잡아뗐다.[1] 게다가 동대문서에 붙들려 온 사람들 가운데서 이동욱을 제외하고는 박기영에 대해 아는 사람도 없었다. 담당 경찰은 끝내 박기영의 실체를 파악하지 못하고 불기소 처분하여 풀어주었다.

그런 동안에 날이 바뀌었다. 마침내 1920년 3월 1일 아침 해가 밝았다. 서울은 물론이고 온 나라에 일촉즉발의 긴장감이 흘렀다. 장병준은 몸을 숨긴 채 시내 동향을 살폈다. 일제 경찰은 필사적인 경계망을 펼치고 있었다. 오전이 다 지나도록 서울 거리에서는 아무 일도 일어나지 않았다. 몇 개월에 걸쳐 준비한 거사는 무위로 돌아간 듯했다.

하지만 일제 측 사료에 따르면 이날 서대문감옥 태평동출장소 내 수감자 3백여 명과 배화여교, 진명여교, 기독교부인성서학교 학생 등이 교내에서 독립 만세를 불렀다. 또 평양에서는 숭실학교, 숭덕학교, 광성학교 학생들이 독립만세시위를 시작하려다가 일제 경찰에 강제로 해산을 당했다. 그리고 선천, 황주, 재령, 신천, 송화, 장연 등 서북지방 몇 군데에서 학생들을 중심으로 작은 규모의 독립 만세시위가 있었다.

국외에서는 간도 용정촌 기독학교 학생들이 독립만세를 불렀다.

---

1 동대문경찰서, 「박종모 신문조서」(1920년 2월 29일), 『한민족독립운동사자료집』 47권, 국사편찬위원회, 2001.

러시아령 블라디보스토크에서는 4천여 명의 한인이 3·1운동 1주년 기념대회를 열고 시위를 벌였다. 또 상하이에서도 임시정부 국무원을 비롯한 400여 명의 한인이 모여 독립선언서 낭독식을 거행한 것으로 전한다.[2]

장병준을 지키려 한 서태석의 분투
:

검거의 열풍은 목포에도 불어닥쳤다. 3월 1일 새벽. 송도공원과 목포역 구내에서 의연하게 펄럭이는 태극기를 발견한 목포 경찰은 즉시 태극기를 끌어내리고, 시내 일대를 샅샅이 뒤져 경고문을 수거했다. 덕분에 3월 1일, 목포에서 만세 소리는 들리지 않았다. 대신 태극기를 게양하고 경고문을 배포한, 이른바 불령선인을 색출하는 데 혈안이 된 일제 형사들의 고함소리만 시내에울려 퍼졌다.

하루 뒤인 3월 2일에 목포 경찰은 마침내 연초상 박종선을 검거했다. 이어 3월 3일에는, 서태석으로부터 태극기 제작과 경고문 배포를 의뢰받았던 재봉업소 직원 김재식과 여관 주인 김운재를 연행했다. 이들의 진술을 통해 목포경찰서는 경고문 전달과 배포의주모자가 표성천과 서태석임을 금방 밝혀냈다. 그리고 3월 4일에는 서태석과 표성천이 검거되었다.

두 사람은 체포된 당일부터 혹독한 신문을 받았다. 경찰은 먼저

---

2 국사편찬위원회, 「조선국내に於ける민족주의운동」, 『조선독립운동』 제1권 분책.

경고문과 태극기의 출처부터 캐물었다. 그러자 서태석은 표성천으로부터 받았다고 했고, 표성천은 서울의 장병상으로부터 받아서 서태석에게 전달했을 뿐이라고 진술했다. 이 대목에서 담당 형사는 신문을 멈추고 재빨리 서울 종로경찰서로 긴급 타전을 했다. 장병상을 검거해달라는 내용이었다.

표성천과 서태석 두 사람은 경찰 신문 과정에서 무엇보다도 임시정부 요원인 장병준의 존재를 숨기기 위해 애썼다. 그 때문에 표성천은 장병준 대신 장병상의 이름을 댔고, 서태석은 그저 표성천에게서 가방을 받은 사실만 되풀이하여 진술했다. 그러나 나머지 세부적인 내용에서 표성천과 서태석의 진술은 서로 어긋나는 점이 많았다. 표성천이 장병준의 존재를 숨긴 것 말고는 웬만한 사실을 털어놓은 반면 서태석은 뻔히 드러난 사실에 대해서도 모른다고 딱 잡아뗐던 것이다.

이에 담당 형사는 표성천, 박종선, 김운재, 김재식 등을 차례로 불러 서태석과 대질 조사를 벌였다. 하지만 서태석은 끝끝내 모르쇠하거나 진술을 자주 번복하는 전략을 고수했다. 그 과정에서 친구인 표성천마저 "자네 정신병에 걸린 것인가?"[3]라며 답답한 가슴을 칠 정도였다. 서태석에게 약이 바짝 오른 담당 형사는 서태석에게 고함을 지르며 폭력을 휘둘렀다. 서태석도 언성을 높이며 형사에게 맞섰다. 그 바람에 조사실은 전쟁터처럼 시끄러웠다.

서태석의 오락가락한 진술은 경찰 수사에 혼선을 불러일으켰다.

---

3 목포경찰서, 「서태석 신문조서(3회)」(1920년 3월 4일), 『한민족독립운동사자료집』 47권, 국사편찬위원회, 2001.

그것은 장병준이 주변을 수습할 수 있도록 시간을 끌자는 의도였다. 그만큼 서태석과 장병준 사이에는 지켜야 할 비밀이 많다는 뜻이기도 했다. 결국 서태석은 통상 한두 번으로 끝나는 경찰 조사를 다섯 번이나 받아야 했다. 그러는 동안 서태석은 혹독한 고문으로 몸이 거덜이 날 지경이 되었다.

그런데 친일 성향의 제우교 신자로 명백한 친일단체인 만주보민회사 설립에 관여하던 서태석과 표성천이 어쩌다가 장병준과 함께 거사에 참여하게 된 것일까. 그 이유를 서태석은 검사 신문에서 이렇게 밝혔다.

"나는 7, 8년 동안 거주지 면장으로 봉직한 일도 있고, 절대 제국의 정치에 불만을 가진 자는 아니다. 마침 이번은 나의 병 요양 겸 소송 용무로 목포에 왔던 바, 우연히 표성천과 만나게 되었다. 경고문의 살포 의뢰에 나는 놀라서 일단은 거절하였으나, 표성천이 '지금 처지로서는 독립단의 요구도 조금은 수용해주는 것이 낫다'고 간절히 말하였고, 나도 만일 발각되어 체포당할 경우 경찰관에게 그 사정을 진술하면 석방하여 줄 것으로 생각하였다. 실제 독립운동을 할 생각은 없었지만 마침내 이번과 같은 일로 되어 버렸다."[4]

하지만 서태석의 이런 진술에 대해서는 일제 검사마저도 콧방귀를 뀌었다.

"그대들 말이 매우 아름답지만 사실과는 다르다. 그대들이 그런

---

4 목포지청 검사분국, 「서태석 신문조서(2회)」(1920년 3월 24일), 『한민족독립운동사자료집』 47권, 국사편찬위원회, 2001.

교묘한 말을 겉으로 드러내 보이지만, 실은 은밀히 독립자금을 모집 중에 있는 것이 아닌가?"

검사의 말처럼 서태석의 진술은 사실과 전혀 달랐다. 이미 서태석과 표성천은 민족의식을 가지고 장병준과 함께 거사에 가담한 터였다. 그렇다면 질문 자체가 바뀌어야 할 것이다. '이미 적극적으로 민족운동에 나선 서태석은 왜 만주보민회사 설립 활동에 계속 참여하였는가?'로.

이에 대하여 단적으로 답하기는 어렵다. 다만 서태석과 표성천이 애초에는 순수한 종교적 동기에서 제우교에 가담한 것으로 보인다. 그러나 점점 가혹해지는 일제의 식민 지배 현실에 대하여 분노를 느끼게 되면서 민족해방운동에 관심을 가지게 되었던 것이다. 특히 장병준 등 민족운동 인사들과 교류하면서 이들은 새로운 사회에 대한 전망을 찾게 되었고 제우교의 친일 성향에 대해서도 알게 되었다.

요컨대 서태석과 표성천이 경찰 조사를 받고 기소될 무렵에는, 일진회 잔당 최정규[5]와 정계의 밀정(密偵)으로 유명한 배정자가 발기인으로 참여하면서 만주보민회가 정식 결성되어 노골적인 일제 앞잡이 노릇을 하고 있었다. 그럼에도 서태석과 표성천이 계속하여 제우교 신자로 행세한 이유는 신분을 위장하여 일제 당국의 의심을 피하려는 의도였던 것으로 풀이된다.

---

5 최정규는 독립운동가들을 제거한 공로로 총독부 중추원 참의에 오른 일제 부역자였다. 중추원 참의는 조선인이 오를 수 있는 최고 관등이었다.

형제의 수난
:

동지들이 줄줄이 체포되어 조사를 받는 동안에 장병준은 경찰의 추적을 피해 도피처를 찾고 있었다. 자신의 거처인 정연규의 집에서는 더 이상 머무를 수 없게 된 형편이었다. 그래서 3월 3일부터는 동생 장병상의 하숙집으로 일단 몸을 피했다. 하지만 그것은 스스로 무덤을 찾아간 꼴이었다. 바로 이틀 뒤인 3월 5일. 표성천을 신문하던 목포경찰서의 요청을 받은 종로경찰이 장병상의 하숙집을 덮친 것이다.

"문을 열어라"

장병상의 하숙집 대문 쪽에서 날카로운 목소리가 날아들었다. 장병준은 순간 위험을 간파하고서 재빨리 주인집으로 몸을 숨겼다. 사태를 짐작한 하숙집 주인 홍희득은 재빨리 장병준을 구석진 방의 반침 안에 숨겨주었다. 그리고 홍희득은 애써 태연한 표정을 지으며 마당으로 나가서 대문을 열었다. 그러자 경찰 몇 명이 득달같이 달려들며 물었다.

"장병상이 누구인가?"

홍희득이 한쪽 방을 손으로 가리키자마자 경찰들은 그쪽으로 우르르 몰려갔다. 경찰들은 순식간에 장병상을 결박하여 마당으로 끌고 나왔다. 그런 다음 하숙방을 샅샅이 뒤져 여러 가지 물건을 압수했다. 또한 경찰은 홍희득의 집 전체를 한바탕 뒤졌다. 구석방의 문도 열어 보았다. 그러나 경찰은 반침 속에 숨은 장병준을 발견하지는 못한 채 수색을 마쳤다.

종로경찰서로 끌려간 장병상은 당장 조사를 받지 않고 유치장에 갇혀 지냈다. 종로경찰은 아직 관련 사건의 전모를 파악하기 전이었으므로 장병상의 신병 처리 문제를 목포경찰서와 조율한 것으로 짐작된다. 그 때문에 장병상에 대한 본격적인 신문은 3월 10일경에야 시작되었다.

독립운동가 형을 둔 까닭에 끌려온 장병상은 사방이 꽉 막힌 어둑한 취조실에서 일제 경찰과 마주 앉았다. 경찰은 장병상이 표성천에게 태극기 두 개와 경고문 200장을 준 사실을 인정하라고 다그쳤다. 장병상은 난감했다. 그 일을 자신이 했다고 인정할 수도 없고, 그렇다고 형이 한 일이라고 말할 수도 없었다. 이러지도 저러지도 못하는 처지였으므로 장병상은 그저 모른다는 답변만 되풀이했다. 갖은 협박과 혹독한 고문을 받아 온몸이 피투성이가 되면서도 줄곧 모르쇠로 일관하는 장병상에게 일제 형사는 혀를 내둘렀다. 그러다가 목소리를 낮추어 물었다.

"네가 끝까지 사실을 부인하므로 다시 묻지 않겠다. 그렇다면 표성천은 무엇 때문에 너의 이름을 빌려 허위 사실을 진술한다고 생각하는가?

"나는 전혀 모르겠다."

"인쇄물과 국기는 그대의 형 장병준이 표성천에게 건네주었든지, 혹은 장병준에게서 그대가 받아서 표성천에게 준 것이 아닌가?"

"무슨 말인지 나는 모른다."

"그대가 표성천에게 넘겨주지 않았다는 것을 증명할 수 있는가?

"나는 날마다 오후 6시에서 8시까지 야학에 통학을 한다. 그 일에 결석한 일이 없다. 그밖에는 증명할 게 없다."

완강하게 부인하는 장병상보다 먼저 지친 쪽은 담당 형사였다. 그리하여 신문은 잠시 중단이 되었다가 오후에 다시 이어졌다. 이때는 주로 장병준의 신변에 관한 질문이 쏟아졌다. 특히 일제 형사는 장병상을 체포할 때 압수해온 수만 원의 저금통장과 해동은행[6] 주금(株金) 모집 광고물에 대해서 집중적으로 캐물었다. 이에 대해서도 장병상은 잘 모르는 일이라며 버텼다. 결국 장병상은 경고문 배포 사건과 관련된 혐의에서 어느 정도 벗어나는 듯했다. 그러나 이미 모진 고문을 받아 몸이 만신창이가 되어 있었다.

한편 동생의 하숙집에서 가까스로 체포를 면한 장병준은, 자신을 대신하여 동생이 끌려갔다는 자책감에 마음이 지옥과 같았다. 이러지도 저러지도 못하고 괴로워하는 장병준에게 하숙집 주인 홍희득은 걱정스러운 표정으로 말했다.

"수사가 엄중하기 때문에 우리 집에 계속 숨는 것은 매우 위험할 것 같네."

"그 점은 알고 있습니다만, 어디 마땅히 은신할 곳이 있을 지 걱정입니다. 안국동 집은 놈들이 당연히 지키고 있을 것이고요."

---

[6] 1920년 6월 29일에 실제로 설립된 민족계 은행이다. 한인 지주와 신흥 상인 등 호남의 재력가들이 자본금 50만 원을 모아 설립했다. 그러나 부실한 운영과 누적된 적자로 1938년 한성은행에 합병되었다. 해동은행 설립 과정에 장병준이 어떻게 관여했는지는 알 수 없다. 다만 장병준의 해동은행 주금 모집 활동은 독립운동 자금 모집 활동을 위장하기 위한 수단이었을 가능성이 높다.

그러자 홍희득이 문득 뭔가 생각난 듯 장병준의 귓가에 나지막이 속삭였다.

"경운동에 내가 아는 박응종이라는 사람이 있는데 오늘 상을 당했다고 하네, 그러니 오늘은 적당한 곳에서 묵고 내일은 그 댁 문상객으로 가서 며칠간 숨어 있게."

그리하여 홍희득의 집을 빠져 나온 장병준은 청진동 대성여관에서 하룻밤을 묵은 뒤, 다음 날 홍희득이 알려준 박응종의 상가로 갔다. 장병준은 그 집에서 문상객들 틈에 섞여 3월 9일 밤까지 숨어서 지냈다. 그러나 문상 기간이 끝나자 더는 그 집에 머무를 수가 없었다. 다시 난감한 처지가 된 장병준은 3월 10일 저녁에 상복 차림 그대로 박응종의 집을 나섰다. 그리고 인사동 61번지 홍희득의 집으로 향했다.

저녁 9시경. 조용히 대문을 두드리자 홍희득이 나왔다. 장병준은 재빨리 집안으로 들어섰다. 홍희득은 긴장된 얼굴로 장병준을 맞으며 편지 한 통을 건네주었다. 그날 오전에 도착한 것으로, 장동식이 보내온 안부 편지였다. 장병준은 일단 편지는 품안에 넣어둔 뒤, 갈아입을 옷부터 찾아보았다. 그러나 이미 자신이 쓰던 물건들이며 옷가지를 경찰에서 쓸어간 뒤였다. 장병준은 맥이 풀렸다.

경찰에게 이미 주목받고 있는 홍희득의 집에 마냥 머무를 수 없었다. 장병준은 홍희득과 함께 머리를 맞대고서 은신처를 물색해 보았다. 하지만 삼엄한 일제 경찰의 감시를 피할 방법이 선뜻 떠오르지 않았다. 그때 누군가 대문을 두드렸다. 장병준은 반사적으로 몸을 숨겼다. 집안으로 들어온 사람은 홍희득의 사위 김공노였다.

장병준은 안도의 한숨을 쉬고서 조용한 목소리로 김공노와 인사를 나누었다.

당시 스물 두 살의 김공노는 무슨 이유에선지 처가에 자주 발걸음을 하고 있었다. 그런 김공노를 보면서 장병준이 입을 열었다.

"내게 일본 옷 한 벌만 구해줄 수 있겠소?"

일제 경찰이 검문을 피하기 위해, 일본인으로 변장을 하고 다닐 요량이었다. 곁에 있던 홍희득도 거들었다.

"중요한 일이니 자네가 꼭 좀 구해오게."

두 사람의 간곡한 부탁에 김공노는 선뜻 그러겠다고 답하고 돌아갔다. 그러나 다음 날 아침에 빈손으로 다시 나타난 김공노는 고개를 저었다.

"독립단에 대한 수배가 워낙에 엄중해서 일본인이 아니면 일본 옷을 구할 수가 없다고 합니다."

장병준은 적잖이 실망했다. 하지만 어쩔 수 없는 노릇이었다. 그리하여 다음 날인 3월 11일 아침에 장병준은 허름한 차림으로 홍희득의 집을 일단 빠져나왔다. 그런 뒤 자신이 거처하던 인사동 정연규의 집으로 향하였다. 그간의 상황을 살펴볼 요량이었다. 장병준은 주위를 철저히 살피며 조심스럽게 움직였다. 그리고 집 앞에 이르렀을 때였다. 누군가 그의 앞을 가로막았다.

"어이, 네가 장병준이지?"

순간 장병준은 몸을 돌려 달아나려 했다. 그러나 어디서 튀어나왔는지, 한 무리의 경찰이 그를 에워싼 채 포위망을 좁혀 오고 있었다. 앞쪽에서는 수갑을 든 형사가, 그리고 뒤쪽에서는 정복에 칼을 찬 순사가 다가왔다. 빠져나갈 틈이 없었다. 장병준은 다리가 풀리고 말았다. 경찰들이 달려들어 순식간에 그를 결박했다.

장병준은 곧바로 종로경찰서로 연행되었다. 경찰은 대질을 위해 장병준을 장병상이 갇혀 있는 유치장 앞으로 끌고 갔다. 혹독한 고문을 받은 장병상은 온몸이 피투성이인 처참한 몰골로 형을 맞았다. 그 모습을 본 순간 장병준은 피가 거꾸로 솟구치는 듯했다. 그는 경찰서 기물을 닥치는 대로 뒤집고 던지며 바락바락 고함을 질러댔다.

"사람을 저 지경으로 만들어놓다니, 사람에게 할 짓이냐, 이 짐승 같은 놈들아!"

경찰들이 달려들어 주먹질과 발길질을 가해왔다. 그에 아랑곳하지 않고 장병준은 몸부림을 치며 분노를 표출했다. 그때 경찰 한 명이 곤봉으로 장병준의 어깨를 사정없이 내리쳤다. 목 아래서 우지끈하는 소리가 났다. 어깨가 부서져 내리는 통증에 장병준은 주저앉고 말았다. 하지만 동생 앞에서 그런 모습을 보이기는 싫었다. 장병준은 일어나기 위해 한 손으로 바닥을 짚었다. 어깨를 움직일 수가 없었다. 비로소 한쪽 쇄골이 부러진 사실을 깨달았다.

쇄골이 부러진 중상을 입은 채로 장병준은 3월 12일에 경성 본정경찰서[7]로 압송되었다. 이미 사건을 수사 중이던 동대문경찰서나 애초에 체포된 종로경찰서가 아닌 본정경찰서로 장병준이 이송된 이유는 알 수 없다. 다만 본정경찰서 신문은 비교적 간단하게 끝났

---

7 본정(本町)은 지금 충무로의 일제강점기 때 지명이며, 경성 본정경찰서는 지금의 서울중부경찰서의 전신.

다. 그리고 다음 날인 3월 13일. 장병준은 변변한 치료도 받지 못한 채 다시 목포경찰서로 이송되었다. 1년 전 장산만세시위를 주도한 일로 기소중지를 당한 상태인 데다 이미 목포경찰서에서 서태석, 표성천 등을 수사하고 있었기 때문이었다.

사건의 주모자 '박현숙'은 누구인가
:

1920년 3월 14일. 목포경찰서에서 장병준에 대한 신문이 시작되었다. 경찰의 신문은 당연히 경고문 배포 사건의 최종 주모자를 찾는데 집중될 터였다. 장병준은 이에 선제 대응하기로 했다. 그래서 이미 경성 본정경찰서 신문에서도 '박현숙'이라는 가상 인물을 만들어놓고, 그가 사건을 총지휘한 주모자라고 진술한 터였다. 박기영을 경찰 수사망에서 보호하려는 의도였다. 또한 가상의 배후 인물에게 책임을 넘김으로써 자신을 비롯한 나머지 동지들의 처벌을 조금이라도 가볍게 하자는 바람이었다.

장병준의 진술에 따르면 사건의 주모자 박현숙은 본적이 전라북도 전주이고, 서울 재동에 살고 있으며, 자신에게 이동욱을 소개해 준 사람이었다. 또한 자신에게 3·1운동 1주년 경고문을 건네주고 목포 쪽에 배포하라고 지시한 사람 또한 박현숙이었다.

3월 16일. 목포경찰서는 장병준의 이러한 진술을 토대로 사건을 정리한 의견서를 목포지청 검사분국에 넘겼다. 더불어 장병준, 서태석, 표성천, 김운재, 김재식 등도 검사국으로 넘어갔다.

3월 17일에 목포 지청 검사 신문이 시작되었다. 검사 역시 사건의 주모자에 대한 특별한 관심을 내보이며 "도대체 이번 일은 누가 주모자인가?"라는 질문부터 해왔다. 물론 장병준은 가상 인물 박현숙을 주모자로 내세웠다. 그러나 검사는 장병준에게 의심의 눈길을 거두지 않았다. 그리하여 신문을 마친 뒤에도 장병준의 행적과 주변 탐색을 통해 박현숙이라는 인물의 실체를 파악하는 데 주력했다.

3월 18일. 목포지청 검사는 경성지방법원 검사정으로 조회서를 보냈다. 이동욱 등 사건 관련자들에 대한 조사 내용을 급히 보내달라는 것이었다. 특히 '장병준은 상하이 대한민국임시정부가 조선 내 독립운동을 유발하기 위해 비밀리에 파견한 요원이라는 풍설이 있으므로 이와 관련된 사항이 있으면 특별히 회답해 달라'[8]는 요청을 덧붙였다.

이 조회서에 대하여 경성지방법원 검사정에서 어떤 내용으로 답변이 왔는지는 확인되지 않는다. 그러나 목포지청 검사는 박현숙이라는 인물의 실체에 대하여 집요하게 물고 늘어졌다. 그리하여 장병준이 장동식과 신은주의 혼례식에 참석하여 사람들에게 '장현숙'이라는 가명을 쓴 사실과, 임시정부 활동을 벌인 사실까지 확인하기에 이른다. 이렇듯 장병준에 대한 추가 정보를 입수한 목포지청 검사는 3월 29일에 다시 장병준을 신문했다. 검사가 물었다.

"장성에서 장현숙이라는 가명을 사용한 사실이 있는가?"

장병준은 그렇다고 답했다. 그러자 검사는 눈을 빛내며 다시 물었다.

---

8 목포지청검사분국, 「망동사건에 관한 조회」(1920년 3월 18일), 『한민족독립운동사자료집』 47권, 국사편찬위원회, 2001.

"그대가 가명을 현숙으로 자칭하고 있는 것을 보면 박현숙이란 자는 실재하지 않고 그대 자신의 이름이 아닌가?"

장병준은 속으로 뜨끔했다. 그러나 곧 태연하게 답했다.

"박현숙은 경성 쪽에 있는 자임에 틀림없다."

장병준은 쇄골이 부러진 고통 속에서 모든 신문이 끝날 때까지도 가상 인물 박현숙을 사건의 주모자로 내세웠다.

그런데 여기 한 가지 짚고 넘어갈 게 있다. 박현숙이라는 가상의 인물이 아무렇게나 지어낸 이름은 아닌 듯하다. 일제 수사 당국에 제대로 혼선을 주기 위해서는 인물에 대한 진술이 구체적이고 일관되어야 했다. 알리바이도 맞추어야 했다. 따라서 장병준은 자신을 비롯하여 사건과 관련된 여러 동지들의 행적과 특성을 조합하여 박현숙이라는 가공의 인물을 탄생시킨 것으로 봐야 할 것이다.

예를 들면 박현숙의 '박'은 박기영의 성에서 '숙'은 이춘숙의 이름에서 따왔을 가능성도 있다. 박기영과 이춘숙 두 사람 모두 3·1운동 1주년 기념 경고문 배포 사건과 관련된 실재 인물이다. 물론 현숙이라는 이름에서 '현'이 가리키는 사람이 누구인가 하는 문제가 남는다. 지금까지 3·1운동 1주년 기념 거사와 관련하여 드러난 인물 중에서는 해당 인물이 떠오르지 않는다.

다만 몇 가지 사료에서 주목되는 인물이 한 사람 있다. 바로 1919년 4월 8일에 경성독립단본부 명의로 된 임시정부 헌법 원문과 각원 명단을 독립임시사무소에 전달한 강대현이다. 실제로 장병준과 강대현의 관계를 암시하는 정황 두 가지가 있다. 하나는 1920년 3월 29일에 작성된 목포지청 검사분국의 장병준 신문조서이다. 신문 도중에 검사는 장병준에게 묻는다.

"강대현이라는 자를 아는가?"

장병준은 답했다.

"모른다."

그리고 신문조서는 여기서 갑자기 끝이 난다. 취조가 도중에서
뚝 끊어진 느낌이다. 물론 실제 조사 과정에서는 검사의 "강대현을
아느냐"는 질문과 장병준의 "모른다"는 답변이 여러 번 되풀이되었
을 가능성도 있다. 더불어 질문과 답변 사이에는 혹독한 고문이 가
해졌을지도 모른다. 이처럼 목포지청 검사가 뜬금없이 강대현을 아
느냐고 물은 것은, 장병준의 주변을 면밀히 탐색한 일제 검사가 '박
현숙'에 해당하는 실재 인물을 억지로 끼워 맞추려 한 까닭이었다.

한편 이와 관련하여 일제 당국은 이미 1920년 3월 1일 즈음에 다
음과 같은 보고서를 작성한 바 있다.

> "수일 전부터 각 학교 학생들을 주로 하여 격문 기타의 배포가 있었
> 고 대한민국임시정부에서 밀파된 장병준, 강대현과 협의하여 독립운동
> 을 계획한 경성 부인성서학원 교사 이동욱 외 4명을 사전(2월 29일)에 검
> 거하는 등 일경의 경계가 삼엄하여 시내는 일반으로 평온하였다."[9]

이 보고서 내용에 따르면 일제는 장병준과 강대현은 상하이 임
시정부에서 국내로 함께 밀파되어 3·1운동 1주년 기념 투쟁을 함

---

9 국사편찬위원회, 「3·1독립운동 발발 1주년을 맞이한…」, 『일제침략하 한국
36년사』 5권, 1970.

께 계획했다는 것이다. 한마디로 장병준과 강대현을 임시정부 비밀 활동을 함께하는 파트너로 보고 있다. 하지만 이를 뒷받침할 만한 구체적인 기록이 어디에도 나타나지 않는다. 그 점에서 이는 사건 초기의 정보 수집이 미흡한 목포지검 검사의 추측이었을 것이다. 게다가 임시정부와 관련하여 강대현에 대한 여타의 기록도 찾을 수 없다. 따라서 3·1운동 1주년을 맞아 박기영, 이동욱 등과 직접 접촉하며 실질적으로 거사를 준비한 주모자가 장병준임은 확실해 보인다.

박현숙이라는 가상의 인물 조합에 강대현이 포함되는지 여부는 확인할 수 없다. 다만 중요한 것은 일제 당국의 조사를 받는 동안에 장병준이 치밀하면서도 대담한 방법으로 경찰과 검찰을 속였다는 점이다. 일관성 있고 그럴 듯한 알리바이를 유지하기 위해서 장병준은 있는 사실을 말하되 행위의 주체를 혼란스럽게 만드는 지능적인 알리바이를 구사했던 것이다. 결국 장병준이 말한 박현숙은 때로는 박기영이었고, 때로는 이춘숙이었다. 그리고 때로는 장병준 자신이기도 했다.

한편 강대현은 임시정부 헌법 원문과 각원 명단을 독립임시사무소에 전달함으로써 한국 근현대사에서 매우 상징적인 역할을 수행했다. 하지만 그의 여타 활동에 대해서는 별로 알려진 바가 없다. 다만 후손의 증언에 따르면, 강대현은 평양 근처에서 살다가 일본 경찰이 집에 불을 질러 경기도 양평으로 이사를 했으며, 임시정부 시절에 김구 등과 러시아, 중국 등지에서 독립운동 자금 모금 등의 활동을 벌이다가 중국에서 옥살이를 했다고 한다.[10] 하지만 그에

▲1920년 장병준 선고문

대한 사료가 없어서 강대현은 아직까지 국가 독립유공자 서훈도 받지 못한 상태이다.

한편 3·1운동 1주년 기념 경고문 사건 관련자들은 1920년 3월 하순까지 대부분 검거되었다. 경고문의 시내 배포를 맡은 것으로 짐작되는 김흥기, 최혁, 한상옥, 김상구 등은 장병준의 집 근처에서 잠복 중이던 종로경찰서 형사들에게 차례로 검거되었다. 대전, 마산 등지에 인쇄물을 운반한 박자선은 3월 17일경에 검거되어 종로경찰서에서 조사를 받았다. 대전과 마산에서 각각 경고문을 배포한 이길용과 팽동주도 뒤늦게 검거되어 3월 23일 이전에 종로경찰서로 압송되었다.

이로써 경고문 배포 사건과 관련하여 일제 경찰에 검거된 사람

10 강대현의 손자인 강성모 카이스트 총장의 증언.

은 20여 명에 달하며, 그중 9명이 재판에 회부되었다. 그리하여 이동욱은 징역 4년, 장병준은 징역 3년, 그리고 유진상, 권학규, 이길용, 팽동주, 서태석, 표성천, 박자선 등은 징역 1년의 실형을 선고받았다. 그밖에 김운재, 김재식, 김홍기, 최혁, 한상옥, 김상구, 유진익, 장병상 등은 증거불충분으로 불기소 처리되어 풀려났다.

한편 동대문경찰서에서 박종모라는 가명으로 수사를 받은 박기영은 장병준과 이동욱의 조

▲ 장병준 등 3·1운동 1주년 경고문 배포 사건 관련자들의 선고 공판을 알린 신문 기사(『신한민보』 1921.3)

직적인 보호에 힘입어 증거불충분으로 풀려난 뒤에도 항일 활동을 이어갔다. 박기영은 대한민국임시정부 수립 1주년을 기념하기 위해 '임시정부 1주년 축하문'을 제작하여 동지 박승래와 함께 서울과 전북 장수 등지에 배포했다. 또한 천도교 강연 등을 통해 민족의식을 고취하고 독립운동 자금 모금 활동을 이어가다가 1922년 2월에 일경에 체포되었다.

IV.

민족운동
통합의
길에서

1 지역 운동 통합을 위하여

고향으로 향한 발걸음
:

일제가 항일독립운동 인사들을 탄압하기 위해 1907년에 지은 서대문형무소는 하필이면 자주독립의 상징인 독립문 근처에 자리를 잡고 있었다. 늘 핏빛을 연상케 하는 붉은 담벼락에 갇힌 장병준은 이른바 '제국에 반항하는 특별범죄자'로 분류되어, 햇볕도 거의 들지 않은 감방에 수감되었다. 배고픈 나날이었다. 3·1운동 이후 급격히 늘어난 수감자 때문에 일제 감옥은 급식량을 바짝 줄인 상태였다.

1920년 9월 28일에는 충남 천안에서 만세시위를 주도하여 수감 생활을 하던 유관순이 서대문형무소에서 순국했다. 법정에서도 감옥에서도 틈만 나면 독립만세를 부른 유관순은 모진 고문 끝에 결국 숨을 거둔 것이다. 그러자 형무소 측은 유관순의 시신을

▲ 일제강점기 서대문형무소

토막 내어 석유 상자에 담은 채로 어느 선교사의 손에 넘겨주는 잔악상을 연출했다. 이처럼 형무소에서는 병들거나 굶거나 맞아 죽은 시신이 하루가 멀다 하고 쓰레기처럼 실려 나갔다. 앞서간 이들의 피가 굳을 때쯤에는 새로운 이들의 피로 벽과 바닥이 물들었다.

장병준 또한 일제 경찰의 무자비한 고문과 구타로 쇄골이 부러진 채 수감 생활을 이어갔다. 하루하루가 매우 더디게 흘러갔다. 그나마 보성전문에 다니던 동생 장병상의 극진한 옥바라지 덕에 장병준은 가까스로 목숨을 이어갔다. 당시 장병상은 형을 대신하여 독립운동 자금을 관리해주었고 바깥소식을 전해주기도 했다. 특히 가족들에 대한 소식을 듣고 나면 며칠 동안 마음속에 고향 장산섬의 짙은 안개가 머무르곤 했다. 안개 속에서 부모와 아내의 모습이 희미하게 보였다. 그리고 앳된 소녀티를 풍기는 딸 인숙과 아장걸음을 걷고 있을 아들 경식의 모습이 눈앞에 뿌옇게 어른거렸다.

그렇게 목숨을 버텨가는 동안에 장병준은 형무소에서 세 번째 여름을 맞게 되었다. 날이 따뜻해지면서 감방 안에는 분뇨 냄새가 진동했다. 옥에서 죽어 실려 나가는 시신들이 늘고 있었다. 장병준의 병세도 깊어만 갔다. 형기는 아직도 1년 가까이 남은 터였다. 출옥하여 햇빛을 보기도 전에 감옥에서 생을 마칠 것만 같았다. 그는 망가져 가는 몸으로 죽음의 공포와 싸웠다.

그러던 1922년 6월 4일. 장병준에게 가출옥(假出獄) 명령이 떨어졌다. 옥사 직전에 장병준은 서대문형무소 문을 나서게 되었다. 초여름 햇살은 눈이 부셨다. 다도해 수면에 부서지는 햇살이 그리웠다. 당장이라도 장산도로 내려가고 싶었다. 그러나 여전히 일제 경찰의 감시를 받는 몸이었다. 장병준은 안국동 96번지에 거처를 마련한 뒤 병마와 싸우며 몸을 추슬렀다. 차츰 몸도 회복이 되었다. 그리고 1923년 봄. 드디어 3년의 형기가 만료되었다. 그는 고향집에 기별을 보내놓고 목포행 기차에 몸을 실었다.

목포역에 도착한 순간 장병준은 자신의 눈을 의심했다. 역 광장에서 기다리고 있던 수백 명의 인파가 환호하며 그를 기다리고 있었다. 광장 주변에는 그를 환영하는 현수막이 봄바람에 너울거렸다. 일제에 항거하다가 옥살이를 하고 돌아온 독립운동가를 맞이하는 고향 사람들의 뜨거운 마음이 전해왔다. 맏딸 장인숙[1]은 그날의 풍경을 선명하게 기억하고 있었다.

"아버지가 온다고 해서 목포역 앞에 갔어. 경식이하고 둘이 나갔지. 그때가 봄이었어. 목포역 앞이 울음바다였지. 수백 명이, 목포시내 사람이 다 모인 것 같았어."

장인숙은 당시 여덟 살이었고, 외동아들인 장경식은 다섯 살이었다. 어린 남매는 어른들 틈에 섞여서 까치발을 하며 아버지의 모습을 보려고 애를 쓰다가 겨우 아버지와 눈이 마주쳤다. 반가움이 북받쳤다. 그러나 아버지는 경황이 없는 터라 "왔냐!" 하는 한마디를 던지고는 사람들에게 떠밀려서 택시들이 줄 지어 있는 쪽으로 사라져 버렸다.[2]

목포에서 화려한 영접을 받은 장병준은 사흘이 지난 뒤에야 장산도 본가에 도착했다. 고향 집에서도 장병준을 환영하는 잔치가 열렸다. 동네 사람들이 모두 모여 모처럼 웃고 떠들며 나라 잃은 설움을 잠시 잊었다. 장병준은 아버지에게 넙죽 엎드려 인사를 드렸다. 그간 자식 때문에 속을 태우느라 부쩍 야윈 아버지는 차마 말을 하지 못한 채 그저 고개만 끄덕였다. 아버지의 홀쭉한 볼을 타고 물기가 흘러내렸다. 그 모습을 바라보는 장병준의 가슴도 미어졌다.

그때 곁에 있던 아내 박씨가 입을 열었다.

---

1 장병준의 여섯 딸 가운데 맏딸로 1915년생이며, 2005년 9월 26일에 작고했다.
2 맏딸 장인숙 증언, 2005.

"아버님은 한겨울에도 방에 불을 못 때게 하셨어라. 아들이 감옥에서 떨고 있는데 당신만 따뜻하게 주무실 수는 없다면서 절대로 불을 못 때게…"

눈가에 물기가 흐르는 아내 박씨 또한 차마 말을 잇지 못했다. 장병준은 밖에서 가족들이 겪은 심신의 고통이 감옥에서 자신이 겪은 고통보다 결코 덜하지 않았음을 절감했다. 그간 장병준이 일제의 탄압에 맞서 싸운 용기도 실은 아버지에게서 비롯된 것이었다. 장병준과 그 형제들에게 아버지 장진섭은 그런 존재였다.

흔들리는 임시정부와 민중운동의 분출
:

한편 장병준이 수감 생활을 하는 동안에 대한민국임시정부는 분란을 거듭하며 휘청거렸다. 그 원인은 급변하던 국제 정세와 민족운동 내부의 노선 충돌 때문이었지만, 겉으로 드러난 분란의 중심에는 늘 이승만이 있었다. 요컨대 초기 임시정부 국무총리에 추대된 이승만은 상하이 쪽에는 발걸음 한 번 하지 않은 채 미국에서 대통령 행세를 하고 다녔다. 이에 임시정부 국무원에서는 미국에 전보를 띄워, 대통령 행세를 하지 말 것을 통고했다. 그러나 이승만은 "독립운동에 방해되니까 떠들지 말라"는 요지로 답변을 보내왔다.

1919년 9월. 결국 안창호의 중재로 임시의정원은 아예 헌법을 개정하여 이승만을 대통령으로 승격시켜주었다. 이승만의 독선을 합법화 해준 것이다. 하지만 그 후에도 이승만은 미국 교포들이 모금

한 임시정부 지원금을 임의로 사용하는 등 임시정부에 해악을 끼치는 행위를 이어갔다. 이승만과 상하이 임시정부의 갈등은 계속되었다. 이승만의 탄핵을 요구하는 목소리와 이에 반대하는 목소리로 임시정부는 연일 시끄러웠다. 그러던 1921년 1월에 이동휘는 국무총리직을 사임하고 말았다.

게다가 1921년 4월 1일에는 베이징에서는 신채호, 박용만, 신숙 등 독립운동가 54명이 이승만의 위임통치 청원을 규탄하는 '성토문'까지 발표했다.

> "우리 3천만 형제자매의 이름으로 이승만이 미국에 위임통치 청원을 제출한 것을 엄중히 성토한다. 조선이 이미 멸망했다 하여도 조선인의 마음에는 영원 독립의 조선이 있어 총이나 칼로, 아니면 맨손으로라도 싸우는 것이 조선의 정신이다. 친일자는 일본에, 친미자는 미국에 노예되기를 청원한다면 조선 민족은 영원히 노예의 길을 걸을 것이니 이승만을 성토하지 않을 수 없다. 따지고 보면 이승만은 이완용이나 송병준보다 더 큰 역적이다. 이완용 등은 있는 나라를 팔아먹었지만, 이승만은 아직 우리나라를 찾기도 전에 있지도 않은 나라를 팔아먹은 자다."

이승만의 전횡에 대한 원망이 사무치는 문장이었다. 하지만 이러한 성토만으로는 분이 풀리지 않았는지, 베이징의 독립운동가들은 아예 상하이 임시정부의 법통을 부인하기로 결의했다. 그리고 국민대표회를 소집하여 제대로 된 정부를 수립하자고 제안했다. 안창호를 중심으로 한 임시정부 측 또한 별도의 국민대표회 기성회를 조직함으로써 자신들의 위상을 다시 세우려 했다. 그로써 독립운동 진영의 분열상은 극에 이르렀다.

돌아올 수 없는 강을 건너기 직전에야 두 세력은 협상을 벌여, 합동으로 국민대표회를 열기로 합의했다. 마침내 1923년 1월에 상하이에서 열린 국민대표회에는 국내외 독립운동 대표 140여 명이 모여들어 성황을 이루었다. 하지만 임시정부를 대신할 조직을 새로 결성하자는 의견과 임시정부는 그대로 두고 문제점만 보완하여 개조하자는 의견이 팽팽히 맞섰다.[3] 흔히 말하는 '창조'와 '개조' 논쟁이었다. 그 바람에 국민대표회는 몇 달이 지나도록 출구를 찾지 못한 채 공전되었다.

이처럼 임시정부가 흔들릴 무렵에 출옥하여 고향으로 내려온 장병준은 자신의 진로를 놓고 한동안 깊은 고민에 빠졌다. 가산을 털어 독립운동 자금을 대고, 임시의정원 의원직을 내려놓은 채 국내외를 오가며, 임시정부 통합과 식민지 해방을 위해 험한 길을 걸어온 그였다. 제2의 3·1운동을 일으키려다가 혹독한 옥살이도 당한 터였다. 따라서 장병준은 당장 상하이로 건너가서 정치적 발언을 내세우며 명망가로 행세할 만했다.

하지만 이미 상하이 임시정부의 상황은 그리 간단하지 않았다. 무엇보다도 그간 조직적 관계를 맺고 함께 활동해오던 동지들 신변에 큰 변화가 일어난 터였다. 먼저 상하이 임시정부 군무차장으로 장병준과 연락을 유지하던 이춘숙은 대전형무소에서 복역 중이었다.

---

3 새로운 정부를 결성하자는 쪽을 '창조파', 임시정부를 보완하여 개조하자는 쪽을 '개조파'라고 부른다.

앞서 이춘숙은 1920년 1월에 군무차장을 사임하고 임시의정원으로 복귀한 뒤 3월에 임시의정원 부의장으로 선출되어, 의장 손정도와 함께 헌법 개정과 독립운동 자금 모집 활동을 주도했다. 또한 이춘숙은 여운형 등과 함께 러시아 쪽 공산주의 조직과 연락하며 '신한문화동맹단'이라는 문화단체를 결성하기도 했다. 그러던 1920년 말경에 이춘숙은 상하이 일본 조계에서 체포되어 국내로 이송되었고, 경성지방법원에서 5년형을 선고받은 터였다.

이춘숙과 더불어 서북 출신 운동가들의 핵심이었던 홍진의 또한 상하이 임시정부를 떠나 있었다. 장병준이 출옥한 무렵에 홍진의는 이미 러시아 연해주 블라디보스토크에서 공산주의 청년단체인 적기단(赤旗團)에 들어가 활동하고 있었다. 적기단은 이동휘를 지지하던 최계립 등 공산주의 계열의 청년 46명이 "기존 독립운동을 사회주의 혁명노선으로 전화한다"는 기치 아래 1923년 1월 10일에 결성한 조직이다. 그 단원이 된 홍진의는 이후 국내로 잠입하여 군자금을 모집하고, 사회주의 혁명을 선전하는 비밀 연락망을 조직하다가 일제 경찰에 검거된다.

이밖에도 장병준과 조직적 관계를 맺고 활동하던 사회주의 성향의 동지들 대부분이 임시정부를 떠난 터였다. 따라서 상하이 임시정부는 이승만의 외교노선을 따르는 기호파 중심의 인사들이 중심을 이루고 있었다. 이미 그 무렵의 임시정부는, 서북 출신 사회주의자들과 가까이 어울렸던 장병준이 돌아가서 활동할 만한 분위기는 아니었다. 그런 정황들이 장병준의 임시정부 복귀를 포기하게 만들었다.

대신 국내에 머무르게 된 장병준은 노동자와 농민에 대한 일제의 수탈이 점점 악랄해지고 있는 현실에 주목했다. 당시 일제 자본가와 친일 자본가들이 노동자들의 임금을 깎고 인권을 짓밟는 바람에 곳곳에서 노동친목회, 노우회 같은 단체들이 조직되어 일제 자본에 저항하고 있었다. 1921년 9월에는 부산 부두노동자들 5천여 명이 대규모 총파업을 일으키기도 했다.

특히 서남해안과 도서 지역에서 벌어지고 있는 농민들의 투쟁은 장병준의 관심을 끌었다. 1920년대에 들어 일제는 쌀값을 크게 떨어뜨렸고, 이에 이익이 줄어든 지주들은 그 손실분을 소작인들에게 떠넘기고 있었다. 그리하여 터무니없이 높게 소작료를 인상했고, 이에 분노한 소작농민들이 조합을 결성하여 지주들에게 대항하고 있었다. 예컨대 1922년 12월부터 순천 지역 농민 1천 6백여 명은 조합을 구성하여 소작료를 4할로 인하하는 투쟁을 벌이기도 했다. 이처럼 일제 수탈의 최종 피해자인 기층 민중의 계급적 요구가 분출하면서 국내 항일 독립운동은 새로운 국면을 맞고 있었다. 출옥 후 국내에 머무르게 된 장병준은 그러한 기층 민중의 투쟁을 항일투쟁으로 이어가는 데 기여하고자 했다.

기층 민중 속으로
:

장병준은 목포에 근거지를 두고 서남해안과 섬들을 오가면서 지역 운동을 조직하고 통합하는 활동을 시작했다. 그 무렵, 악명 높은 친일 지주 문재철의 수탈에 시달리던 암태도 소작농민들이 심상치 않은 움직임을 보이고 있었다. 암태도 최대 지주로, 일명 '문참사(參事)'[4]로 불리던 문재철은 목포 개항 이후 일제의 수탈정책에 편승해 토지를 불려오고 있었다. 그는 선대제(先貸制)[5]나 고리대금을 이용하여 암태도의 토지를 싹쓸이한 터였다. 나아가 전남북 일대에 200만 평이 넘는 토지를 보유하고 있었다. 그럼에도 문재철은 일제의 저미가(低米價) 정책을 빌미로 소작료를 7~8할로 인상하여 소작인들의 등골을 뽑고 있었다.

이때 암태도 소작농민들 속으로 뛰어든 사람은 장병준의 동지 서태석이었다. 서대문형무소에서 장병준과 함께 옥고를 치르다가 1921년 6월에 형기를 마치고 출옥한 서태석은 서울청년회[6]에 들어가서 활동하고 1922년에는 블라디보스토크에도 다녀온 등, 짧은 기간에 사회주의 운동가로 변신해 있었다. 그러던 서태석이 1923년에 암태도로 내려와서 소작인회를 결성하고 문재철의 수탈에 맞서게 된 것이다.

1923년 8월. 추수기를 앞두고서 암태 소작인회는 문재철에게 소작료를 4할로 인하해줄 것을 요구했다. 하지만 문재철은 이를 묵살했다. 분노한 소작농민들은 추수 거부와 소작료 불납운동으로 맞섰다. 그러자 문재철은 일제 경찰과 결탁하여 소작인들을 협박하

---

4 일제총독부 중추원에 속한 지방 자문역으로, 주로 친일 인사들에게 주는 직함. 문재철은 1919년부터 무안군 참사를 지낸 바 있으며, 이후에도 전라남도 도회의원, 흥아보국단 전라남도 위원, 조선임전보국단 평의원 등을 지내는 등 전남의 대표적 친일파였다. 나중에 반민특위 수배 대상에 올랐다.
5 상인이 독립된 수공업자나 자영농민에게 원료나 도구, 임금 등을 지불하여 상품을 생산케 하는 것으로 자본의 초기 축적 과정에서 나타난다.
6 1921년 1월 27일 김사국, 이영, 이득년, 장덕수 등이 중심이 되어 창립한 항일 청년단체.

고 회유하며 소작료 강제징수를 시도했다. 소작인회 또한 자체 순찰대를 조직하는 등 완강하게 버텼다. 그처럼 공방이 거듭되면서 소작료 불납운동은 해를 넘겨 이듬해 봄까지 이어졌다.

1924년 3월. 소작농민들은 면민대회를 열어 문재철을 다시 압박했다. 그러나 문재철은 폭력배를 시켜 소작인을 습격하는 것으로 답했다. 소작인회는 문재철의 이러한 만행을 언론과 노동단체에 알리고 지원을 호소했다. 그리고 4월 15일에 열리는 전조선노농대회에 대표를 파견해 실상을 호소하기로 했다. 그러나 일제 경찰이 소작인회의 발걸음을 강제로 막았다.

그 무렵 소작인회는 문재철에게 소작료 인하를 단행하지 않으면 암태도에 있는 문태현[7]의 송덕비를 파괴하겠다는 최후통첩을 보냈다. 문재철은 길길이 날뛰며 소작인회의 요구를 무시했다. 마침내 소작인들은 5월 22일에 송덕비를 부수어버렸다. 그 과정에서 문재철 측 청년들과 소작인들이 서로 치고받았다. 사건 현장으로 경찰이 출동했고, 충돌 사건 관련자 50명은 다음 날 목포로 연행되었다.

서태석을 비롯한 소작회원 16명과 지주 측 3명이 기소되었다. 물론 편파적인 처분이었다. 그 결과 서태석은 예심에서 징역 3년, 복심에서 징역 2년을 선고받고 두 번째 감옥살이를 하게 된다.

서태석이 수감된 후 암태 소작인회는 암태청년회 회장 박복영이 이끌었다. 또한 암태부인회 등 사회단체들이 소작농민들의 투쟁에 결합했다. 암태도 소작쟁의는 섬 주민 전체가 참여하는 투쟁으로

---

7 문재철의 아버지 이름.

발전했다. 그리하여 주민과 소작인 4백여 명이 6월 4일부터 8일까지 목포경찰서 앞에서 수감자 석방을 요구하는 농성을 벌였다. 또 7월 8일부터는 6백여 명이 법원 앞에서 아사동맹(餓死同盟)을 맺고 단식투쟁을 벌였다.

뭍에 오른 암태도 소작쟁의는 목포, 전남 지역을 넘어 전국적인 관심을 끌게 되었다. 조선노농총동맹[8]이 사건에 개입하고, 국내외에서 성금과 격려문이 답지했다. 또 유명 변호사들이 무료 변론에 나섰고, 목포 시민들은 소작인의 투쟁을 지지하는 시민대회를 추진했다. 이처럼 사건이 사회적인 문제로 확대되자 적잖은 부담을 느낀 일제는 원인 제공자인 문재철을 설득하여 타협을 유도했다. 결국 문재철은 일제 당국의 압박을 거스르지 못하고 협상에 나섰다.

마침내 1924년 8월 30일. 일제 경찰 간부와 광주노동회 간사가 배석한 가운데 지주 문재철과 소작인회 대표자 박복영은 소작료 조정 약정서를 체결했다. 소작료는 4할로 인하되고, 쌍방은 고소를 취하하며, 문재철은 소작인들에게 일정액의 위로금을 내놓기로 했다. 그로써 소작인들의 요구는 관철되었다.

굶어죽을 각오로 1년간 싸워온 소작인들의 승리였다. 더불어 이들에게 연대와 통합의 힘을 실어준 지역사회와 주민의 승리이기도 했다. 또한 암태도의 승리는 인근 섬 농민들에게 영향을 미치게 되어 1925년에는 도초도 소작쟁의, 1926년의 자은도 소작쟁의, 1927년에는 지도 소작쟁의가 연쇄적으로 일어나게 된다. 더불어 일제 지

---

8 1924년에 결성된 노농운동 중앙단체로, 1927년에 조선노동총동맹과 조선농민총동맹으로 분리되었다.

주에 맞서 토지반환투쟁을 오래토록 벌여오던 하의도 농민들에게도 힘을 실어주었다.

한편 암태도 소작쟁의에 장병준이 직접 개입한 기록은 보이지 않는다. 그러나 소작쟁의의 주역인 서태석과 박복영은 장병준과 각별한 관계에 있는 사람들이었다. 요컨대 서태석은 장병준으로 인해 민족의식을 깨우치게 되고 독립운동에 참가하여 옥살이까지 한 터였고, 그 뒤를 이어 소작쟁의를 승리로 이끈 박복영 또한 장병준과는 일찍이 목포 양동교회를 통해서 교류한 사이였다. 장산도에 세워진 장병준의 비문에도 그 이름이 나올 만큼 장병준과 박복영은 친숙한 관계였다.[9]

암태도 소작쟁의는 그처럼 장병준의 가까운 동지들이 장산도 인근 섬에서 벌인 운동이었다. 그러나 당시 갓 출옥한 장병준이 직접 동지들의 투쟁에 결합하기는 어려운 상황이었다. 드러나는 순간 곧바로 구속될 처지였기 때문이다. 다만 당시 장병준은 목포에 주로 거처하면서 겉으로 드러나지 않은 방법으로 소작인들의 투쟁을 지원했을 것으로 보인다.

그런데 장병준은 일제 지주와 조선 농민 사이에 벌어진 하의도 농민투쟁에는 적극 관여했다. 당시 목포 신간회 간사 신분인 장병준은 드러내놓고 지원 활동을 벌였다. 그에 대한 기록이 있다.

---

9 비문에는 "이듬해인 1920년 2월 공은 군자금을 조달하기 위해 국내로 잠입하셨다. 공은 3·1운동 1주년 기념식 때 서태석, 표성천, 박복영, 고제빈 등과 목포 유달산에 태극기를 꽂고 만세를 주도했다가 3월 20일 애통하게도 체포되고 말았다"는 내용이 나온다. 비문의 내용은 맞지 않지만, 장병준과 박복영이 가까운 사이였음은 부인할 수 없다.

▲ 하의도 현지조사 관련 기사(『중외일보』 1927.11.9)

『중외일보』 1927년 11월 9일자 기사에 따르면, 1927년 11월 6일에 장병준은 일본 노동농민당 대표 후루야 사다오(古屋貞雄), 신간회 동경지회장 강소천 등과 함께 실지 조사를 위해 하의도로 건너간 바 있다. 기사에 따르면 이날 고옥은 "하의도를 위하여 자기는 힘을 다하여 도와주겠다"고 열변을 토했고, 이어 "강소천, 강사원, 장병준, 나만정, 최용도 씨 등의 소감담이 있었다"고 한다.

참고로 하의도 토지 소유권 분쟁은 임진왜란 직후 하의도에 정명공주의 면세전(궁방)이 설치된 데서 비롯되었다. 당초 선조는 홍주원[10]과 그의 자손 4대에 한하여 결세를 받을 수 있도록 했지만, 홍씨 후손들은 그 이후에도 농민들에게 결세를 납부토록 강요했고, 이에 하의도 농민들이 반발하며 마찰을 빚어왔다. 그러던 1900년대 초반에 일제는 논란이 된 토지를 국유지로 편입하려 했고, 이에 홍씨 일가는 허위로 소유권 문서를 작성한 뒤 비밀리에 헐값으로 땅을 팔아버렸다. 그렇게 처분된 토지는 몇몇 조선인과 일본인 지주를 거쳐 마침내 일본 회사 토쿠다양행(德田洋行)의 소유로 넘어간다. 그 뒤 토쿠다양행의 농장 관리인과 마름들은 밀린 소작료까지 강제징수에 나서며 살림 도구까지 강제로 차압하는 등 갖은 횡포를 부렸다.

하의도에서 이러한 실상이 거듭되던 1927년 1월 30일. 일본 오사카에 거주하던 최용도, 고장명 등 하의도 출신 노동자 60여 명이 '하의노동청년회'를 조직했다. 이들은 일본 노동농민당 오사카 지부의 도움을 받아 하의도 농민조합 결성을 시도했다. 그리하여 최용도, 강성사, 김병안 등이 하의도에 돌아와 조합 결성을 시도했으나 농장 측과 일제 당국의 방해로 실패했다. 그 사이에 토쿠다양행 측의 소작인 수탈은 극에 이르렀다.

그 무렵 일본 노동농민당 대표 사다오가 신간회 도쿄지회장 강소천과 함께 직접 하의도로 현지 조사를 나오게 되었고, 이때 장병준이 함께한 것이다. 이러한 사실은 장병준이 1920년대 중반에 벌인 활동의 범위를 짐작케 한다. 당시 장병준은 목포를 기점으로 서남해 섬 지역에서 일어난 사회운동에 두루 관여하며 연대와

---

10 홍주원(洪柱元, 1606~1672)은 선조의 딸 정명공주의 남편이다.

통합을 모색했다. 그는 사회주의자는 아니었지만 이미 기층 민중
속에서 사회적 리얼리티를 구현하고 있었던 것이다.

2 ■ 민족협동전선 신간회

가난한 사회주의자 송내호와의 만남
:

1920년대 중반에 접어들면서 국내 독립운동은 사상적 분열을 보이기 시작했다. 무엇보다도 노동자, 농민 등 기층 민중의 투쟁이 활발하게 일어나면서 사회주의 세력이 광범위하게 형성되었다. 민족주의 내부도 일제와의 타협을 전제로 자치를 모색하는 개량주의 세력과, 그것을 비판하며 완전 독립을 추구하는 비타협적 세력으로 분화되기 시작했다.

그 무렵 장병준이 뚜렷하게 자신의 사상적 노선을 드러낸 적은 없었다. 다만 그는 민족개량주의와는 분명하게 거리를 두었다. 또한 장병준은 스스로 사회주의자의 대열에 선 적도 없었다. 그 점에서 장병준은 민족개량주의자도 아니고 사회주의자도 아니었다. 굳이 노선을 가른다면, 그는 식민지의 완전한 해방과 독립을 지향하는 비타협적 민족주의 노선을 걷고 있었다.

다만 그 무렵 장병준의 가까운 동지들은 하나둘씩 본격적인 사회주의자의 길로 접어들었다. 암태도 소작쟁의를 주도한 서태석이 대표적인 경우였다. 서태석은 1924년 4월에 조선노동총동맹 결성대회에서 중앙위원으로 선출되었고, 1927년에는 '조선사회단체중앙협의회'의 서기로 선출되었으며, 같은 해 조선공산당에 입당하는 등 명백한 사회주의자의 길을 걸었다.

그 무렵 장병준은 여러 사회주의자들과 교류했다. 그중에서도 완도 출신 사회주의자 송내호와 매우 가까운 사이였다. 장산도의 장병준 비문에 "공은 출옥 후 송내호 선생과 더불어 신진회(新進會)[1]를 조직해 다시 구국운동에 나서셨다"는 내용이 나오는 것도 그런 까닭이다. 이에 대하여 장병준의 막내딸 장정숙 씨도 "아버지는 송내호 씨와 의형제를 맺었는데, 그분이 돌아가신 뒤에도 그 여동생 되는 분이 가끔 인사차 들러서 친오빠 대하듯 했다. 우리가 누구냐고 묻자 친척은 아니지만 의형제 맺은 고모라고 말씀하셨다"고 전한다.[2]

이토록 장병준과 가까웠다는 송내호는 1895년생으로, 완도군 소안면 사람이었다. 서울에서 1914년까지 사립 중앙학교를 다닌 송내호는 이듬해에 다시 완도로 내려와 소안도와 노화도 등지에서 교육 활동을 벌였다. 그리고 1919년에 소안도 만세시위를 주도한 뒤, 1920년 11월에는 대한독립단[3]에 입단하여 전라도 조직 책임자

---

1 '신진회'는 신간회의 오기(誤記)일 가능성이 높다.
2 막내딸 장정숙 증언, 2005.

로 활동했다. 이와 관련하여 송내호는 일제 경찰에 검거되었고 1년 반 동안 복역하다가 1922년 가을에 출옥했다. 그 무렵 송내호는 '수의위친계(守義爲親契)'[4]라는 이름의 비밀결사를 조직하고, 이듬해에는 완도 배달청년회에서 활동했으며, 1924년부터 소안 노농대성회를 조직하여 농민운동을 시작했다.

송내호는 목포에 자주 드나들었다. 장병준은 그런 송내호와 가깝게 지내며 목포와 완도 등을 잇는 지역운동 네트워크를 만들었다. 또한 가난한 운동가인 송내호를 친동생처럼 여겨 물심양면으로 도움을 주었다고 한다. 그러던 1924년 10월 21일, 송내호는 소안 노농대성회 활동 중에 임석한 경관을 쫓아낸 일로 목포 경찰에 체포되었다. 그리고 소안노농회 회원 10여 명과 함께 목포형무소에 구속 수감된다. 이들은 다들 가난한 농민들이라 형무소에서도 고통이 심했다. 이때 장병준은 구속자들의 옥바라지에 각별히 신경을 써주었다.

예컨대 『시대일보』 1925년 1월 25일자 2면에는, 완도 사건으로 목포형무소에 구속된 송내호 등 10여 명의 수감자들에게 사식비를 넣어준 개인과 단체 이름이 소개된 바 있다. 그 명단을 살펴보면

---

3 대한독립단은 1919년 4월 만주 류허현에서 박장호, 조맹선 등이 결성한 무장 독립운동 단체로, 국내외에 100여 개에 달하는 지단과 지부를 두고 폭넓은 항일 활동을 전개했다.

4 수의위친계는 완도, 광주, 담양, 구례, 영광, 무안, 영암, 나주, 장성, 목포 등 전남 지역은 물론이고 경상도 일부 지역에까지 조직된 계(契) 조직 형태의 광범위한 결사단체였다고 한다. 그 조식 시기는 1914년경이라거나 1924년경이라는 설이 있다. 수의위친계는 그 실체는 모호하지만 광주전남 일대 항일운동자들 사이에 네트워크가 형성되어 있었음을 보여주는 사례라 할 수 있다.

일본소안노동친목회 46원, 영광군 불갑노동회 5원, 무안군 암태소작인회 10원 및 백미 1섬, 무안군 장산면 대리 장재식 10원, 목포 양동 장병준 10원, 무안군 임자청년회 21원 85전, 영광군 불갑면 주민 강대희 외 4명 10원, 완도군 고금면 이사열 1원 50전 등이다.

그런데 명단에 오른 사람과 단체 면면을 보면 대부분 가난한 노동자, 농민들이거나 사회주의 성향의 단체들이었다. 그들 가운데 장병준과, 장병준의 친지로 보이는 장재식[5]의 이름도 눈에 띈다. 이런 사실은 장병준이 사상적 지향에 얽매이지 않고 기층 농민들과 스스럼없이 어울렸음을 말해준다. 장병준은 그만큼 사회적 평등과 통합의 가치를 중요하게 여겼다. 그러한 진보적 의식을 갖추고 있었으므로 장병준은 가난한 사회주의자 송내호와도 의형제를 맺을 수 있었다.

민족협동전선 조선민흥회와 신간회 결성

한편 목포형무소에서 1년의 형기를 마치고 출옥한 송내호는 1925년 말에 서울청년회 계열의 사회주의 사상단체인 전진회(前進會)[6]에서 활동하게 된다. 또한 1926년 6월에는 소안도에서 '살자회'라는 모임을 만들어 소안도 농민들과 함께 사회주의 사상을 깊이 있게

---

[5] 장병상의 아들 장재식과는 동명이인(同名異人)인 집안사람. 장병준의 권유로 성금을 낸 듯하다.
[6] 1925년 4월의 조선공산당 결성에서 소외된 서울청년회 계열의 구파 이병의, 차재정, 이영 등에 의해 1925년 10월 조직된 사회주의 단체.

공부했다.

그즈음 비타협적 민족주의자와 사회주의자들 사이에서는 국내의 모든 독립운동 세력을 하나로 결집하는 민족협동전선을 건설해야 한다는 요구가 나오고 있었다. 장병준과 송내호 또한 민족협동전선이 꼭 필요하다는 의견을 서로 주고받으며, 그 실현 방법을 의논하기도 했다. 이러한 시대적 요구를 처음으로 실행에 옮긴 단체는 송내호가 소속된 전진회였다.

전진회에서는 사회주의 세력과 민족주의 세력의 항일 연합조직인 조선민흥회[7] 결성을 추진했다. 더불어 송내호는 조선민흥회 발기인을 모집하는 핵심 임무를 맡았다. 그리하여 민족주의 계열의 단체와 개인을 대상으로 두루 협상을 벌였고, 조선물산장려회[8]와 몇몇 민족주의자들이 발기인으로 참여키로 했다. 대대적으로 민족협동전선을 표방할 정도로 큰 규모는 아니었으나, 조선민흥회는 1926년 7월 8일에 야심차게 발기식을 가졌다. 그리고 송내호는 이날 발기식 사회를 맡았다. 이어 그해 11월에 조선민흥회는 다시 회의를 열어 29명의 창립준비위원과 9명의 상무위원을 선출했다. 송내호는 준비위원 및 상무위원으로 뽑혔다.

한편 그즈음 조선일보사 사장 안재홍[9]이 조선민흥회에 중대한

---

7 서울청년회 계의 사회주의 그룹 전진회(前進會)와 조선물산장려회 등이 결합한 민족통일전선기관.

8 1920년 평양에서, 그리고 1923년에 서울에서 각각 조직된 조선물산장려운동 단체. 옷과 음식, 일용품 등의 토산품 사용을 결의하고 이를 널리 선전하는 활동을 벌였으며, 이에 전국적으로 열렬한 호응을 받았다. 그러나 토산품 가격의 급등으로 기업과 상인만 이익을 보게 되는 모순이 드러나고, 사회주의 진영의 비판이 쏟아지면서 1년도 못 되어 운동 열기는 급격히 냉각되었다.

소식을 알려왔다. 일제 총독부의 지원 아래 최린, 김성수, 송진우 등이 자치운동 단체인 '연정회'의 부활을 추진하고 있다는 것이었다. 연정회가 추구하는 자치운동이란 일제 통치를 현실적으로 인정하고, 그 안에서 민족적 자치를 모색하자는 개량주의 노선이었다. 그 논리적 기반을 마련한 사람은 이광수였다.

1922년에 이광수는 월간잡지 『개벽』 5월호에 이른바 「민족개조론」이라는 논설을 발표한 터였다. 이광수가 주창한 민족개조론이란 '민족이 무능하여 독립은 불가능하며, 따라서 민족을 개조해야 하고, 그러기 위해서는 정치적 독립보다 교육과 산업의 발전이 먼저 필요하다'는 것이었다. 한마디로 조선 민족이 아직 미개함을 스스로 인정하는 내용이었다. 1924년 1월에도 이광수는 『동아일보』에 「민족적 경륜」이라는 사설을 5회에 걸쳐 연재하며 일제 통치 안에서의 자치운동을 합리화하는 논리를 펼쳤다.

이에 민족주의자들은 분노했다. 더욱이 동경에서 2·8독립선언을 기초하고, 상하이 임시정부 수립에 핵심적인 역할을 하며 임시정부 기관인 『독립신문』 사장 노릇까지 했던 이광수였다. 그의 망발에 대한 민족주의자들의 모욕감은 더 컸다.

독립운동을 분열시킨다는 거센 비난에 부딪혀 연정회 결성은 무

---

9 1891년 경기도 평택 출생. 1914년 일본 와세다대학을 졸업하고 상하이로 망명, 동제사에서 활동했다. 귀국 후에 중앙고보 교감을 지냈으며, 임시정부 관련 활동으로 3년간 복역했다. 1923년에 '시대일보' 창간에 참여한 뒤 조선일보사 사장 등을 지냈다. 1930년대 이후 고대사 연구에 몰두했으며, 해방 후 건국준비위원회 부위원장, 과도정부 입법의원, 미군정청 민정장관 등을 지내고 한국전쟁 때 납북된 후 1965년에 사망했다.

산되었다. 그러다가 1926년에 다시 조선총독부를 등에 업은 이들은 김준연, 안재홍, 백관수, 박희도 등 명망가들을 끌어들인 뒤 연정회 준비위 결성을 시도했다. 그러나 이들 가운데 안재홍과 김준연 등이 자치운동과 조선총독부의 관련성을 조선민흥회에 알림으로써 그 시도는 다시 들통났다.

조선민흥회는 자치론자들의 연정회 부활 시도를 맹렬히 규탄했다. 이에 부담을 느낀 몇몇 인사들이 모임을 이탈하는 바람에 연정회 결성은 무산되었다. 이 무렵 민족개량주의자들의 자치운동을 경계한 안재홍, 백관수 등은 홍명희, 이상재, 신채호, 신석우, 유억겸, 권동진 등과 함께 민족단일당 결성에 대한 논의를 빠르게 진행했다. 그 결과 '신간회[10]'라는 이름의 민족단일당이 가시화되었고, 1927년 1월에는 신간회 창립을 위한 발기인회가 조직되었다.

앞서 민족협동전선을 추진해온 조선민흥회는 발기인 만장일치로 신간회와의 합병을 결의했다. 그에 따라 송내호는 조선민흥회를 대표하는 교섭위원으로 신간회 발기인회에 참여했다. 송내호는 이미 민족협동전선을 추진해온 경험을 살려 신간회 발기인회의 의견 통합에 주도적인 역할을 했다. 더불어 송내호는 역사적인 신간회 발기인 34명 중 한 명으로 이름을 올렸다.

마침내 1927년 2월 15일. 종로 중앙기독교청년회관에서는 회원 2백여 명과 많은 방청객이 참석한 가운데 신간회 중앙 창립총회가

---

10 처음에는 단체 이름을 '신한회(新韓會)'라 했지만, '한(韓)'이 독립운동을 뜻하는 글자라는 이유로 일제가 단체 등록을 거부하는 바람에 신간회로 바뀌었다고 전한다.

열렸다. 이날 지도부 선거에서는, 대쪽 같은 성품으로 유명한 월남 이상재가 회장으로 추대되었다. 부회장에는 소설가로 이름을 날리던 홍명희가 뽑혔다. 이어 중앙 간사 35명의 선정과 더불어 총무, 재무, 출판, 정치문화, 조사연구, 조직, 선전 등 7개 부서도 조직되었다. 이날 송내호는 신간회본부 상무간사로 선출되어 신간회의 중요한 실무 책임을 맡게 되었다.

신간회는 모든 기회주의를 부인하는 것을 중요한 강령으로 삼았다. 그리고 민족의 정치경제적 예속 탈피, 언론·집회·결사·출판의 자유 쟁취, 청소년과 여성의 평형운동 지원, 파벌과 족보주의 배격, 동양척식회사 반대, 근검절약 운동 전개 등의 활동 목표를 세우고 전국에 지회와 분회를 조직하며 세력을 키워 나갔다. 그것은 일제강점기에 비타협적 항일투쟁을 목표로 한 민족주의 세력과 사회주의 세력의 역사적인 합작 실험이었다. 한국 근현대사에서 처음이자 마지막인.

목포 신간회 창립과 '지긋지긋한' 분열
:

신간회 창립은 지역운동과 사회통합의 가치를 중시하던 장병준에게도 반가운 소식이었다. 사실 신간회의 성공 여부는 각 지역의 통합 역량에 달려 있었다. 장병준은 최경하[11] 등과 함께 목포 신간

---

11 1894년 함남 문천 출생. 경성의학전문학교를 다니던 중에 학생대표 4명과 함께 탑골공원에서 3·1만세운동을 주도한 후 일경에 체포되어 1년 가까이 옥고를 치렀다.

회 창립을 준비했다. 최경하는 경성의학전문학교 재학 중에 3·1운동을 맞아 탑골공원에서 만세시위를 주도한 혐의로 복역한 후 목포에 내려와 삼산의원을 개업한 의사였다.

그러던 1927년 5월 7일에는 신간회 본부 상무간사로 있던 송내호가 목포에 왔다. 그날 저녁 9시에 장병준과 송내호, 그리고 신간회 설립에 관심이 있는 몇몇 지역 인사들은 죽동 삼산의원에 모였다. 이들은 목포 신간회 창립준비위원회를 결성한 뒤 삼산의원 내에 임시사무소를 두고 회원 모집에 나섰다.[12] 지역 내 열정적인 사회주의자부터 민족주의 계열의 명망가들까지 목포와 인근 서남해 지역에서 활동하던 수십 명의 운동가들이 목포 신간회 창립준비위원회 회원으로 이름을 올렸다.

신간회 창립 준비는 빠르게 진행되었다. 그로부터 한 달 남짓 지난 6월 12일 오후 4시. 장병준 등은 삼산의원에서 다시 준비 회의를 열었다. 이날 회의에서는 목포 신간회 창립대회 날짜를 6월 18일로 결정했다. 그밖에 창립대회 개최에 필요한 제반 사항을 협의했다.[13]

마침내 1927년 6월 18일 오후 2시. 목포 시내에서 팡파르가 울려 퍼졌다. 신간회 창립을 선전하는 목포소년단 악대의 연주 소리였다. 그 뒤로 "우리의 민족단일기관을 조직하자, 우리의 총력을 집중하자"는 글귀가 쓰인 갖가지 깃발이 따랐다. 그처럼 두 시간여에 걸쳐 창립대회 선전 행진이 있었고, 오후 4시부터 청년회관에서 본

---

12 『동아일보』 1927년 5월 13일자, 4면.
13 『동아일보』 1927년 6월 15일자, 4면.

▲ 목포 신간회 창립 기념

대회가 열렸다. 이미 백여 명의 회원과 방청인이 행사장을 가득 메우고 있었다.

창립대회의 임시 사회는 김면수가 맡았다. 김면수는 양동교회 기독청년회 회장, 동아일보 지국장 등을 지낸 목포 지역의 원로 인사였다. 개회 선언에 이어 창립대회 진행을 맡을 임시의장으로 변호사 김명진이 선출되었다. 그런 다음 삼산의원 원장 최경하가 창립 준비 경과보고를 했다. 이어 소안도의 살자회 회원 신준희가 송내호의 축사를 대신 낭독했다.[14] 임원진도 선출되었다. 회장은 김

---

[14] 당시 송내호는 완도에서 일제가 강제 폐쇄한 소환학교 개교 투쟁을 벌이고 있었기 때문이다. 참고로 신준희는 당시 중외일보 기자였으며 조선농민동맹 중앙위원을 맡고 있었다.

면수가, 부회장은 최경하가 당선되었다. 각 부서별 간부 20여 명에 대한 인선도 있었다.[15] 장병준은 조사부 총무간사를 맡았다.

거창한 창립행사를 마친 목포 신간회는 활발하게 지역운동을 펼쳤다. 예컨대 7월 19일에 목포 신간회는 목포극장에서 시민을 대상으로 하는 강연회를 열었다. 무려 1천여 청중이 모여 신간회의 인기를 실감케 했다. 연사들은 '우리의 단결'이니 '우리와 신간회'니 하는 주제로 열띠게 강연했고, 청중은 우레와 같은 박수로 화답했다. 목포 신간회는 나날이 세력을 키워갔고, 그 기세는 하늘을 찌를 듯했다. 그러나 호사다마(好事多魔)라고 했던가.

1927년 12월 4일. 목포극장에서 열린 제1회 정기대회에서 사달이 나고 말았다. 이날 대회는 회원 100여 명과 방청객 300여 명이 참석한 가운데 성대하게 열렸다. 김영식이 대회 의장을 맡은 가운데 정해진 순서에 따라 행사가 진행되었다. 신임 임원도 선출했다. 회장은 김면수가 연임을 했고, 부회장은 이의형이 새로 뽑혔다. 장병준, 김명진, 김상규 등 간부진도 대부분 유임되었다. 여기까지는 좋았다. 그러나 이날 대회가 끝날 무렵, 간사 조극환[16]이 중대한 문제를 제기했다.

"대회 의장을 맡은 김영식은 경성지회의 소속 회원입니다. 그러

---

15 이날 선출된 간부는 조사부 총무간사 장병준, 조사부 상무 조극환, 서무부 총무간사 김상규, 서무부 상무 천균, 재무부 총무간사 김명진, 재무부 상무 김영주, 정치문화부 총무간사 이의형, 정치문화부 상무 서병인, 선전부 총무간사 김철진, 선전부 상무 김태준 등이었다.

16 조극환은 1887년 전남 영암 출신으로, 영암 3·1만세운동을 주도했으며, 목포 전위동맹에 참가하고 제3차 조선공산당 목포 지역 세포책임자를 맡았다. 서울청년회계 구파 사회주의자였다.

므로 오늘 정기대회는 불법입니다."

장내가 술렁거렸다. 조극환의 의견에 공감하는 사람이 많았다. 그 뒤 경성 신간회에서도 김영식의 자격에 문제가 있다는 입장을 보내왔다. 그로써 제1회 목포 신간회 정기대회는 불법대회로 결론이 났고, 12월 22일에 다시 대회가 소집되었다. 이날 대회 자체는 별 문제 없이 끝났다.

하지만 며칠 뒤에 김영식은 서병인, 임홍수, 오도근, 윤수성 등 신간회 회원들과 함께 목포노동연맹 상무위원회를 소집한 뒤 "조극환은 동지 사이를 이간질하고 있다"며 목포노동연맹에서 조극환을 제명하는 안을 발의했다. 또한 이들은 목포기자단이 주최한 '목포사회운동자 및 민중사업가 유지 송년회'에서도 "조극환을 신간회에서 축출하자"고 주장하는 등 공세를 이어갔다.

마침내 1928년 1월 1일에 목포노동연맹은 조극환을 제명하자는 성명서를 각 사회단체로 보냈다. 이에 사회단체들은 목포 운동진영 전체의 도덕성에 흠집을 날 것을 걱정하며 대책을 강구했다. 신간회는 여러 사회단체와 함께 조사위원을 선정하여 실상을 조사한 뒤 1월 14일에 조사 보고회를 갖자고 제안했다. 하지만 목포노동연맹 측은 신간회의 제안에 응하지 않았다.

목포 신간회는 간사회의를 열어 김영식과 서병인을 제명하기로 했다. 또 이들에게 동조한 김철진, 박재롱에게도 사과 성명을 요구했다. 하지만 두 사람은 사과하지 않고 신간회 탈퇴서를 제출했다. 목포 신간회는 1월 23일 간사회에서 그간 문제가 된 회원들의 출회를 결정했다. 더불어 그 내용을 일반 회원에게 알리기 위해 보고서를 만들었다. 그런데 느닷없이 그 보고서를 압수한 일제 경찰이 1월 30일에 장병준 등 신간회 간부들을 경찰서로 불러놓고 이렇게 말했다.

"이 회의록에 김영식의 명예를 훼손하는 문구가 있으니, 만일 본인으로부터 명예훼손으로 고소가 들어오면 신간회 임원 20명은 그 책임을 지겠는가?"

그러자 장병준은 자신 있게 답하였다.

"그런 고소에는 책임을 지겠다."

다른 간부들도 함께 책임을 지겠다고 했다. 그리하여 목포 신간회는 경찰로부터 서류를 돌려받아서 회원들에게 교부하였다. 그러나 장병준을 비롯한 신간회 간부들은, 일제 경찰이 민족단체의 분규에 교묘하게 개입한 사실이 영 불쾌하고 찜찜했다.

목포 신간회가 이와 같은 분규를 겪게 된 근본 원인은 몇몇 개인들의 감정 때문만은 아니었다. 사실 김영식과 조극환은 같은 조직에서 활동해온 동지였다. 두 사람은 목포 제유공(製油工) 파업에 연루되어 함께 구속되기도 했다. 다만 이들은 당시 서울청년회 신파가 주장한 '방향전환론'에 대한 입장이 달랐다.

'방향전환론'이란 민족협동전선운동을 전개하되 노동자, 농민의 계급성을 포기하지 말고 공장과 농촌으로 들어가서 대중을 조직하고 그들을 중심으로 구체적 투쟁을 전개하자는 것이었다. 김영식, 서병인 등 서울청년회 신파는 이를 적극 받아들였다. 그러나 조극환 등 서울청년회 구파들은 이를 반대했다.

결국 양측의 갈등은 노선과 파벌, 그리고 개인적 감정 등이 복합적으로 얽힌 데서 비롯되었다. 사회주의자들 사이의 내부 갈등에 대해 개입할 여지는 많지 않았지만, 장병준은 이들의 통합을 위해 최대한 노력했다. 지역사회 통합을 중시하며 목포 신간회 결성을 주도해온 장병준으로서는 그러한 분열이 매우 괴로웠을 터였다. 오죽하면 장병준은 나중에 지인들에게 목포 신간회의 분열상을 말하면서 "지긋지긋했다"며 고개를 흔들었다고 한다.

신간회에 대한 탄압과 송내호의 죽음
:

1928년 벽두의 분열로 인해 목포 신간회는 침체를 피할 수 없었다. 창립 초기의 하늘을 찌를 듯했던 기세는 점점 식어갔다. 장병준은 분열로 인한 상처를 치유하는 데 많은 노력을 기울였다. 그리하여 안에서부터 조직을 다시 일으켜 세우고자 했다. 이런 노력은 나름대로 결실을 거두었다.

1928년 6월 18일 창립 1주년 기념식 때는, 분열의 당사자로 신간회를 탈퇴한 서병인이 와서 축사를 하기로 했다. 화해와 치유의 차원에서 마음먹고 나선 것이다. 그러나 "신간회 회원이 아니므로 발언할 수 없다"며 금지하는 임석경찰관의 횡포 때문에 서병인의 축사는 이뤄지지 않았다. 임석경관은 이에 대해 항의하는 총무간사 유혁을 무작정 경찰서로 연행해갔다가 한참 뒤에야 풀어주는 소동도 벌였다. 이는 명백한 탄압이었다. 더불어 목포 신간회의 약해진 위상을 보여주는 광경이었다.

사실 신간회 탄압에 대한 신호탄은 이미 1928년 2월 15일, 신간

▲ 목포 신간회 1주년 관련 기사(『동아일보』 1928.6.21)

회 창립 1주년 때 타올랐다. 이날을 맞아 신간회 본부에서는 정기
대회와 더불어 성대한 기념식을 열기로 했다. 창립 1주년 기념식은
전국의 수많은 지회와 회원이 참여하는 대규모 행사가 될 것으로
기대를 모았다. 그러나 종로경찰서장은 집회 자체를 불허했다. 신
간회 본부에서는 몇 차례 항의를 했지만, 결국 신간회 전체 대회는
열 수 없었다.

신간회는 합법단체였다. 하지만 식민지 시대 제국주의의 법이란
통치의 편리함을 위한 것이었지, 식민지 백성을 위한 것은 아니었
다. 따라서 일제에 순순히 동조하지 않는 한 합법단체든 비합법단
체든 언제나 탄압의 대상이었다. 다만 일제는 식민지 민족의 운동
적 힘이 솟구칠 때는 주춤하며 물러서는 척하다가, 그 힘이 약화되
면 언제든 달려들어 다시 물어뜯었다. 그것이 제국주의 침략자들
의 속성이자 본질이었다. 창립 2년째를 맞은 신간회는 일제의 감시
와 탄압하에서 부침을 거듭했다. 목포 신간회 또한 일제의 탄압과

내부의 분열을 겪으며 겨우 명맥을 이어갔다.

그러던 1928년 12월 20일. 서울에서 비보가 날아들었다. 그날 오전 6시경에 세브란스병원에서 송내호가 숨을 거두었다는 소식이었다. 사인은 폐결핵이었다. 장병준은 만사를 제쳐 놓고 서울로 올라갔다.

목포 신간회 설립 준비에 한창이던 1년 반 전까지만 해도 송내호는 건강한 편이었다. 따라서 목포 신간회 준비를 지원하기 위해 1927년 5월 7일 목포로 내려온 송내호는 장병준과 함께 창립 준비위원회를 결성한 뒤, 장병준에게 나머지 일을 맡기고 서둘러 완도로 떠났다. 그즈음에 일제 당국이 완도 소안학교 폐쇄 조치를 시도하고 있었기 때문이다.

당시 소안학교는 지역 농민들과 그 자식들에게 식민지 해방교육을 하는 곳이었다. 송내호는 어떻게든 소안학교를 살려보려고 했다. 그러나 송내호가 완도에 도착한 직후인 5월 10일자로 소안학교는 강제 폐쇄되고 말았다. 분노로 발을 구르던 송내호는 배달청년회와 살자회를 규합하여 소안면 주민들과 함께 학교 되찾기 운동을 벌였다.

그러던 11월에 조선청년총동맹의 조직 정비에 따라 배달청년회가 완도청년동맹 소안지부로 개편되었다. 따라서 배달청년회는 그 취지를 설명하는 해체선언문을 작성하여 돌려본 뒤 해체선언식을 가졌다. 하지만 그 과정을 감시하던 완도 경찰은 해체선언문을 불법 인쇄물로 간주한 뒤 송내호 등 회원 10여 명을 검거하고 말았다. 더불어 사건의 주모자로 지목된 송내호는 혹독한 조사를 받은 뒤 기소되어 징역 10월을 선고받고 목포형무소에 수감되었다.

한편 송내호가 목포형무소에 복역 중이던 1928년 4월에는 그의 동생 송기호가 옥살이 후유증으로 세상을 떠났다. 송기호는 1925년에 '신지도 강습사건'[17] 등으로 두 차례 구속되어 옥고를 치른 뒤 그 후유증을 심하게 앓다가 고향 마을에서 스물아홉 나이로 삶을 마감한 것이다. 수감 생활 중에 동생을 잃은 송내호 또한 슬픔으로 괴로워하다가 폐결핵이 급격히 악화되었다. 병보석으로 석방된 송내호는 서울로 올라가 여러 병원을 다니며 치료에 매달려 보았으나 이미 늦은 터였다. 결국 그는 세브란스 병원에서 서른셋의 나이로 세상을 떠났다. 동생 송기호가 떠난 지 8개월 만이었다.

송내호의 분향소는 종로 신간회 본부에 마련되었다. 장병준은 신간회 본부 인사들과 함께 사회단체연합 장의를 추진했다. 그러나 관할 종로경찰서 측은 '사회단체연합 장의는 물론이고 가족장이라도 공공연하게 해서는 안 된다'는 지침을 보내왔다. 장례식까지 막아서는 일제 횡포 앞에서 장병준은 기가 막혔다. 결국 송내호의 장례는 불교계 도움을 받아 시내 봉원사(奉元寺)에서 화장(火葬)을 치르는 것으로 정해졌다.

1928년 12월 23일 오전 9시. 찬바람이 서울 시내를 쓸고 갔다. 세브란스병원 영안실에서 발인한 송내호의 유해는 서대문 근처 봉원사로 옮겨진 뒤, 한 줌의 재로 변했다. 형제이자 벗이었던 동지를

---

17 임재갑 등이 완도군 신지면 대곡리에 '신지학술강습소'를 만들어 신지면 일대를 순회하며 민족의식을 고취하는 교육을 하다가 일제로부터 탄압을 받은 사건.

보내고 봉원사 언덕길을 내려오는 장병준은 발걸음이 휘청거렸다. 세밑(섣달그믐께)에 불어오는 찬바람은 뼛속을 파고들었다.

그 후 장병준은 송내호의 유족들을 정성껏 보살펴주었다. 장병준의 막내딸 장정숙이 송내호와 관련하여 "그 여동생 되는 분이 가끔 인사차 들러서 친오빠 대하듯 했다"고 증언한 이면에는 이런 사연이 숨어 있었다. 즉 일제의 탄압으로 두 오빠를 한꺼번에 잃고서 비탄에 잠긴 여동생은 가끔씩 장병준을 찾아와 오빠들에 대한 사무치는 그리움을 달래곤 했던 것이다.

신간회 복대표와 전남 전형위원이 되다
:

1929년 들어 목포 신간회는 변신을 꾀했다. 그해 1월 12일에 목포 신간회 회원 백여 명은 죽동 동양관에서 신년 모임을 갖고, 1년 전의 분열과 갈등을 서로 반성하면서 화합의 결의를 다졌다. 그런 다음 1월 27일에 제2회 정기대회를 열어 새로운 간사들을 선임하고 체제를 정비했다.

하지만 그 무렵 신간회 본부는 운영에 여러 가지 어려움을 겪고 있었다. 지난 2년 동안 일제의 간섭과 방해로 정기대회를 한 번도 열지 못하다보니 사업은커녕 당장 간부와 집행부 인선에도 인선절차 없이 '보결에 보결을 거듭'[18]하며 어려움을 겪고 있었다. 그리하여 창립 3년차를 맞은 신간회 본부에서는 고육책을 짜냈다.

---

18 『중외일보』 1929년 6월 28일자, 2면.

상황에 맞게 규약을 수정하고, 본부 임원을 개선하려면 반드시 전국적 차원의 대표자대회를 열어야만 했다. 하지만 그것은 일제 탄압 때문에 현실적으로 불가능했다. 고심 끝에 중앙 신간회는 인접한 지회를 몇 개씩 묶어서 24개 소구역으로 정한 뒤, 소구역에서 선출된 대표위원들이 모여 정기대회를 치르는 방안을 추진했다. 이른바 '복대표(複代表)대회'였다. 하지만 관건은 일제 당국의 대회 허가 여부였다. 따라서 신간회 측은 '대표'라는 말을 빼고 '본부 임원 개선 및 규약 수정위원회'라는 명칭으로 대회를 신청하여 일제 당국의 허가를 받아냈다.

복대표대회는 1929년 6월 28일로 예정되었다. 그에 따라 각 구역에서는 복대표를 선출했다. 전남 지역 지회들은 목포구, 광주구, 송정구 등 3개의 구역으로 묶였다. 이 가운데 목포구에는 목포, 장흥, 강진, 완도 등 4개 지회가 포함되었다. 이때 목포구에서는 장병준을 복대표로 선출했다. 그간 서남해 지역운동의 연대와 통합을 위해 노력해온 장병준의 지도력이 좌우 양쪽으로부터 인정받은 결과였다.

한편 함평, 장성, 송정, 나주 지회가 포함된 송정구에서는 김시중이, 광주구에서는 정수태가 복대표로 뽑혔다. 전국적으로 뽑힌 복대표위원들의 면면을 보면 허헌, 조치기, 김시중, 박문희, 권경섭, 정수태, 김연진, 백용희, 공석정, 김병환, 박천, 손영극, 이주연, 박응칠, 최윤옥, 김중한 등 16명이 조선공산당 계열 인사들이었다. 사회주의 계열이 복대표의 3분의 2가량을 차지한 것이다.

신간회 복대표대회는 1929년 6월 28일 오전 9시에 종로 중앙기독청년회관에서 열렸다. 임시의장으로 허헌, 서기장 백용희, 서기 이주연, 사찰에 안철수와 방치규가 선임된 후 정식 안건 처리에 들어갔다. 첫날의 주요 안건은 규약 개정이었다. 복대표들은 본부에서 제출한 초안을 조목조목 검토하며, 다음 날인 29일 오전까지 '신간회강령규약 개정안'을 심의한 뒤 의결했다. 그 결과 신간회 지도체제가 회장제에서 위원제로 바뀌게 되었다. 이어 중앙 간부 선출이 있었다. 허헌이 압도적으로 15표를 얻어 위원장에 당선되었다. 사회주의자가 다수인 복대표대회였으므로 이는 당연한 결과였다.

다음으로 77명에 이르는 집행 간부 후보 전형(銓衡)이 있었다. 이 인선 심사 작업은 편의상 각 도별로 1명씩, 12명의 전형위원을 선출한 뒤 이들이 집중적으로 실시했다. 장병준은 전남지역 전형위원으로 뽑혔다. 전남의 복대표 3명 가운데서 좌우를 폭넓게 아우르며 객관적으로 일을 처리할 수 있는 적임자는 단연 장병준이었다. 29일 오후에 전형위원들은 별실에 자리를 잡고서 집행 간부 인선 작업을 벌였다. 56명의 중앙집행위원과 8명의 중앙집행위원 후보, 13명의 중앙검사위원 등 모두 77명의 집행 간부 인선을 하는 데 두 시간이 걸렸다. 이어 폐회 절차에 들어간 신간회 복대표대회는 그날 밤 8시경에 막을 내렸다.

이로써 복대표대회는 신간회 본부의 2년 묵은 체증을 풀어냈다. 그리고 이 대회에서 장병준은 실질적으로 전남 지역 신간회를 대표하는 위원으로서 역할을 다하였다. 그러나 장병준의 기대와 달리 신간회는 좌우가 맞서고, 중앙과 지방이 어긋나는 바람에 애초의 창립 정신은 퇴색되고 있었다.

3 항일학생운동과 형제들의 활약

장홍염과 항일학생운동
:

1920년대 막바지에 이르러 명망가 중심의 항일운동은 점점 힘을 잃어가고 있었다. 대신 노동운동과 학생운동에서 식민지 해방운동의 새로운 희망이 싹을 내밀고 있었다. 요컨대 1929년에 함경남도 원산의 노동자들은 일제 자본가에 저항하여 3개월에 걸친 총파업을 벌였다. 학생들도 '동맹휴교(맹휴)' 등의 방법으로 항일운동을 펼치기 시작했다. 주로 학내에서 일본인 학생과 조선인 학생의 차별 대우 등에 항의하는 의미로 시작된 학생운동은 점점 일제 타도와 계급 해방 등의 구호를 내세우며 민족적, 사회적 운동으로 발전했다.

그 무렵에 장병준의 막냇동생 장홍염도 학생운동의 중심에서 활동하고 있었다. 장홍염은 1910년생으로 장병준과는 17년이나 나이 차이가 났다. 일찍이 뭍으로 나와 목포공립보통학교에 들어간 장홍염은 일제 통제를 받는 공립학교가 싫어서 사립 영흥학교 2학년으로 편입하여, 3년 만에 6년 과정을 졸업했다고 한다. 그리고 1925년에 서울 휘문고보에 입학하여 2학년 때부터 일본 쇼와(昭和) 천왕 즉위에 반대하는 동맹휴교운동에 뛰어들었다.

4학년 때인 1929년 6월에 장홍염은 고려공산당청년회 학생 세포 강윤구 등과 함께 비밀 독서회 활동을 하다가 검거되었으나 불기소 처분을 받고 풀려났다. 그러나 같은 해 10월에 교내 동맹휴교 사건을 주도하다가 퇴학 처분을 당했다. 그리고 하숙집 옆방 선배 이종률[1]의 권유로 '전국학생동맹휴학옹호동맹'의 유인물을 학교에 배포하는 활동을 벌이다가, 11월 7일에 이종률, 황호연, 김운선 등과 함께 종로경찰서에 체포되었다.

이에 대해 당시 『동아일보』는 "고학당 교사 이종률, 이현철, 장홍염, 황호연, 김운선 등이 전국학생휴학옹호동맹을 조직하여 선전문을 배포하고 치안유지법 위반 혐의로 경성지방법원 검사국으로 송치되었다"[2]고 보도했다. 그런데 경찰 조사 과정에서 이종률은 학생 신분인 장홍염과 황호연을 보호하기 위해 애를 썼고, 덕분에 두 학생은 검사정 조사를 마친 뒤에 석방되었다. 그리고 이종률은 1929

---

1 이종률은 1905년 경북 영덕 출신으로, 1925년 최초의 사회주의 학생단체인 공학회를 결성했다. 1926년에는 6·10만세운동과 관련하여 투옥되었으며, 1927년부터 일본 와세다대학에 유학하던 중 신간회 동경지회 결성에 참여했다. 조선청년총동맹 위원, 신간회 동경지회 간사를 맡았고, 1928년 7월에 '우리말연구회 사건'으로 출교당한 뒤 귀국하여, 고학당 교사로 일하면서 장홍염과 같은 하숙집에서 기거하고 있었다.
2 『동아일보』 1928년 12월 9일자.

년 3월 20일 경성지방법원 예심에서 징역 10개월을 선고받았다.

전국학생휴학옹호동맹 사건과 관련하여 1928년 12월 7일자로 종로경찰서에서 작성한 사찰보고서에 따르면 "장홍염은 주변에서 특별한 악평은 없으나 젊기 때문에 경거망동하여 항상 불량배에게 이용당하면서 이것을 명예로 삼고" 있었다. 이어 사찰보고서 말미는 "엄중 처벌하지 않으면 개전의 희망이 없음"이라는 의견이 달려 있었다. 물론 여기서 말한 '불량배'란 장병준이나 이종률처럼 장홍염 주변의 항일운동가들을 일제가 이르는 말이었다. 비록 일제 경찰의 눈으로 본 내용이지만, 이 보고서는 당시 장홍염의 기개를 보여준다. 사실 경찰의 판단대로 장홍염은 항일 학생운동에서 개전(改悛)할 생각이 전혀 없었다. 따라서 불기소로 석방된 뒤에도 장홍염은 조선학생과학연구회 회원으로 활발하게 활동했고, 1929년 5월에는 그 단체의 서무부 상무위원을 맡기까지 했다.

광주학생운동과 형제들
:

그러던 1929년 11월에 광주학생운동이 일어났다. 발단은 그해 10월 30일에 통학열차 안에서 벌어진 성희롱 사건에서 비롯되었다. 가해자는 광주중학교 일본인 학생이었고, 피해자는 광주여고보 3학년 박기옥이었다. 이 광경을 본 광주고등보통학교 학생들이 가해자와 충돌했다. 이렇게 시작된 싸움은 광주고보와 광주중학교의 대립으로, 그리고 조선 학생과 일본 학생 사이의 싸움으로 확대되었다. 그리고 11월 3일에는 광주 시민까지 합세하여 3천여 명의 시위대가 '일제 타도', '광주중학 타도', '식민지교육 철폐' 등의 구호를 외치는 상황으로 발전했다.

이처럼 광주가 들썩이고 있음에도 그 실상은 일제의 철저한 보도 통제 때문에 잘 알려지지 않았다. 이때 신간회와 청년단체, 사회단체들이 나서서 광주의 실상을 알리는 활동을 펼쳤다. 특히 청년단체의 지도자 장석천, 장재성, 박오봉, 강석원 등은 '학생투쟁지도본부'를 설치하고 광주학생운동을 전국으로 확대하는 활동을 시작했다.

암암리에 광주 소식을 접한 조선청년총동맹과 학생전위동맹, 조선학생과학연구회 등은 광주학생운동의 진상을 조사하기 위해서 광주에 사람을 보냈다. 11월 7일에는 학생전위동맹과 조선학생회 대표들이, 이어 9일에는 조선학생과학연구회의 장홍염이 동지 박일과 함께 광주에 도착했다. 그러나 이들은 일제 경찰의 방해로 목적을 달성하지 못했다. 요컨대 장홍염과 박일은 광주에 도착한 다음 날인 11월 10일, 일제 경찰의 검속에 걸려 광주경찰서에 감금되었다가 경찰에 떠밀려 강제로 서울행 기차에 올라야 했다.

이처럼 외부와 차단된 가운데서도 광주학생운동은 청년 지도부의 노력과 학생들의 투지로 11월 12일에 제2차 시위를 벌이기에 이른다. 이날 오전 9시 반을 기해 광주 학생과 시민은 일제히 시위에 돌입했다. 학생들은 광주형무소를 포위하고 '구속자 석방'과 '조선 독립'을 외치면서 격렬한 시위를 펼쳤다. 이 과정에서 시위 학생 4백여 명이 일제 경찰에 검거되었다.

한편 광주 2차 학생시위 이후 장석천, 강영석 등 광주청년운동지도자들은 서울로 올라가서 사회단체와 학생 대표들에게 광주학생운동의 진상을 전하는 데 주력했다. 이들은 광주의 실상을 알리는 격문 8천여 장을 만들어, 12월 2일 밤에 시내 전역에 배포했다. 그러자 일제 경찰은 각 사회단체 간부와 학생운동가들에 대한 대대적인 검속에 나섰다. 그리하여 12월 초에만 167명을 검거하며 탄압의 고삐를 단단히 죄었다.

하지만 일제의 가혹한 탄압은 오히려 학생들을 자극했다. 12월 5일부터 13일 사이에 '제1차 서울학생시위운동'의 불길이 거세게 타올랐다. 먼저 공립학교인 경성 제2고보 학생들이 광주학생 석방 등을 요구하며 교내 시위와 함께 동맹휴학에 들어갔다. 7일에는 경성 제1고보에서도 교내 시위가 일어났다. 이때 제1고보 시위의 선두에 선 학생 가운데는 장병준과 함께 목포 신간회에서 활동하던 변호사 김명진의 조카 김주형도 있었다.[3] 비록 교내 집회로 끝났지만, 일제의 통제가 심한 두 공립학교의 시위 참여는 고무적인 일이었다.

이어 12월 9일에는 경신학교와 보성학교 학생 1천 백여 명이 일제 기마대를 뚫고 거리로 진출하여 시위를 벌이다가, 그 가운데 9백 명 이상이 검거되었다. 또 중앙고보생 4백여 명도 거리 시위를 벌이다가 대부분 검거되었다. 이날 장홍염은 휘문고보 학생 4백여 명과 함께 교내에서 만세시위를 벌였다. 숙명여자고등보통학교 학

---

3 당시 졸업반이던 김주형은 이때의 전력으로 이듬해 경성제국대학 입학을 거부당하고, 고향 해남으로 내려가 있다가 김명진의 중매로 장병준의 맏딸 장인숙과 혼인하게 된다. 즉 김주형은 장병준의 맏사위가 된다.

생들도 학교에서 만세를 외쳤으며, 협성실업학교생 150여 명도 교내 시위를 일으킨 뒤 동맹휴학에 들어갔다. 숙명, 근화, 이화, 서울여자상업, 동덕, 실천 등 여학교의 시위 참여도 늘어났다.

12월 5일부터 시작된 항일학생시위는 13일까지 서울 시내 거의 모든 학교에서 일어났다. 이 기간에 일제는 1천 4백여 명의 학생을 검거했다. 그래도 학생들의 소요가 이어지자 일제는 결국 12월 13일부터 모든 학교가 겨울방학에 들어가도록 강제했다.

한편 광주학생운동 직후인 11월 19일에는 목포에서도 이에 동조하는 시위가 일어났다. 이날 목포상업학교 학생들은 '광주학생 만세'를 외치며 교문 밖으로 나왔다. 그런 다음 양동을 지나 목포역까지 거리 시위를 감행했다. 그 과정에서 70여 명의 시위 학생이 검거되었다. 그 무렵 목포 신간회에서는 사회단체와 협의하여 학생들의 항일운동을 지원하려 했다. 그러나 목포경찰서는 장병준을 비롯한 신간회 간부 10여 명을 예비검속하여 잡아들였다. 그 때문에 손발이 묶인 장병준과 신간회 간부들은 유치장에서 발만 동동 구르는 처지가 되고 말았다.

게다가 광주학생운동으로 장병준의 둘째 동생 장홍재가 구속되었다. 당시 광주고보에 다니던 장홍재는 건강이 좋지 않아서 또래들보다 늦게 학교에 다니고 있었다. 독립운동가를 형으로 둔 장홍재는 적극적으로 만세시위에 나섰다. 그리고 경찰에 검거되어 구속되기에 이르렀고, 약한 몸으로 혹독한 고문을 받은 장홍재는 그 후유증으로 출옥 후 오랫동안 병원 신세를 지다가 결국 서른 안팎의 젊은 나이로 세상을 떠나게 된다. 장진섭의 셋째 아들 장홍재는 비운의 삶을 살다 갔다. 족보에 생몰 연대마저 기재되지 않았을 정도로 그의 삶은 그늘에 묻혀 있다. 다만 장병준의 조카이자 장병상의 둘째 아들 장충식 씨는 숙부 장흥재를 어렴풋이 기억한다.

장충식 씨는 "흥재 숙부는 광주학생운동 때 고문을 당하고 나와서 목포 청호병원에 있다가 돌아가셨다. 옥중에서 병을 얻어 나왔다가 목포 청호병원에 입원했다. 내가 직접 청호병원에 갔었다. 1935년경으로 기억된다"고 말했다.

제2차 서울학생시위를 주도한 장홍염
:

광주학생운동이 일어나자 신간회 허헌 위원장은 이를 대중운동으로 연결하려고 노력했다. 그리하여 1929년 12월 10일에 권동진, 송진우, 안재홍, 이시목, 손재기, 조병옥, 홍명희, 이관용, 한용운, 주요한 등과 긴급회의를 열었다. 이들은 광주학생사건의 전말을 알리고, 구금된 학생들의 석방 등을 목표로 대대적인 민중대회를 열기로 결의했다.

민중대회는 12월 13일로 예정되었다. 그런데 대회를 하루 앞둔 12월 12일에 일제 경찰은 신간회에 압력을 넣어 민중대회를 열지 못하게 했다. 그러나 신간회 측은, 협박에 굴하지 않고 민중대회를 강행키로 했다. 그러자 일제 경찰은 거사일인 12월 13일 아침 6시부터 허헌을 비롯한 신간회 관련자 20명을 일제히 체포하고 신간회 본부에 대한 압수수색을 실시했다. 아침에 체포를 면한 이관용, 홍명희, 조병옥, 김무삼, 이원혁 등도 이날 오후에 대책회의를 하다가 체포되었다. 이날 체포된 신간회 관련 인사는 무려 44명이었다. 다만 경찰의 체포를 간신히 벗어난 김무삼이 압수당한 격문의 내용을 되살려 광주학생운동의 실상을 언론에 알렸다.

신간회가 하루아침에 초토화됨으로써 결국 민중대회는 열리지 못했다. 게다가 학생들은 강제로 방학을 맞았다. 만세 함성이 뜨겁게 퍼지던 교정(校庭)은 서릿발로 하얗게 덮였다. 그 사이에 1929년 한 해가 지나갔다.

1930년 1월 7일경부터 학교가 문을 열기 시작했다. 개학을 하자마자 대부분의 학교가 시험을 치렀다. 이때부터 장홍염의 발걸음이 바빠졌다. 먼저 장홍염은 한전훈, 이홍영, 정황학 등 휘문고보 학생 동지들과 함께 백지동맹[4]을 결의했다. 1월 13일 1교시부터 장홍염을 필두로 휘문고보 학생들은 몽땅 백지 답안지를 제출했다. 그리고 점심 무렵에는 한전훈 등을 따로 불러 "백지동맹의 근본 목적은 데모 운동에 있다"며 "광주 학생들의 정신을 잇는 데모 운동을 계획하자"고 제의했다.

그날 밤 장홍염은 10여 명의 동지들과 함께, 시내 남녀 중등학교가 동시다발적으로 항일 시위를 벌이는 계획을 세웠다. 무척 광범위하고 대담한 계획이었다. 그럼에도 이들은 "희생을 각오하고 경찰에 체포될 때까지 시내를 누비며 시위운동을 하자"고 결의했다. 시위 결행 날짜는 1월 18일로 잡았다.

장홍염은 시내 각 학교에 연락을 취할 사람을 정했다. 그런 다음

---

4 시험 때 백지 답안지를 일제히 제출하는 것.

동급생 이정우의 소개로 경성여자상업학교에 다니는 송계월과 만나 시위 계획을 협의했다. 그리고 송계월로부터 이화여고보 학생들 또한 여학교 동시 시위를 조직하고 있다는 사실을 전해 들었다. 장홍염은 "잘 되었다"고 반기며 다음 날 여학교 대표들을 한자리에 모아 달라고 부탁했다.

1월 13일 저녁. 장홍염은 송계월의 집으로 갔다. 전날 약속한 대로 송계월은 여학교 대표 10여 명과 함께 장홍염을 기다리고 있었다. 이 자리에서 장홍염과 여학교 대표들은 동시 시위에 대해서 서로 동의했다. 다만 여학교 측에서는 시위 일시를 1월 15일 정오로 잡고 있었다. 이에 맞추어 장홍염은 거사 일정을 애초의 18일에서 15일로 앞당기기로 했다. 다만 거사 시간을 정오가 아니라 아침 조회 시간인 9시 30분으로 하자고 제안했다.

다음 날인 1월 14일 오후. 장홍염 등 휘문고보 학생들과 숙명여고보, 경성여자상업학교, 동덕여고보, 경성여고보, 배화여고보, 경성여자미술학교, 실천여학교, 근화여학교에서 온 대표들 30여 명이 송계월의 집에 다시 모였다. 장홍염은 이들과 다음 날 시위 계획을 점검하고 몇 가지 행동 지침을 전달했다. '광주학생 석방 만세, 피압박민족 해방 만세를 시위 도중 연창할 것', '경찰에 연행되면 절대 회합자들의 성명을 말하지 말 것', '경찰서에 유치당하게 되면 단식투쟁을 할 것' 등이었다. 한편 장홍염은 중앙고보, 보성고보, 배재고보 등 시내 다른 학교 대표들과도 접촉을 하여 다음 날 시위에 철저히 대비했다. 그로써 거사를 위한 만반의 준비를 마쳤다.

1930년 1월 15일 아침. 학교는 폭풍 전야처럼 조용했다. 첫 수업 시작종이 울렸다. 장홍염은 한전훈 등과 함께 정문 쪽으로 나가며 학생들을 선동했다. "제국주의 타도 만세, 약소민족 해방 만세!" 구호를 외치며 장홍염은 대열을 이끌고 정문으로 향하였다. 그러나 정문은 이미 무장한 경찰들이 막고 있었다. 학생들은 다시 후문 쪽으로 달려 나갔다. 하지만 거기도 이미 경찰이 봉쇄하고 있었다. 그러자 장홍염을 20명의 학생들과 함께 학교 담장을 넘어 거리로 나섰다. 나머지 휘문고보생 400여 명은 교내에서 만세시위를 이어 갔다.

한편, 이화여고보는 자체적으로 1월 15일 오전 10시 30분 이화학교 정문에서 배재고보로 가서 이들을 선동하여 함께 종로통으로 나갈 계획이었다. 태극기와 전단지도 미리 제작해둔 터였다. 약속된 시각이 되자 윤옥분, 이순옥 등은 미리 제작한 기를 흔들면서 만세를 불렀다.

"제국주의 타도 만세, 약소민족 해방 만세!"

여학생들은 선전물을 뿌리며 정문에서 교외로 나가려고 하였다. 그러나 이미 경찰이 막고 있었다. 학생들은 기숙사 동쪽 토담으로 올라가서 인접한 배재고보 쪽을 향하여 기를 흔들며 만세를 불렀다. 그러자 배재고보 학생들이 밖으로 나와서 이에 호응하여 만세를 불렀다. 교내 시위는 한 시간가량 계속되었다. 학생들은 경찰에 의해 교실 안으로 밀리면서도 유리창을 깨며 저항했다.

보성전문학교에서도 오전 10시경 200여 학생이 교정에 모여 '광주학생들을 석방하라고 요구하며 독립 만세를 불렀다. 학생들은 거리로 진출하려 하였으나 경찰의 완강한 제지로 좌절되자 교정에서 농성시위를 벌였다. 이어 보성전문 학생들은 조선 총독과 학무 국장, 일본 내각 및 문부성에 요구 사항을 전보로 보냈다. 이 사건으로 상과 2학년생 이원칠 등 15명이 구속되었다.

한편 이날 경신학교, 중동학교, 배재고보 학생들은 일제 경찰의 포위망을 뚫고 시가로 진출했다. 이밖에 근화여학교, 배화여고보, 실천여학교, 정신여학교, 양정고보, 경성보육학교, 여자미술학교 등도 교내 시위를 벌였다. 또 16일과 17일에는 경성여자상업학교, 숙명여고보, 진명여고보, 협성실업학교 등의 학생 1천 2백여 명이 만세시위를 이어갔다.

사흘 동안 치열하게 전개된 제2차 서울 학생시위에 대하여 일제는 지방 경찰은 물론이고 헌병대, 소방대, 재향군인회까지 동원하여 탄압했다. 그리하여 1천 명 이상의 학생이 연행되고, 480여 명이 구속되었다. 이후 서울 시내 모든 학교에는 휴교령을 내려졌다. 제 2차 서울 학생시위는 제1차 학생시위 때보다 3배가 넘는 학생들이 참가했다. 기미년 3·1운동을 방불하게 하는 대규모 만세운동이었다. 또한 1차 시위는 남학생 중심이었지만 2차 시위는 여학생들의 주도적인 참여가 두드러졌다. 이러한 여학생들의 시위를 신출귀몰 하듯 지휘한 사람은 바로 장홍염이었다.[5]

한편 학생시위가 잦아든 1월 17일 밤 10시경, 장홍염은 용산역을

---

5 광주학생운동 당시 장홍염의 활약상에 대해서는 최성원이 쓴 '실록 광주학생운동(『신동아』, 1979년 11월호)', '광주학생운동옥중투쟁기(『신동아』, 1980년 6월호)' 성진회, 독서회 관계를 다룬, '광주학생운동의 주역들(『신동아』, 1981년 6월호)' 등에 잘 나타나 있다.

출발하는 기차에 몸을 실었다. 그리고 일제 경찰의 검문을 피하느라 도중에 며칠간 은신하다가 1930년 1월 말경에는 목포에 도착한 뒤, 형 장병준을 비밀리에 만났다. 장병준은 자신의 뒤를 이어 독립운동의 길로 뛰어든 막내 홍염을 보며 눈시울을 붉혔다.

이때 장병준은 동생에게 일본 유학을 권유했다. 그에 따라 장홍염은 일본으로 건너가 와세다대학 입학을 준비했다. 그러나 장홍염은 학생시위의 주모자로 이미 일제 경찰의 수배를 받고 있었으므로 일본에서 유학할 수 없는 처지였다. 뒤늦게 그 사실을 깨달은 장홍염은 경찰의 추적을 피해 급히 귀국했다.

얼마 뒤에 장홍염은 다시 중국으로 망명길을 떠났다. 그러나 신의주행 기차가 평양 근처에 이르렀을 때 일제 형사의 검문과 맞닥뜨렸다. 검거 위기에 처한 장홍염은 재빨리 다음 칸으로 몸을 피했다. 이미 그를 수상히 여긴 일제 형사는 눈을 부라리며 쫓아왔고 장홍염은 막다른 곳까지 쫓기게 되었다. 잠시 망설이던 장홍염은 달리는 기차에서 그대로 뛰어내렸다.

그 뒤 장홍염은 엿장수로 변장한 채, 한 달여 동안 걸어서 신의주까지 갔다. 그리고 꽁꽁 얼어붙은 압록강에 이르렀다. 장홍염은 쇳조각을 신발 바닥에 동여맨 뒤 밤중을 틈타 스케이트 선수처럼 얼음판을 가로질렀다. 마침내 압록강을 건넌 장홍염은 만주 땅을 밟았다. 그리고 톈진(天津)에서 잠시 머물다가 5월경에 베이징에 도착했다.

4 ▌ 끝까지 희망의 끈을 놓지 않다

좌우 통합의 꿈은 사라지고
:

1929년 12월 민중대회사건으로 허헌 등 44명의 간부들이 체포됨
으로써 신간회는 동력을 잃고 표류하게 되었다. 각 지회도 흔들렸
다. 그런 상황에서 김병로가 집행위원장으로 선출되어 신간회를
이끌었다. 새 집행부는 회보를 발간하고 본부 회관 건립을 계획하
는 등 장기적인 사업을 추진했다. 또한 조직 강화를 위해 도별로
자발적인 지회연합회를 결성할 수 있도록 했다. 그러나 일제 경찰
의 끈질긴 방해와 탄압으로 어느 것 하나 결실을 맺지 못하였다.

한편 목포 신간회는 1930년 2월 22일, 제3회 정기대회를 목포중
학원에서 열었다. 이날 김면수가 집행위원장으로 재선되었다. 장
병준 또한 집행위원에 선출되어 간부 직함을 이어갔다. 그러나 목
포 신간회는 사회주의계 회원들이 집행력을 장악하고 있어서 민족

주의자들의 역할은 그리 활발하지 못하였다. 그런 상황에서 장병준의 입지도 좁아질 수밖에 없었다.

그 무렵 중앙 신간회는 이미 뿌리가 흔들린 상태였다. 지속적인 일제의 탄압으로 존폐가 위태로워진 터였다. 그러자 사회주의자들을 중심으로 신간회를 발전적으로 해체하고 계급계층별 대중조직을 만들자는 신간회 해소론이 대두했다. 물론 이에 반대하여 계속 유지하자는 목소리도 있었으나 해소론을 넘지는 못하였다.

중앙신간회는 1931년 5월 16일에 조선중앙기독교청년회관에서 대의원 77명이 참석한 가운데 해산을 결의했다. 목포 등 각 신간 지회도 해소를 결의했다. 그로써 민족협동전선 신간회 4년의 역사는 막을 내렸다. 일제의 방해로 후속 조직 결성도 불발되었다. 일제 당국이 모든 집회에 임석경관을 보내어 사사건건 물고 늘어지며 단체의 활동을 방해했기 때문이다.

그간 함께 활동했던 동지들은 뿔뿔이 흩어졌다. 좌우 통합의 가치를 추구하며 목포 신간회를 주도해온 장병준은 누구보다 더 쓸쓸한 마음으로 그 뒤끝을 맞았다. 그러던 어느 날 김명진 변호사가 집으로 찾아왔다. 몇 해 전부터 뜻을 맞추어 목포 신간회 활동을 함께해온 동지였다. 두 사람은 안팎의 정세에 대해서 이야기를 나누었다. 장병준이 말했다.

"국내에서는 신간회가 해체되고, 중국에서는 임시정부가 유랑길에 올랐다고 하는데, 김 변호사는 앞으로 어찌할 생각이오?"

김명진이 어두운 표정으로 답하였다.

"나라 안팎에서 운동을 이끌던 두 구심점이 흔들리는 바람에 많은 운동가들이 회의를 느끼는 듯합니다."

"20년 넘게 이렇게 지배를 받았으니, 끝이 보이지 않는 게 당연하겠지요…"

두 사람은 쓸쓸한 표정으로 이런저런 이야기를 나누었다. 그러던 중에 기분을 전환하려는 의도인 듯 김명진이 불쑥 자신의 조카 이야기를 꺼냈다.

"김주형이라고, 일본에서 공부하다가 돌아온 제 조카가 한 명 있습니다. 아직 혼인을 못하고 해남에서 세월을 보내고 있는데 어디 적당한 처자가 없을까요?"

김명진의 설명에 따르면 김주형은 일본에서 도쿄제국대학에 다니며 사회주의 학생운동을 하다가 경시청의 수배를 받아 귀국을 한 터였다. 사실은 잠깐 귀국했다가 다시 학업을 잇고자 일본으로 가려고 했으나 부산에서 일본 내 분위기가 심상치 않다는 말을 전해 듣고는 되돌아와 해남에 있다는 것이었다. 김명진의 이야기를 듣던 장병준은 김주형이라는 젊은이에게 관심이 생겼다. 그래서 넌지시 말했다.

"실은 우리 집에도 큰딸이 혼기가 다 되었는데, 어떨지 모르겠습니다."

"아이고, 영광입니다. 쇠뿔도 단김에 뽑으랬다고 당장 해남에 혼담을 넣겠습니다."

김명진은 반색을 했다. 그리하여 혼사는 일사천리로 추진되었고, 장병준의 맏딸 장인숙과 김명진의 조카 김주형은 얼마 뒤에 혼례를 치르게 되었다.

한편 김주형은 고향 있는 동안에도 식민지 지배 현실에 대한 불만을 자주 토로했다. 그 때문에 경찰의 주목을 받을 수밖에 없었다. 더구나 김주형은 체격이 몹시 큰 데다 학교 다닐 적에 권투를 하여 주먹으로도 누구에게 뒤지지 않았다. 가끔은 집에서 부리는 머슴이 어디서 맞고 오면 즉시 가해자를 쫓아가서 실컷 두들겨 패주었다. 그 바람에 고소를 당하기 일쑤였다고 한다. 당시 김주형의 행적에 대해서는 다음의 신문 기사가 잘 말해준다.

> "지난 10일, 해남경찰서 고등계 주임은 북평면 신월리에 출장하여 김주형(金胄馨)을 검거, 해남서로 압송하여 갔다는데, 상세한 내용은 알 수 없으나, 들은 바에 의하면 아마 동경서 학교 다닐 때 무슨 학생 사건에 관련됨인 듯하다고 한다."[1]

김주형의 이런 성향 때문에 장인숙의 시집살이는 그리 녹록치 않았던 것으로 전한다.

암흑기에도 희망의 끈을 잡고
:

한편 신간회가 해체된 직후인 1931년 6월에는, 사이토(齋藤) 총독이 물러나고 그 자리에 육군대장 출신의 우가키 가즈시게(宇垣一成) 신임 조선 총독이 부임했다. 그는 일찍부터 만몽정책(滿蒙政策)을 주장해온 강경파에 속하였다. 그간 문화정치를 표방해온 일제가 식

---

1 『동아일보』 1933년 3월 14일자, 3면.

민지 조선에 대해 강압지배로 선회하였음을 상징하는 것이었다.

일찍이 '검은 목요일'이라 불리는 1929년 10월 24일, 주가 폭락으로 미국 월스트리트에서 400억 달러의 주식이 휴지 조각이 되어버렸다. 미국이 제1차 세계대전에 지출한 총경비와 맞먹는 금액이었다. 통제 불능의 폭발적인 생산 증가와 반비례하여 구매력이 급속도로 떨어진 것이 원인이었다. 일본 또한 대공황의 먹구름에 덮여 수출이 절반으로 줄어들고 실업자가 양산되고 있었다. 심각한 경제 위기였다.

일제 자본주의는 그러한 위기를 돌파하기 위해서 두 가지 정책을 취했다. 첫째는 만주를 침공하여 전쟁을 일으키는 것이었고, 둘째는, 그에 따라 식민지 조선 백성들에 대한 수탈을 강화하는 것이었다. 즉 전시 동원 체제를 조성함으로써 경제위기를 벗어나려 함이었다. 그에 따라 일제는 1931년 9월에 만주를 침공했다. 그리고 전쟁을 빌미로 쌀 수입 가격을 절반으로 떨어뜨렸다. 사람들 입에서는 '쌀값이 흙값'이라는 말이 절로 나왔다.

그 틈에 일제 지주들은 소작료나 토지 임대료를 1.5배로 올려 받았다. 농민들은 빚더미에 올랐다. 웬만한 조선인 지주들도 농민과 마찬가지로 쌀값 폭락으로 인한 피해를 입었다. 수탈의 끝이 보이지 않았다. 식민지의 어둠은 점점 짙어만 갔다.

이처럼 해방과 독립의 희망이 가물가물해지고 있던 무렵에 장병준은 목포 생활을 접고 장산도로 들어갔다. 신간회가 해체되고 국내 독립운동이 전반적으로 침체되어가던 1932년경으로 추정된다. 어느덧 그의 나이는 만으로 서른아홉. 불혹(不惑)을 코앞에 두고 있었다. 독립운동가들 사이서는 일제 식민지 체제가 다음 세대에까지 대물림될지도 모른다는 불안과 좌절감이 번지고 있던 때였다. 장병준 또한 그러한 걱정에 싸인 채 장산도로 거처를 옮겼다.

장병준이 장산도에 들어가면서 가장 먼저 벌인 일은 학교 설립이었다. 그에 앞서 장병준은 신간회 설립 이전인 1925년 무렵부터 장산도 지역 유지들과 함께 학교 설립 논의에 관여하고 있었다. 하지만 장병준이 신간회 활동에 전념하면서 그 논의는 한동안 지지부진해졌다. 그러다가 신간회 해체 이후 장병준이 다시 관여함으로써 학교 설립 논의가 활발하게 이어졌고, 그 결과 1932년 2월에 학교 설립 인가를 받기에 이른다. 더불어 1932년 5월에 장산공립보통학교가 정식으로 문을 열게 된다. 그로써 장산도의 어린 아이들은 신식교육을 받을 수 있게 되었다.

그러나 학교가 설립되었다고 해서 섬 지역 아이들 모두가 신식교육의 혜택을 받을 수 있는 것은 아니었다. 집안이 너무 가난해서 학교에 다닐 수 없는 아이들도 있었다. 장병준은 그런 아이들을 따로 모아 글을 가르쳐 주었다. 또한 글을 모르는 이웃들을 위해 주재소나 면소의 일을 대신 봐주었다. 주민들의 생활 개선에도 관심을 가졌다. 남의 뒷간과 부엌 청소를 해주면서 위생에도 관심을 갖게 했으며, 영농회를 조직하여 활동하기도 했다.[2]

지역 주민들에게 희망의 불씨를 지피려 애쓰는 동안에 집안에서는 암울한 일들이 이어졌다.

----

[2] 이상 장산면 주민 김생려 씨 증언, 2005.

1932년 가을에는 막냇동생 장홍염이 베이징에서 체포되어 국내로 압송되었다. 제2차 서울 학생시위 이후 중국으로 망명한 장홍염은 베이징 페킹아카데미[3]에 입학했다. 하지만 그는 1년 뒤에 베이징 민국대학 정치경제학과로 편입하고, 교관학교에서 사격술을 익힌 뒤 정래동, 오남기 등이 이끄는 아나키스트들과 함께 무장투쟁을 벌였다. 장홍염은 육혈포로 무장하고 중국과 만주 일대의 일제 관원이나 밀정을 처단했다. 일제 관원들에게 공포의 대상이었던 그는 '북경의 쌍권총'으로 불렸다고 한다.

이처럼 무장투쟁을 벌이던 장홍염은 1932년 9월, 베이징 내 일본 총영사관에 검거되었고, 국내로 압송되어 서대문경찰서에서 조사를 받았다. 경찰 조사에서 장홍염은 엄청난 고문을 받으며 몇 차례 실신을 반복했다고 한다. 그럼에도 장홍염은 중국에서의 활동 사실을 자백하지 않고 비밀을 지킴으로써 무장독립운동에 대해서는 증거 불충분으로 무죄 판결을 받았다. 그러나 서울 학생시위를 주도한 일로 징역 4년을 선고받았다.

그 무렵, 광주학생운동에 참가하여 고문 후유증을 앓고 있던 셋째 장홍재는 목포에서 병원 신세를 지고 있었다. 시난고난하던 장홍재는 1935년에 목포 청호병원에서 숨을 거두었다. 둘째 장병상은 일본 유학에서 돌아와 철도국 직원이 되었지만 멀리 대전에서 근무하고 있었다. 자식들의 독립운동 자금이며 유학 비용을 대느라고 허리가 휘면서도 꿋꿋하게 살림을 꾸려오던 아버지 장진섭과

---

3 베이징 칭화대학(淸華大學) 전신으로, 당시 미국 콜롬비아 대학이 중국 현지에서 운영하던 학교였다.

어머니 하동 정씨는 나날이 주름살이 늘어가고 있었다.

암흑 속에서도 세월은 흘러갔다. 하지만 일제의 만행은 수그러들 기미가 보이지 않았다. 1937년 7월에 일제는 중국 본토를 공격했다. 베이징과 톈진을 점령하고 상하이를 거쳐, 그해 12월에는 국민정부의 수도 난징(南京)을 점령한 일본군은 그곳에서 수십만 명의 민간인을 살육했다. 그 유명한 난징대학살이 자행되었다. 이후에도 만행은 이어졌다. 중일전쟁 과정에서 일제의 잔인한 학살로 중국인 1,200만 명이 희생되었다. 그 과정에 일제는 조선 민중에 대한 수탈 강도 또한 높여갔다. 게다가 1941년부터 이듬해까지는 극심한 흉년이 들었다. 장산도 주민 허종주 씨는 당시 상황을 이렇게 말했다.

> "1942년부터 43년까지 연달아 흉년이 들었어. 왜놈들이 망할 징조로 보였지. 마을 창고에 곡식을 모아서 공출을 해가던 시기였어. 당시는 집집마다 곡식을 공출하여 마을 창고에 모았다가 실어 나르는데, 공출량이 적은 집은 집집마다 수색을 했어."

잇단 흉년으로 주민들은 산에서 쑥을 뜯어 먹었다. 똥구멍이 막혀서 죽은 사람도 있었다. 그럼에도 일제는 온 동네 곡식을 마을 창고에 모아 공출해 갔다. 곡식을 내지 않으면 가택을 수색하여 놋쇠그릇과 부지깽이, 심지어는 족보까지 빼앗아 갔다. 그것만이 아니었다. 창씨개명과, 온갖 제국주의 이데올로기로 일제는 식민지 민중의 정신 자체를 말살시켰다.

그러던 1943년 어느 날에는 서태석이 죽었다는 비보가 날아들었다. 암태도 소작쟁의를 주도하여 다시 옥살이를 한 서태석은 이후 서울로 올라가서 사회주의 활동을 펼치다 다시 옥고를 치렀다. 매번 고문을 겪은 서태석은 그 후유증으로 정신분열증(조현병)을 앓게 되었고, 피폐한 심신을 끌고 암태도로 돌아와 걸인처럼 여기저기를 떠돌아다녔다. 그러던 어느 날 서태석은 압해도의 어느 논둑길에서 벼 포기를 움켜쥔 채 숨을 거두고 말았다. 한 독립운동가의 가슴 아픈 최후였다.

식민지 해방에 대한 기대는 아득히 사라져 갔다. 온통 어둠뿐이었다. 하지만 그 어둠 속에서도 별은 빛나고 있었다. 해방에 대한 한 가닥 믿음이었다. 그 믿음을 간직한 장병준은 주위 사람들에게 줄곧 이렇게 말하였다.

"곧 좋은 세상이 올 것이오."

창씨개명을 끝까지 거부하다

：

1930년대 이후 일제는 전시체제를 이어가며 내선일체와 황국신민화를 내세워 민족말살정책을 밀어붙였다. 1936년에 조선총독으로 부임한 미나미(南次郞)는 "조선인과 일본인은 형태도, 마음도, 피도, 살도 하나가 되어야 한다"고 외쳤다. 그러더니 1937년부터는 '황국신민서사'라는 충성맹세문을 만들어 조선인에게 외우게 했다. "우리들은 대일본제국의 신민입니다. 우리들은 마음을 합하여 천황폐하께 충성을 다합니다"라는 내용이었다. 또한 일제는 전국의 읍면에 신사(神社)를 만들어놓고 조선인에게도 참배를 강요했다. 마침내 1939년부터는 일본인과 조선인은 조상이 같다는 뜻의 '일선동조론'을 내세우며 창씨개명을 강요하기에 이르렀다.

일제의 이러한 황민화 정책을 보급하는 데는 일본인뿐만 아니라 조선인 민족개량주의자들도 적극적으로 나섰다. 이들은 곳곳에서 강연을 벌이며 일제의 침략 전쟁을 정당화했다. 또한 조선인 동포들에게 일제 징병과 징용에 기쁘게 참여할 것을 선전했다. 일제를 맹주로 하는 '대동아공영권' 논리에 따라 이등국민의 지위를 높이자는 것이었다.

예컨대 이광수, 최남선, 주요한, 서정주, 모윤숙, 노천명 등 문인들은 문필로 일제 징병과 징용을 찬양했다. 김활란, 송금선, 이숙종 등 여성교육가들은 여성들에게 남편이나 아들들을 전장으로 보낼 것을 부추겼다. 경성방직 사장 김연수와 화신백화점 사장 박흥식 등 친일 자본가들은 국방헌금이라는 이름으로 전쟁 비용을 내거나 심지어 비행기를 헌납했다. 불교, 천도교, 기독교, 유교 등 거의 모든 종교계도 일본군을 위문하는 시국행사에 참했다. 특히 명동 천주교 청년회는 황군위문금을 모금하는 등 적극적으로 전시 동원체제에 참여했다.

물론 이들 가운데 상당수는 자의보다는 일제의 강요에 못 이겨 친일 반민족 행위에 가담한 것이라고 항변했다. 하지만 이들이 휘두른 펜과 혀, 그리고 이들이 내놓은 돈은 조선의 수많은 젊은이들을 죽음의 구렁텅이로 몰아넣었다. 이들은 타인의 피로 자신과 가족의 안위를 지키고 있었다.

이러한 분위기 속에서도 장병준은 일제의 황민화 정책 가운데 어떤 것에도 응하지 않았다. 일제의 회유나 압박이 있었을 것을 물론이거니와 어디서든 변변한 직장이라도 하나 붙들고 있으려면 최소한 창씨개명 정도는 해야 했다. 그러나 장병준은 단호히 민족주의자로서 자존심을 지켰다. 그것은 일제와 관련된 모든 사회적 지위를 포기함으로써 가능했다. 장병준은 일제강점기 후반의 암흑시절을 그저 섬사람들과 어울리며, 아버지를 도와 집안을 건사하고 자식들을 돌보는 것으로 일관했다.

장병준에게는 외아들 장경식과 인숙, 의숙, 예숙, 지숙, 근숙, 정숙 등 여섯 딸이 있었다. 자식들 대부분은 이미 혼인을 하여 독립된 일가를 꾸리거나 학업에 전념하고 있었다. 막내딸 정숙도 어느덧 중등학교에 들어갈 나이가 되었다.

1932년 목포 양동 125번지에서 태어난 막내딸 장정숙은 어린 시절에 부모를 따라 다시 장산으로 들어와서 국민학교를 다녔다. 그리고 1945년 초에는 청운의 뜻을 안고 '광주욱(旭)공립고등여학교'[4]에 지망했다. 하지만 결과는 불합격이었다. 입학 서류에 여전히 조선 성씨를 썼다는 이유로 면접에서 탈락한 것이다. 창씨개명을 하지 않은 게 문제였다. 장정숙은 상심했다. 속으로는 아버지가 원망스러웠을 터였다. 하지만 내색하지는 않았다. 그런 막내딸의 심사를 아버지 또한 모를 리가 없었다. 그래서 장병준은 막내딸을 불러놓고서 조용히 말했다.

---

[4] 광주욱고녀는 1945년 6월에 전남공립여자중학교로 이름이 바뀌었고, 1954년에는 전남여고로 통합 설립되었다.

▲ 장병준 부부와 7남매(1951)

"너한테는 안된 일이다. 하지만 너 하나 때문에 창씨해서 성을 바꿀 수는 없는 일 아니냐. 그러니 사립학교에 들어가면 안 되겠냐?"[5]

속 깊은 막내딸은 아버지의 말에 따르기로 했다. 장정숙은 그 길로 서울로 가서 여자 상업학교에 들어갔다. 하지만 몇 달 뒤 해방이 되는 바람에 한 학기를 마친 장정숙은 광주로 내려왔다. 그리고 이듬해 광주여중[6]에 입학하게 된다. 창씨개명하지 않은 집안의 자

---

5 막내딸 장정숙 씨 증언, 2006.
6 광주여중은 나중에 광주여고로 편입되는 바람에 장정숙은 광주여고 1회 졸업생이 된다.

식이라는 이유로 장정숙은 먼 길을 돌아서야 공립학교에 들어갈 수 있었던 것이다.

끝없이 일제 지배가 이뤄질 것만 같던 1940년대 초반. 그 무렵에 이미 식민지 조선인들에게 창씨개명쯤은 보편적인 일이었다. 더구나 웬만한 지주 집안 가운데서 일본 성을 쓰지 않는 경우는 거의 없었다. 장병준 또한 사랑하는 자식들을 좋은 학교에 보내고 싶은 마음이야 굴뚝같았다. 하지만 그는 끝까지 버텼다.

그것은 독립에 대한 굳건한 믿음 때문만은 아니었다. 설령 독립을 보지 못한다 하더라도, 그리하여 제국주의 식민지 처지가 영원히 이어진다 해도 장병준은 결코 그 질서를 인정하지 않으려 했다. 장병준은 해방의 현실적 가능성을 따지기 이전에 역사에 대한 기본적인 양심을 지키려 했다.

V.

해방과 독재의
그늘에서

1

좌우는 분열, 남북은 분단

해방 직후의 혼란 속에서
：

중일전쟁 기간에 일제는 수백만 대군과 온갖 신형 무기를 동원하여 중국을 쑥대밭으로 만들었다. 그러나 가공할 근대식 병기도 중국 민중의 항전 의지를 꺾지는 못하였다. 그 때문에 전쟁은 지겹도록 길어졌고 일제는 점점 힘을 소진해 갔다. 그러자 일제는 태평양전쟁으로 확전을 함으로써 돌파구를 찾으려 했다. 하지만 그것은 기름통을 지고 불속에 뛰어든 격이었다. 미국 등 세계의 강대국이 전장에 뛰어들게 되면서 중일전쟁은 태평양전쟁의 일부가 되었다.

전선 확대로 사기가 저하된 일본군은 밀리기 시작했다. 일제가 패망할 것이라는 소문이 어디선가 솔솔 풍겨 나오기 시작했다. 그러더니 1945년 여름 들어 일본은 벼랑 끝에 몰렸다. 마침내 8월에는 일본 히로시마와(廣島) 나가사키(長崎)에 원자폭탄이 투하되었다. 한꺼번에 수십만 명의 사상자가 발생했다. 초유의 비극적 사태에 일제는 완전히 전의를 상실했다.

8월 15일에 일본 왕은 쉰 목소리로 항복을 선언했다. 그에 따라 한반도는 지긋지긋한 일제 치하에서 벗어났다. 드디어 식민지에서 해방된 것이다. 그러나 사람들은 처음에 일제 패망 소식을 믿지 않았다. 특히 섬 지역에서는 해방 후 며칠이 지나도록 아예 그 소식을 모르는 사람들도 있었다. 그러나 장산도 주민들은 장병준 덕분에 섬 지역 중에서는 비교적 일찍 해방 소식을 접했다. 바깥 정세를 늘 주시하고 있던 장병준은 일본의 패망 사실을 접하자마자 곧바로 주민들을 모아놓고 그 소식을 전해주었다.

"왜놈들이 항복을 했소. 이제 일제에서 해방이 된 것이오."

장병준의 말에 장산도 사람들은 귀를 의심했다. 농담이 아니냐고 되묻는 사람도 있었다. 그러나 주재소에서 일본 사람들이 짐을 챙기는 것을 확인한 장산도 사람들은 비로소 우르르 몰려나가 만세를 외쳤다. 당시 상황에 대해 장산면 대리 허종주 씨는 이렇게 증언했다.

"우리는 해방이 되었어도 그 사실을 모르고 있었어. 그때 맨 처음으로 그 소식을 알린 이가 장병준 선생이었어."

길고도 긴 암흑의 터널을 지나 해방을 맞은 한반도에는 며칠간 생기가 넘쳤다. 곳곳에서 해방을 자축하는 집회가 열리고 그 기쁨을 표출한 벽보가 나붙었다. 사람들은 어둠이 내릴 때까지 거리를 쏘다니며 만세를 외쳤다.

그러나 해방 공간을 마냥 즐길 수 있는 처지는 아니었다. 사실

8·15해방은 스스로 쟁취한 게 아니었다. 연합국의 승리를 통해 갑자기 밖에서 주어진 것이었다. 일제가 물러난 뒤, 식민 통치의 찌꺼기를 수습할 수 있는 주체적 힘도 마련되지 않은 상태였다. 따라서 해방 공간에서는 어느 정도 혼란이 불가피했다. 문제는 그런 혼란을 수습하며 자주적이고 민주주의 정부를 수립하는 일이었다.

그 무렵에 장병준과 장홍염이 치안 유지 활동에 참여했다는 증언이 있다. 장산도에서 오래 교사생활을 한 바 있는 김생려 씨는 "1945년 해방이 되자 무안 군청 별실에 '무안청년대'라는 것이 있었다. 장홍염 씨가 거기 대장이었다."고 증언했다. 김생려 씨는 실제로 장홍염 아래서 청년대원으로 활동하며 반민족 친일 행위자들을 색출하여 잡아오는 일을 했다고 한다. 김생려 씨의 증언은 이어진다.

"건준위원장은 박복영, 부위원장은 장병준이고, 고제빈 씨도 건국준비위원회에 참가했다. 당시 무안 건준에는 지금의 신안 쪽 사람들이 앞장을 섰다. 거기서 장산 사람들을 많이 봤다."

이처럼 김생려 씨의 증언은 상당히 구체적이다. '완전한 독립국가'와 '민주주의 정권 수립', '자주적 질서 유지'를 주요 강령으로 내걸고서 출범한 건국준비위원회가 먼저 전국적인 치안 유지 활동에 나선 것은 사실이다.

하지만 건준과 관련하여 김생려 씨의 증언을 뒷받침할 만한 기록은 발견되지 않는다. 그러므로 김생려 씨의 증언대로 장홍염이 대장으로 활동했다는 무안청년대가 건준에 속한 조직이었는지는 확실치 않다. 장병준과 장홍염 등이 해방 직후 건준에 참여했다는 이야기는 여러 사람의 입을 통해 와전되었을 가능성도 있다. 다만 장병준과 장홍염이 건준의 치안 활동에 참여한 게 사실이라면 그 활동 공간은 무안이 아니라 목포였을 것이다.

해방 직후의 정치적 상황은 그간 비타협적으로 항일 독립운동을 벌여온 민족주의 세력이 주도하는 게 당연했다. 그 점에서 장병준과 장홍염은 그 적임자들이었다. 하지만 이들은 국내의 정치적 상황에 당장 합류하기보다는 대한민국임시정부의 환국을 기다렸을 가능성이 높다. 비록 중국에 거점을 두고 있었지만 대한민국임시정부는 8·15광복 때까지 국내외 독립운동을 이끈 최고기관이었다. 그러나 국제적으로 정부 승인을 받지 못한 채 광복을 맞은 대한민국임시정부는 정부 자격으로 환국할 수 없었다. 따라서 김구 등 임시정부 요인들마저도 개인 신분으로 귀국하게 되었다. 장병준 같은 민족주의자들로서는 실망할 수밖에 없는 상황이었다.

이러한 과정에는 38도선을 경계로 소련과 미국에 의해 분할 점령된 현실이 작용했다. 그해 8월까지 소련군이 북한 전역을 점령하고, 9월 8일에 미군이 인천에 상륙하면서 38선 이남지역에 대한 군정이 시작되었고, 미군정은 건준 세력이 세운 인민공화국도, 중국에서 귀국한 임시정부도 인정하지 않았다. 게다가 미군정은 해방 공간의 민족적 과제인 친일 부역자 척결 등에는 관심이 없었다. 미국에 우호적인 정권을 남한 지역에 수립하는 것을 지상의 목적으로 삼은 미군정으로서는 당장 통치의 효율성이 중요했다. 그래서 친일 관료, 식민 경찰, 일제 군인 등 부일 협력자들을 군정청 요직에 고용했다. 단적으로 군정 경찰 간부의 82%가 일제 경찰 출신이었다. 이때부터 사실상 친일파 청산이 가로막힌 셈이었다.

좌우합작운동과 과도입법의원
:

8·15해방으로 일제에서 벗어났지만 여전히 한반도는 제국주의 세계 질서의 하부 단위에 속해 있었다. 게다가 정부 수립을 앞두고, 그간 수면 아래 잠겨 있던 사회 내부의 모순이 첨예하게 드러났다. 곳곳에서 권력적 욕망이 충돌했다. 그로 인해 좌우 세력이 극단적으로 대립했다. 누구든 그 공간에서 정치적 활동을 벌이다 보면 자의든 타의든 어느 한 쪽에 설 수밖에 없었다. 의식은 아무리 사회 통합을 지향해도 몸은 좌우 어느 한 쪽으로 떠밀릴 수밖에 없는 역사적 딜레마가 펼쳐지고 있었다. 통합의 가치를 중시하던 장병준 또한 그 흐름을 거스를 수는 없었다.

한편 건준에서 이탈한 민족주의 세력은 1945년 9월에 한국민주당(한민당)을 결성했다. 이승만, 김구, 이시영, 송진우 등 명망가들이 대거 포진한 한민당은 미군정 체제의 실질적 여당으로 발돋움했다. 이때 장병준은 한민당 전남도당 부위원장으로 선출되었다. 그리고 1945년 말에는 광주 월산동으로 이사를 한 뒤 광주에서의 정치 활동을 시작했다.

이듬해인 1946년에 장병준은 한민당 광주시 지부장, 독립촉성중앙협의회 광주지부 부지부장 등을 맡게 된다. 또한 당시 광주역장이던 장병상도 한민당 전남도당 감찰위원장, 독립촉성중앙협의회 광주지부 사무국장으로 활동했다. 장병준과 장병상이 참여한 독립

▲ 광주 장병상의 사택을 방문한 김구와 함께한 가족들(1946년 대한독립촉성국민
회 활동 관련)

촉성중앙협의회는 나중에 김구 계열의 신탁통치반대 국민총동원
위원회와 합작하여 대한독립촉성국민회(대한국민회)로 재발족되면서
신탁통치 반대운동을 이끌었다.

장병상의 아들로, 당시 광주 서중에 다니던 장충식 또한 반탁운
동의 일선에서 눈에 띄는 활동을 벌였다. 더불어 장병준의 막냇동
생 장홍염은 광복군 단체에서 활동하면서 대한국민회 청년조직인
'대한독립촉성청년총연맹(독청)' 전남지부 선전부장으로 활약했다.

그러던 1946년 3월. 한반도 정부 수립 문제를 논의한 제1차 미소
공동위원회가 별 성과 없이 결렬되었다. 이어 6월 29일에는 미군정

장관 러치(A. L. Lerche)가 미군사령관 하지(J. R. Hodge)에게 남조선과도
입법의원 창설을 건의했다. 한국인이 요구하는 법령을 한국인의
손으로 제정케 한다는 명분이었다. 물론 과도입법의원 창설에 대
한 비난의 목소리도 있었다. 과도입법의원이 군정 연장의 수단이
라거나, 남한 단독정부 수립으로 이어질 수 있다는 주장이었다.

이에 하지와 러치는 "입법의원은 행정권 이양의 한 단계이며, 인
민이 정부 운영에 참여하는 민주주의적 한 표현으로서, 남조선 단
일정부 수립이나 기타 아무런 다른 목적도 없다"는 성명을 발표했
다. 그리하여 미군정은 8월 24일에 남조선과도입법의원 창설을 발
표했고, 이어 10월 하순에 의원 선거가 있었다. 입법의원 90명 가운
데서 민선의원 45명은 지역 유지들의 간접선거로 선출되고, 관선
의원 45명은 미군사령관 하지가 임명했다.

이때 장병준은 민선 입법의원에 출마하여 당선되었다. 상하이
임시의정원 의원 출신으로 오십 줄의 원로 정치인인 장병준이 해
방 이후의 과도기에 입법의원으로 나선 것은 자연스러운 일이었
다. 하지만 장병준이 과도입법의원에 나선 구체적인 이유는 따로
있었던 것으로 보인다. 그것은 바로 좌우합작운동과 통일임시정부
수립에 대한 기대였다.

1946년 초, 신탁통치 문제가 불거지면서 조선공산당, 인민당, 국
민당, 한민당 등 4당 대표가 만나 좌우합작의 필요성을 논한 적이
있었다. 그리고 중도좌파인 여운형과 김규식을 중심으로 좌우합
작운동이 다시 일어났다. 좌우가 갈라지면 남북도 갈라진다는 위
기의식 때문이었다.

▲ 조선임시입법의원(과도입법의원) 당선 기념

　장병준도 그런 위기의식을 가지고 있었으므로 좌우합작을 지지
하는 입장이었다. 물론 좌우합작운동은 성사되지 않았다. 신탁통
치 문제나 토지 처리 문제 등 현실적 사안에 대한 의견 차이가 너
무 컸던 까닭이다. 그런 가운데 미군정은 남조선과도입법의원을
설립했다. 이에 좌우합작 세력은 과도입법의원을 통해 좌우합작을
실현하고 통일임시정부를 수립하려는 의도를 가졌다. 장병준이 과
도입법의원에 나선 것도 그런 이유에서였다.
　그러나 해방 이후의 정치 공간은, 식민지 해방의 일념으로 정부
수립을 추진하던 일제강점기의 정치 공간과는 질적으로 달랐다.
거기에는 장병준 같은 비타협적 민족주의자들이 일찍이 경험하지
못한 현실 권력의 논리가 작동하고 있었다. 예컨대 청산 대상이어

야 할 친일 인사가 의원 후보로 나서는가 하면, 곳곳에서 부정선거가 자행되었다. 결국 서울과 강원도의 입법의원 선거가 무효로 처리되고, 이로 말미암아 재선거가 실시되었다.

그런 문제 때문에 남조선과도입법의원은 애초 1946년 11월 4일로 예정되었던 개원 날짜가 12월 12일로 연기되는 해프닝도 연출했다. 게다가 의장 선출을 위해 개원 전날에 열린 예비회의에 한민당 출신 의원들은 등원을 거부했다. 서울시와 강원도의 재선거에 대한 불만 때문이었다. 그 바람에 회의 정족수인 3분의 2 구성이 불가능하여 예비회담이 무산될 상황에 처했다. 그러자 군정장관 하지는 회의 정족수를 전체 의원 2분의 1로 수정한 법안을 현장에서 즉각 공포하는 해프닝을 연출했다. 그렇게 성립된 예비회의에서 김규식이 의장으로 뽑혔다.

남조선과도입법의회는 1946년 12월 12일. 57명의 입법의원이 중앙청 제1회의실에서 개원식을 가졌다. 해방 후 최초의 의회였다. 그러나 이곳에서 제정한 법령은 군정장관의 동의를 얻어야 했다. 따라서 정상적인 국회는 아니었다. 다만 해방 후 정국에서 행정부, 사법부와 입법부가 들어섬으로써 남조선과도정부는 삼권분립의 형식을 갖추게 되었다. 이때부터 1948년 5월까지 1년 반 동안 과도입법의원은 정부 수립의 준비 단계에 필요한 입법 활동을 벌였다.

과도입법의원은 남조선과도입법의원법, 국립서울대학교설립에 관한 제102호 법령의 제7조 개정, 하곡수집법, 미성년자 노동보호법, 입법의원 선거법, 민족반역자·부일협력자·간상배에 대한 특별법, 조선임시약헌, 사찰령 폐지에 관한 법령, 공창제도 등 폐지령, 미곡 수집령 등 11건의 법률을 공포했다. 더불어 50여 건의 법률에 대한 심의를 했다. 이에 비하면 입법의원을 거치지 않고서 군정법령으로 공포된 것이 80건이나 되었다. 사실상 과도입법의원 안에서 좌우합작을 이뤄보려던 의도는 실현되지 않았다. 장병준이 생각했던 것보다 과도입법의원은 힘이 없었다. 또한 미군정의 통치는 생각보다 치밀하고 강했다.

장산중학교 설립과 장동식의 죽음
:

해방 후 다소 혼란스러운 정국에서 나라의 완전한 독립을 위하여 고군분투하던 장병준 일가는 지역 교육사업에 업적을 남겼다. 1947년 무렵, 장병준과 장홍염, 그리고 조카 장동식은 장산섬에 중학교를 설립하기로 뜻을 모았다. 당시 지주들은 농지개혁을 피하기 위하여 학교법인을 설립, 자신들의 토지와 재산을 학교에 기부하는 경우가 많았다. 학교 부지와 염전, 뽕나무밭 등은 농지개혁 대상에서 제외되었기 때문이다.

장산중학교는 전남 신안군 도창리 780번지, 문필봉 형세를 한 배미산 기슭에 지금도 자리하고 있다. 그런데 장산중학교 설립과 관련해서는 장홍염이 장산중학교를 설립했다는 설도 있고, 또 장동식이 설립했다는 설도 있다. 생전에 장홍염과 수차례 만났던 정일화 전 한국일보 북한부장은 한 칼럼에 이렇게 쓰고 있다.

"…장홍염은 광복 직후 선친에게서 논 1,500마지기를 물려받자 바로 그날로 소작인을 모아놓고 500마지기를 무상으로 넘겨주고 나머지

1,000마지기는 소작인들의 주관하에 매각하여 그 돈으로 미 군정청 문교 1호가 된 장산중학교를 설립케 했다."

이 내용으로만 보면 장홍염이 장산중학교 설립자인 셈이다. 그런데, 지금 운영되고 있는 장산중학교 연혁 자료에는 설립자 이름이 장동식으로 되어 있다. 장산중학교 정문 왼편에 지금도 온전히 서 있는 '덕은 인동장공 동식 공적비(德隱仁同張公東植功績碑)' 뒷면에도 다음과 같은 내용이 새겨져 있다.

▲ 장산중학교 앞에 서 있는 장동식 공적비

"여기 장산중학교 설립자 덕은 장동식 선생의 공적을 길이 빛내고자 이 비를 세우나니, 그럴진저! 선생이 사재를 아낌없이 던져 밭 61,627평, 논 51,134평, 임야 61정[1]을 기본 재산으로 재단법인 '장산의 숙'의 인가를 얻어 영재를 양성함은 을유 광복 후의 이 나라 새 일꾼이 이 고장에서 배출되기를 염원함이니…"

---

1 평(坪)으로 환산하면 183,000평.

공적비가 세워진 시기는 단기 4293년, 서기로는 1960년이다. 비문은 당시 무안교육구 윤형순 교육감이 작성하였다. 그리고 비를 세운 발기인은 장산면민 39명으로 되어 있다. 이 39명 가운데는 장병준의 아들 장경식과, 장산면 주민 허종주의 이름도 눈에 띈다. 장경식이나 허종주는 장산중학교가 설립될 당시 상황을 누구보다 잘 아는 사람들이다. 더구나 비석이 세워질 무렵에는 장병준과 장홍염 등이 생존해 있던 시기였다. 따라서 장산중학교 설립에 장동식이 많은 사재를 기부하고, 그 전면에 나섰음은 분명하다.

이런 정황들을 정리해보면 장산중학교는 장동식을 비롯하여 장병준, 장홍염 등 여러 사람이 힘을 합하여 설립한 것으로 보인다. 이 가운데 누가 가장 먼저 학교 설립을 발의했는지는 알 수 없다. 다만 그 설립 과정은 장동식과 장홍염 두 사람이 주도했다. 요컨대 장홍염은 물려받은 토지를 매각한 현금을 내놓았고, 장동식은 그가 소유한 30만여 평의 토지를 직접 기부하여 '장산의숙'이라는 재단법인을 설립케 하였을 가능성이 높다. 그러면서 장동식은 설립자로, 장홍염은 이사장 겸 초대교장으로 발자취를 남긴 것으로 보인다. 더불어 장홍염은 초대 교장 시절에 직접 영어도 가르쳤다고 한다.

그런데 장산중학교 개교[2] 직후인 1948년 8월 12일[3], 설립자 장동

<hr />

[2] 현재 장산중학교 홈페이지에는 개교 시기가 1949년으로 되어 있다. 하지만 이에 앞서 1947년경에 재단법인 장산의숙이 설립되어 학교로 운영되고 있었던 것으로 추정된다.
[3] 음력으로는 7월 8일.

식이 세상을 떠나고 말았다. 장동식의 마지막 길은 대지주의 명성에 걸맞지 않게 매우 쓸쓸했다고 한다. 재산을 거의 소진한 데다 장산 섬이 아닌 전북 완주에서 최후를 맞았던 것이다. 장병준 형제들은 장동식의 죽음을 매우 슬퍼하며, 장례식에 소 한 마리를 통째로 내놓을 정도로 정성을 다했다. 장동식의 유해는 전북 완주군 비면 와우리에 안장되었다.

장동식은 일제 치하에서는 막대한 자금을 내놓으며 장병준의 독립운동을 후원하였고, 해방 뒤에는 장홍염과 함께 사재를 털어 육영사업에 쏟아 부었다. 그렇게 훌훌 털어버린 채 바람처럼 세상을 떠나서였을까. 사람들은 그에게 '덕은(德隱)'이라는 호를 붙여 주었다. 숨어서 덕을 베푼다는 뜻이다.

장병준의 며느리로, 생전에 장동식을 가까이서 겪은 윤염례 씨는 이렇게 말한다.

> "양동 125번지에 살 때 장동식 씨가 자주 와서 살다시피 하였어. 장
> 동식 씨가 독립자금도 많이 내고, 아버님의 생활자금도 대고 그랬지. 많
> 은 토지를 소작인들에게 거저 나눠주고 그랬어."

장동식이 세상을 떠나고, 장홍염이 정치 활동을 하느라고 객지로 나간 뒤로 장산중학교는 장병준의 아들 장경식, 장동식의 아들 장하명 등이 이사장으로 취임하여 운영해왔다. 그러다가 1982년 3월 26일자로 공립으로 전환했다. 장산중학교는 지금까지 4,500명이 넘는 졸업생을 배출했다. 지금은 학년별 1학급씩 모두 3학급만 운

영되고 있으며, 그나마 전교 학생 수가 20명도 되지 않는다. 격세지감이 느껴질 뿐이다.

제헌국회의원 장홍염의 활약

：

1948년 5월 10일, 제헌국회 소집을 위한 남한 단독 총선이 실시되었다. 그간 왕성한 정치 활동을 벌여오던 장홍염은 한민당 소속으로 무안 을구에 출마했다. 장홍염은 경자유전(耕者有田)의 원칙을 주요 공약으로 내세웠다. 실제로 그는 해방 직후에 상속받은 토지의 일부를 가난한 소작인들에게 무상으로 넘겨주어 그 원칙을 실천했다. 그 때문에 가난한 주민들이 장홍염을 지지하며 팔을 걷어붙이고 선거운동을 도왔다. 선거 결과 장홍염은 2만 4,325표를 얻어, 1만 1,160표를 얻은 김용택 후보를 압도적으로 따돌리고 당선되었다.

5월 31일에 개원한 제헌국회는 이승만과 반(反) 이승만 세력의 대립으로 시끄러웠다. 헌법기초위원회에서 이승만을 대통령으로 하되 권력의 중심을 총리에게 두는 내각책임제 헌법기초안을 내놓았으나 이승만이 대통령중심제를 강력하게 고집했기 때문이다. 이때 장홍염 의원은 "상하이 임시정부에서 소위 '맨더터리(Mandatory)[4] 운동'을 벌여 한국 주권을 미국에 바치려다 쫓겨난 이승만이 또다시 독재로 나라를 망치려 한다"며 이승만의 고집을 정면으로 비판했다.

---

4 한국의 주권을 미국에 위임통치(委任統治)하자는 운동.

그러나 이승만의 집요한 노력 끝에 헌법은 대통령중심제에 내각 책임제의 성격을 살짝 가미한 형태로 제정되었고, 1948년 8월 15일에는 대통령 이승만과 부통령 이시영을 수반으로 하는 남한 정부가 수립되었다. 해방을 맞은 지 3년 만이었다.

제헌국회 개원 후 장홍염은 독립국가의 자주성을 침해하는 한미 행정협정안 개정안을 발의했고, 소작농과 빈농에 유리한 토지개혁 법안을 관철했다. 또한 노동자의 이익 균점권과 노동자에게 기업 운영의 30% 권리를 부여하는 안건 등을 발의했다. 그리고 정부가 발의한 '국보 해외 반출안' 법안을 부결시켰다. 정부의 경제개헌안에 대하여도 "균등경제제도를 없애고 특권자본가에게 이익을 독점시켜서 계급투쟁을 가져온다"며 강력하게 반대하는 등 기층 민중의 생존권을 옹호하는 입장에서 빛나는 의정활동을 벌였다.

특히 제헌의원 장홍염은 '하의도 토지 해결을 위한 특별법'을 발의하여, 3백 년에 걸쳐 소유권을 둘러싸고 갈등을 일으킨 하의도 토지 문제 해결에 기여했다. 요컨대 해방과 더불어 문제의 하의도 토지는 적산으로 분류되어 미군정 소유로 전환되었다. 그리하여 미군정 치하의 동양척식회사라 할 수 있는 신한공사가 직접 관리하며 소작료 징수에 나섰고, 하의도 농민들은 이에 '소작료 불납 동맹'을 결성하여 맞섰다. 그 바람에 신한공사와 하의도 농민 사이에는 심각한 물리적 충돌도 벌어졌다.

그러던 하의도 토지문제는 미군정이 종료된 뒤에 '하의3도 토지투쟁위원회'가 전남도청과 국회에 진정운동을 벌이면서 토지 소유권이 농민에게 환원될 실마리를 찾게 되었다. 즉 1949년 7월에 전남도는 그 진정을 받아들여 중앙정부 및 국회에 건의하였다. 이때 하의도가 속한 무안 을구 국회의원인 장홍염은 하의도 토지를 농민들에게 무상으로 환원하는 내용의 법안을 마련하는 데 앞장섬으로써 하의도 토지 무상환원의 길을 열었다.

한편 1948년 10월 23일. 제헌국회는 '반민족행위특별조사위원회(반민특위)'를 구성했다. 이에 최난수, 노덕술 등 친일 경찰관들이 반민특위 관련 의원들에 대한 청부 살인을 기도했다. 그러나 살인 청부업자 백민태의 양심선언으로 청부 살인 공작은 사전에 드러나고 말았다. 이때 백민태가 공개한 청부 살인 대상 명단에는 장홍염의 이름도 들어 있었다. 장홍염이 반민특위 위원은 아니었지만, 이를 적극 지지하는 입장이었기 때문이었을 것이다.

이승만 정권의 노골적인 방해 공작 속에서도 국회 반민특위는 1949년 1월부터 활동을 시작하여 박흥식, 최린, 이광수, 최남선 등 반민족행위자들을 잇달아 체포했다. 하지만 3월에 오제도 검사를 앞세운 검찰이 국회프락치사건[5]을 조작하면서 반민특위 활동은 다시 벽에 부딪히게 되었다.

당초 오제도가 검거 대상으로 삼은 국회의원 72명 가운데는 장홍염도 포함되었다고 한다. 그러자 장홍염은 오제도 검사를 요릿집으로 유인한 뒤, 준비해간 권총을 꺼내들고서 "나는 남로당과 아무런 관련이 없다. 나를 수사 대상에서 제외하라"고 위협하며 각서를 쓰게 했다.[6] 그리하여 장홍염을 비롯한 다수 의원들이 검거 대

---

5 당시 국회에서 '외국군대 철수'와 '남북통일협안' 등을 주장한 국회 부의장 김약수와 노일환, 이문원 등 13명의 의원을 남로당 프락치라는 이유로 검거한 사건.

상에서 빠지게 되었지만 끝내 13명의 의원이 검거되어 독방에 감금된 채 심한 고문을 당했다. 그리고 1950년 3월 14일에 열린 선고 공판에서 노일환 등은 징역 10년을, 이구수 등은 징역 3년을 선고 받았다.

한편 국회프락치사건에 대중의 관심이 쏠리는 동안에 무장경관 50여 명이 반민특위 사무실을 급습하는 사건이 터졌다. 이밖에도 이승만 정권은 노골적인 폭력을 자행하며 반민특위 해체를 시도했다. 결국 반민특위는 와해되었고, 역사 청산은 실패했다. 이에 대해 장홍염은 이렇게 증언했다.

> "이승만 대통령이 자신의 기반이 흔들리는 것을 감지하고 깡패들을
> 동원하여, 국회가 선임한 특별검사에까지 행패를 부려 일방적으로 특위
> 를 해체시킨 것으로, 두고두고 불씨를 살려온 셈이다."[7]

제헌의원 임기를 마친 장홍염은 1950년 5월 30일에 실시된 제2대 총선에서는 무소속으로 출마하여 당선되었다. 2대 총선 결과 여당인 대한국민당과 제1야당인 민주국민당은 당선자가 각각 24명에 그쳐 체면을 구겼다. 반면 무소속 당선자가 126명으로 전체의 60%를 차지했다. 제헌의원 가운데 재선된 의원도 34명밖에 되지 않았다. 더불어 국회에 진보 성향 의원들이 늘어나면서 이승만 정권은 위기에 처하게 되었다.

---

6 『전남일보』 1990년 9월 5일자, 10면.
7 『전남일보』 1990년 9월 5일자, 10면.

위기에 몰린 사회주의자 사위들
:

평생 그토록 갈망하던 해방 공간에서 장병준은 권력에 대한 사적 욕망보다는 온전한 독립 정부 수립과 사회 통합을 원했다. 그가 추구한 것은 좌우대립이 아닌 좌우통합이었고, 남북분단이 아닌 남북통일이었다. 그는 우익의 승리가 아니라 좌우의 평화로운 공존을 바랐다. 그가 바란 것은 민주주의와 평화였다. 그러나 현실은 대립의 질곡에서 벗어날 기미가 보이지 않았다. 장병준 주변에서도 좌우대립으로 인해 안타까운 일들이 빈번히 일어났다. 사위들이 그 주인공이었다.

장병준의 맏사위 김주형과 셋째 사위 임두택 등은 일찍부터 사회주의자의 길을 걸어왔다. 이 가운데 김주형은 해방 전부터 현실을 비판하는 발언을 자주 하여 경찰서를 들락거렸고, 그 바람에 좌익으로 낙인이 찍힌 터였다. 해방 후 해남에 거주하던 맏사위 김주형은, 1946년 10월 중순에 뜻하지 않은 사건으로 해남경찰서에 연행이 되기도 했다. 발단은 동네 장터의 서커스 공연에서 비롯되었다. 서커스단 사회자가 공연 도중에 공산주의를 비하하는 발언을 하자, 좌익 관객이 그를 폭행한 사건이 벌어졌다. 곧 경찰이 출동을 했는데 가해자는 사라지고 없었다. 그러자 경찰은 덮어놓고 김주형을 사건의 배후자로 지목하여 연행해 갔다.

그 소식을 들은 장병준은 자초지종을 조사하여 김주형의 잘못이 없음을 알고는 전남도경에 탄원을 했다. 전남도경은 김주형을 석방하라는 내용의 전문을 해남경찰서로 보냈다. 그러나 며칠이 지난 뒤에도 김주형은 풀려나지 않았다. 장병준은 해남경찰서로 찾아가서 서장에게 어찌된 일이냐고 따져 물었다. 그랬더니 서장은 눈을 휘둥그레 뜨며 답했다.

"수감자 중에 김주성은 있어도 김주형이라는 사람은 없습니다."

그러자 장병준은 경찰서장을 유치장으로 데리고 간 뒤, 김주형을 손으로 가리키며 말했다.

"여기 있잖소. 이 사람이 김주형이 아니고 누구요?"

그제야 해남경찰서장은 김주형의 한자 이름을 확인해보더니 사과를 했다. 담당 경찰관이 김주형(金冑馨)의 이름을 '김주성'으로 잘못 읽었다는 것이었다. 한편 그보다 오래 전인 1933년에 김주형 연행 사실을 보도한『동아일보』기사에서도 김주형을 '김주향'으로 표기한 적이 있었다. '형(馨)'을 경찰은 '성'이라 읽고, 신문기자는 '향'이라 읽었던 것이다. 그런 해프닝을 거친 뒤 풀려난 김주형은 조선민족청년단(족청)에 가입했다. 그리고 족청 해남지부장을 맡아 2백여 단원들을 거둬 먹이는 바람에 집안 살림이 거덜이 날 정도였다고 한다.

한편 장병준 집안에서 가장 확실한 사회주의자는 셋째 사위 임두택이었다. 자식이 여럿이라도 어느 자식이 예쁘지 않겠는가마는, 그중에서도 유독 마음이 가는 자식이 있게 마련이다. 딸 여섯과 아들 하나를 둔 장병준에게도 그런 자식이 있었다. 바로 셋째 딸 예숙이었다. 1924년생인 장예숙은 장병준이 서대문 감옥에서 옥살이를 하고난 뒤, 여러 해 만에 고향집에 돌아와서 본 자식이었다. 그래서였는지 장병준은 셋째 예숙을 유난히 예뻐했다고 전한다.

그런 예숙의 남편 임두택은 1915년 전남 순천 태생으로 중앙고보를 다녔다. 남부군사령관 이현상이 다녔던 중앙고보는 조선공산당 학생조직이 강고했다. 덕분에 임두택은 고보 시절부터 사회주의 사상에 깊숙이 접하면서 항일 학생운동에도 적극 참여했다. 그러다가 결국 중앙고보에서 제적을 당하게 된다.[8]

그러나 임두택은 수재 중에서도 수재였다. 중앙고보를 그만둔 그는 일본으로 건너가 다시 공부를 시작하여 당시 일본 최고학부인 도쿄제국대학 법학부에 들어가게 된다. 그리고 거기서 장병준의 둘째 사위인 김인석과 친구가 된다. 김인석은 장산면 공수리 출신으로 일찍이 장병준의 둘째 딸 의숙과 혼인을 한 뒤 유학을 떠난 터였다.

김인석은 임두택의 사람됨이 마음에 들었다. 그래서 자신의 여동생을 소개해주고 싶어, 방학을 맞아 임두택을 데리고 장산에 왔다. 그런데 임두택은, 때마침 목포 정명여중을 다니다가 장산에 와 있던 장예숙이 눈에 들었다. 독립운동가 딸이라는 사실 때문에 임두택은 더더욱 장예숙에게 마음이 끌렸다. 그래서 거두절미하고 장병준에게 청했다.

"따님과 혼인하게 해주십시오."

장병준은 거침없이 청혼을 해오는 젊은 임두택의 패기가 밉지 않았다. 그리하여 열일곱 살 예숙을 스물여섯 임두택에게 시집을 보내기로 했다. 장병준은 딸 예숙을 직접 데리고 일본에 가서 혼례를 시켰다. 당시 일제의 종군위안부 모집이 횡행하던 시절이었던 점도 예숙의 혼인을 서두르게 했다.

---

8 1935년 초, '비밀결사 중앙고보 반제운동 전교오르그위원회사건' 관련으로 검거되어 제적되었다.

▲ 장예숙, 임두택 부부

임두택과 예숙의 결혼식장에 모인 사람들은 거의가 열정적인 사회주의자들이었다. 당시 도쿄 유학생 가운데 8할은 마르크스·레닌주의자라는 말이 실감이 났다. 그런 사정을 잘 알고 있었지만, 장병준은 딸의 혼인에 대해서 무척 만족해했다고 한다.

임두택 부부는 반년가량을 동경에서 살았다. 그러던 중에 장예숙은 임신을 하게 되고, 먼저 귀국하여 장산도 친정집에서 첫아들을 낳게 된다. 그 직후에 임두택도 귀국했다. 1941년, 태평양전쟁 발발 무렵이었다. 어수선한 전시체제에 더 이상 학업에 전념하기 어려웠던 까닭이었다. 임두택은 처자식을 데리고 서울을 전전했다. 그러다가 1944년경에는 충청북도 증평으로 내려와 부악광산 소장으로 근무하면서 단란한 가정을 꾸렸다. 하지만 그도 잠깐이었다. 1년 뒤에 해방을 맞아 임두택은 다시 서울로 가서 재건 조선공산당에 들어가 활동했다.

그러나 1948년 단독정부가 수립된 후, 남한 내 사회주의자들은 좌절을 겪게 된다. 임두택에게도 시련이 닥쳐왔다. 좌익 계열 조직은 대부분 와해되어 뚜렷한 활동 공간을 찾기도 어려웠다. 아내와 두 어린 아들을 둔 임두택은 당장 가족의 생계가 걱정이었다. 임두택 일가는 그렇게 셋방을 전전하며 생활고에 시달리고 있었다.

그때 제헌의원 장홍염이 자신에게 할당된 국회의원 아파트를 임두택 일가에게 내주었다. 평소에 장홍염은 임두택의 인물됨을 아까워하던 터였다. 장홍염 덕분에 임두택 부부는 집세 걱정은 덜게 되었다. 그러나 생계를 이어갈 방편은 여전히 막막했다. 장예숙 씨 표현에 의하면 "먹다 굶다 한" 시절이었다.

한편, 1949년 6월, 좌익운동을 하다가 전향한 인사들을 중심으로 이른바 국민보도연맹[9]이 결성되었다. 보도연맹은 1948년 12월 시행된 '국가보안법'에 따라, 좌익사상에 물든 사람들을 전향시켜 보호하고 인도한다는 취지로 결성되었다. 그것은 일제가 독립사상을 탄압하기 위해 만든 '시국대응전선사상보국연맹'을 그대로 모방한 것으로, 좌익의 씨를 말리려는 이승만 정권의 잔인한 수작이었다.

국민보도연맹 결성을 빌미로 좌익인사에 대한 검거 열풍이 불었고, 위기에 몰린 임두택은 방공호 속에서 숨어 지내기도 했다. 그러나 결국 사상범 검속에 걸려 모진 고문을 당한 뒤 장병준의 노력으로 간신히 풀려났다.

---

9 보도연맹은 '대한민국정부 절대 지지', '북한정권 절대 반대', '공산주의 사상 배격 분쇄', '남북로당의 파괴정책 폭로 분쇄' 등 살천스런 내용을 주요 강령으로 삼고 있었다. 참고로 1949년 말, 보도연맹에 가입한 좌익인사는 그 규모가 무려 30만 명에 달하였다. 주로 사상적 낙인이 찍힌 사람들을 대상으로 하였고, 거의 강제적이었으며, 지역별 할당제로 사상과 관계없이 등록되는 경우가 많았다.

2

전쟁과 독재의 그늘에서

월산동의 봄
⋮

국민보도연맹과 관련된 살벌한 정세에서 불안한 세월을 보내던 어느 날이었다. 임두택은, 그저 자신에 대한 존경심 하나로 굶주림을 감내하고 있는 아내에게 침통한 어조로 말했다.

"광주로 내려가세. 광천동[1]에 땅이 천 평쯤 있는데, 거기 가서 농사를 지어 입에 풀칠이라도 하세."

정치적 좌절과 생계의 한계에 부딪히게 되자 임두택도 어쩔 수 없이 현실적인 선택을 하게 된 것이다. 장예숙은 무엇보다도 아버지가 계신 광주로 내려간다는 사실이 기뻐서 눈물이 날 지경이었다. 특히 이들을 누구보다도 반긴 사람은 장병준이었다.

---

1 정확히는 지금의 기아자동차 광주 공장 정문에 해당하는 곳이라 함.

때마침 장병준은 맏사위 김주형에게는 광주여고에 교사 자리를 주선해 준 뒤, 월산동 자택 근처로 이사를 오게 해서 살게 한 터였다. 김주형은 "아이들 가르치는 게 천직인 것 같다"며 교사직에 매우 만족해하고 있었다.[2]

이를 흐뭇하게 여긴 장병준은 셋째 사위 임두택에게도 적절한 일자리를 마련해주려고 애를 썼다. 그러나 공산당 조직에서 활동한 임두택의 사상 문제가 번번이 발목을 잡았다. 마음이 짠해진 장병준은 임두택에게 넌지시 사상 전향을 권한 적이 있었다. 그러나 임두택은 펄쩍 뛰었다.

"공산주의가 뭐가 잘못됐습니까? 가난한 사람들 다들 골고루 잘 먹고 잘 살자는 데 뭐가 문제란 말입니까?"

맏사위 김주형과 달리 셋째 사위 임두택은 장인어른 앞에서도 자신의 정치사상적 신념을 굽히는 법이 없었다. 누구라도 '빨갱이' 운운하며 공산주의자들을 비난할라치면 임두택은 정색을 하고 항변했다. 임두택은 비록 입에 풀칠을 하기 위해 광주로 내려오긴 했지만 자신의 사상을 포기한 건 아니라는 점을 분명히 했다. 그 때문에 장병준과 임두택 사이에는 의견 충돌이 잦았다.

사실 장병준도 임두택의 신념을 이해하지 못하는 것은 아니었다. 문제는 임두택의 사상이 아니라, 그것을 용납하지 않는 세상에 있다는 사실도 알고 있었다. 하지만 그로 인해 딸이 고통스럽게 사는 모습을 그대로 지켜볼 수는 없었다. 그래서 본의 아니게 종종

---

2 김주형 아들 김동훈 씨 증언, 2006.

임두택에게 싫은 소리를 했던 것이다.

임두택이 자신의 뜻을 굽히지 않자 장병준은 마침내 예숙에게 이혼하라는 말까지 내뱉고 말았다. 물론 장예숙은 아버지의 말을 따르지 않았다. 오히려 한번 인연을 맺으면 끝까지 잘 사는 게 자식 된 도리로서 부모에게 효도하는 길이라 말하며 남편 쪽을 따랐다. 그런 일이 있은 뒤에 장예숙은 남편에게 물어보았다.

"내가 볼 때는 아버님이나 당신이나 똑같은 애국자여서 서로 좋아 장인, 사위로 연을 맺었는데, 이제 와서 왜 그렇게 원수 보듯 하는 것이오?"

그러자 임두택이 대답하였다.

"아버님은 자본주의를 하려고 하고, 우리는 한걸음 나아가서 사회주의를 하려다보니 그런 거라네."

1949년, 광주 월산동 43번지 장병준의 집은 장인과 사위가 벌이는, 어찌 보면 지극히 정상적인 좌우 사상투쟁의 장이었다. 비록 생각이 충돌하여 어떤 쪽으로도 결론을 낼 수는 없었지만, 이듬해 발발한 한국전쟁으로 빚어질 비극을 감안하면 그 시절은 가히 따뜻한 봄날이었다.

한국전쟁과 가족의 수난
:

과도입법의원 임기를 마치고, 단독정부가 수립된 이후부터 장병준은 신익희가 이끌던 관민합작의 국민운동 단체인 대한국민회에 참여했다. 장병준은 대한국민회 광주지부장을 맡아 남북통일을 촉구하는 캠페인을 벌였다. 요컨대 1949년 6월 11일에는 광주서중에서 '38선 철폐 광주국민대회'를 주도하고, '38선 철폐'와 '맥아더라인 확장 반대' 등을 요구하며 평화통일을 외쳤다. 이처럼 장병준은 1년여에 걸쳐 평화통일을 위한 지역 순회강연을 다녔다.

그러던 1950년 6월 25일. 전쟁이 터졌다. 장병준은 전남 진도에서 국민회 행사에 참여하던 중에 그 소식을 들었다. 장병준은 광주 식구들과 연락을 취한 뒤, 곧장 장산도로 건너가서 피난 준비를 했다.

그런데 이틀이 지나도 광주 식구들이 도착하지 않았다. 더는 기다릴 수가 없어 장병준은 아버지 장진섭 등 집안의 남자들을 목선에 태우고 먼저 부산으로 떠났다. 장산도에는 며느리 윤염례와 막내 장정숙이 남았다. 당시 장산초등학교 교장으로 있던 다섯째 사위 문흥식도 아내 장근숙을 기다리기 위해서 남았다. 광주 식구들은 피난선이 출발한 다음 날에야 장산도에 도착했다.

얼마 뒤에 인민군이 장산도로 들어왔다. 그리고 장산 지서에 인민위원회가 설치되었다. 며느리 윤염례와 다섯째 사위 문흥식이 인민위원회에 끌려갔다. 며느리 윤염례는 집안 남자들이 숨은 곳을 대라는 추궁과 함께 곤욕을 치르다가 안면이 있던 마을 사람들의 도움으로 풀려났다. 이때 문흥식은 목포로 이송되어 목포교도소에 수감되었다. 문흥식은 목숨을 건 탈옥을 감행하여 시내에 숨어 지내다가 담배를 사러 잠시 밖으로 나온 틈에 좌익 세력에 붙잡혀 처형을 당했다.[3]

---

3 며느리 윤염례 증언.

한편 장병준의 부인 박씨는 김주형 가족과 함께 광주 월산동 집에 남아 있다가 1950년 7월 23일경 광주지구 방어선이 무너진 다음에야 피난길에 올랐다. 그리고 장흥으로 가서 김주형의 동생 김주채[4]의 집에서 한 달쯤 지낸 뒤 다시 광주로 돌아왔다. 광주에서 가족들을 기다려야 한다는 장모의 성화 때문이었다.

그로부터 며칠 뒤인 8월 하순 어느 날, 셋째 사위 임두택이 월산동으로 김주형을 찾아왔다. 인민군이 낙동강 전선에서 대대적인 공세를 퍼붓던 무렵이었다. 전라남도 인민위원회 문화선전국장으로 활동하고 있다는 임두택은 동서 김주형에게 말했다.

"형님, 전쟁은 이미 인민군의 승리로 끝난 거나 마찬가지요. 인민위원회에 들어오시지요."

김주형은 임두택의 제의에 따라 고향 해남으로 가서 해남중학교 교장을 맡았다. 그러나 얼마 지나지 않아서 9·28 서울 수복이 이루어지는 바람에 교장 자리는 오래가지 못했다. 게다가 인민군이 떠난 날 밤에 김주형은 잔류한 좌익 세력에 체포되어 금강골[5]로 끌려갔다. 그간 인민위원회 활동에 협조적이지 않았다는 이유였다. 그러나 함께 활동해온 같은 동네 후배 한 명이 죽음의 행렬 속에서 김주형을 발견하고는 깜짝 놀라며 묶인 손을 풀어주려 했다. 그러자 김주형은 후배의 귀에 대고 조용히 부탁했다.

"여기서 풀어줘 봐야 또 잡히고 말 것이네, 그러니 이대로 내무

---

4 당시 장흥에 개업한 의사였다고 전한다.
5 해남읍 뒤편에 있는 산골짜기로, 한국전쟁 당시 좌우 세력 양측의 양민 학살이 이뤄진 곳.

서 유치장에 넣어주었다가 오늘밤 중에 좀 풀어주게."

잠시 생각에 잠기던 후배가 고개를 끄덕이더니 '더 조사할 게 있다'는 핑계를 대고 김주형을 다시 유치장에 가두었다. 그리고 새벽에 와서 유치장 문을 열어주었다. 김주형은 그 길로 논두렁길을 내달아 해남을 벗어났다.

그러나 광주에서 활동하던 셋째 사위 임두택은 9·28 서울 수복과 더불어 종적을 감추었다. 인민군과 함께 월북했거나 빨치산 부대에 들어가 항전을 하다가 사망하였을 것으로 짐작되지만, 그 생사를 정확히 확인할 수 없었다. 당시에는 3개월 뒤면 인민군이 다시 돌아온다는 말이 있었지만 항간에 나도는 풍문일 뿐이었다.

그렇게 남편과 생이별을 한 장예숙은 열 살과 일곱 살 된 아들들을 홀몸으로 키우며 생계를 꾸려갔다. 한동안 친정 도움으로 생계를 꾸리던 장예숙은 시간이 흐르자 스스로 일자리를 찾아 나섰다. 하지만 전쟁 후의 궁핍한 시기에 여자로서 할 수 있는 일이란 남의 집 살림을 도와주고 월급 몇 푼 받는 일이 고작이었다. 그나마 친정 쪽 가족들의 도움을 받아야 일자리를 구할 수 있었다.

아직 젊은 나이였으므로 재혼을 하여 새살림을 시작하라는 주변 권유도 있었지만, 장예숙은 그런 일은 꿈도 꾸지 않았다. 이념을 떠나 사람 자체만으로 너무나 존경하고 사랑하던 남편이었다. 장예숙은 석 장 남은 남편 사진을 가슴에 품고 살았다. 그러다 설움이 복받쳐 오르면 '남편 세상은 잠깐이고, 자식 세상은 영원하다'는 믿음을 되새기며 마음을 다스리곤 했다. 남편과 헤어진 지 반세기가 넘은 뒤에도 장예숙은 당당히 말했다.

"몇 십 년을 홀로 살았어도 그만한 사람을 보지 못했어."

한편 월북자 가족이라는 이유로 장예숙 씨는 정보기관에 끌려가서 고초를 당한 적도 여러 번이었다. 그럴 때마다 장정식, 장충식 씨 등 사촌 형제들이 나서서 심한 고초는 면하도록 손을 써 주었다고 한다. 하지만 그런 생계 문제나 정보기관의 사찰보다 더한 고통은 이른바 '빨갱이 가족'이라는 이유로 주변에서 받는 냉대와 수모였다고 한다. 그 말만 들어도 장예숙은 남몰래 속울음을 삼켜야 했다.

세월이 흘러 남북 교류의 물꼬가 트인 뒤에, 정부 주도로 남북이산가족 상봉이 이뤄졌다. 그러자 장예숙 씨는 남편의 생사라도 확인해볼 요량으로 당국에 이산가족 상봉 신청을 내보았다. 하지만 스스로 월북을 한 사람은 신청 대상이 되지 않는다며 일언지하에 거절당했다. 이처럼 신산(辛酸)한 세월을 살아온 장예숙은 넋두리를 늘어놓듯 자신의 한평생을 이렇게 말했다.

"정신이 없어서 어떻게 산지를 모르겠어. 도깨비 세상을 산 것 같아."[6]

한국전쟁 기간에 장병준은 사위 두 명을 잃었다. 게다가 며느리가 집을 지키다가 봉변을 당했고, 의용군으로 참전한 조카 장충식이 부상을 입었다. 가슴 아픈 일이었다. 하지만 나머지 가족은 큰 탈 없이 전쟁을 벗어났다. 명색이 지주로 알려진 집안임을 감안하면 한국전쟁으로 인한 피해가 크지 않은 편이었다. 그것은 지주로

---

6 이상 임두택과 관련된 서술은 2006년 장예숙 씨 증언을 토대로 함.

서 장산도 장씨 일가가 인근 주민들에게 원성 살 일을 하지 않았다
는 근거였다.

짙어 가는 이승만 독재의 그늘
:

전쟁이 막바지로 치달은 1952년. 이미 신뢰와 도덕성이 바닥으
로 떨어진 이승만 정권의 임기도 다해가고 있었다. 그러나 비극적
전쟁 가운데서도 이승만 정권은 권력 연장을 위해 대통령 직선제
와 상·하 양원제를 도입하는 개헌을 추진했다. 직접선거가 쉽지
않은 전쟁 통에, 그것도 부산의 피난 정부에서 내놓은 개헌안은 야
당 의원들 반대로 부결되었다. 오히려 야당 측에서는 내각제 개헌
안으로 맞불을 놓았다.

그러던 1952년 5월 25일. 이승만은 부산 금정산에 빨치산이 출몰
했다는 이유로 비상계엄령을 선포했다. 그리고 다음 날인 5월 26일
오전 10시 30분경. 중앙청 검문소에서 국회의원 통근버스가 통째
로 견인차에 끌려 헌병대 차고로 연행되었다. 이에 앞서 새벽 5시
30분경에는 장홍염이 집으로 들이닥친 헌병들에게 끌려갔다. 비슷
한 시각에 정헌주, 이석기, 양병일 의원 등도 체포되어 헌병대로 끌
려왔다.

이날 장홍염은 서범석, 서민호, 임흥순, 김의준, 이용설, 이석기,
곽상훈, 권중돈, 정헌주, 양병일 등의 의원들과 함께 구속을 당했
다. 구속자들은 모두 내각제 개헌을 추진하며 이승만 정부에 반대
하던 의원들이었다. 그리고 다음 날, 공보처 장관은 체포된 의원들

이 국제공산당과 연루되었다고 발표했다. 이른바 '버스 사건'이라 불리는 5·26부산정치파동이었다.

야당 의원들은 비상계엄령 해제와 국회의원 석방을 요구하는 결의안을 발표했다. 5월 29일에는 김성수 부통령이 이승만 정부에 대한 항의의 뜻으로 사표를 제출했다. 그러나 이승만 정권은 오히려 관제 시위를 일으켜 국회를 위협했다.

그러던 1952년 7월 4일 밤. 경찰은 구속 또는 잠적 중이던 국회의원들을 강제로 데려다가 국회 의원석에 앉혔다. 그리고 정부안에 야당안을 억지로 덧붙인 이른바 '발췌 개헌안'이 경찰의 위협 속에서 기립표결로 통과되었다. 이처럼 억지로 통과된 직선제 헌법에 따라 8월 5일에는 정부통령 선거가 실시되었다. 이승만은 새로 창당한 자유당과 여러 관변 조직을 대대적으로 동원하여 부정선거를 치르고, 다시 대통령에 당선되었다. 그로써 독재는 연장되었다.

한편 5·26부산정치파동으로 40여 일간 감금되었던 장홍염은 사실상 의원직을 벗어던지고 연탄장사, 쌀장사 등을 하며 2년여 동안 울분 속에서 지냈다. 그러던 장홍염은 1954년 5월 20일로 예정된 3대 총선에 다시 나섰다. 그러자 자유당원과 경찰이 장홍염의 선거원들에게 협박과 폭행을 가해왔다. 선거원들이 줄줄이 몸을 다치는 모습을 본 장홍염은 선거를 포기했다. 죄 없는 동지들의 피해를 막으려는 고육지책이었다. 나아가 3월 24일에 장홍염은 정계 은퇴 성명서를 발표했다.

"약자를 보호하려던 꿈은 무서운 권력의 폭압 밑에 사라지고 말았다. 노동자와 농민을 위한다는 소리는 한낱 정치가들의 구호에 불과하며, 오히려 약자를 착취하는 선봉이 되어 있고, 입법부의 일원으로서의 의무를 다했다고 할 수 없으며, 오직 나의 무능력함을 생각할 때 국민 앞에 사과할 뿐이다. 또한 몸서리쳐지는 5·26정치파동을 회고할 때, 다시 닥쳐올 정치파동에는 그 어마어마한 분위기 속에 싸워나갈 용기를 갖지 못하였으므로 얼마 남지 않은 임기를 마친 후에는 일절 정치단체나 정치에 간여하지 않을 것을 맹서함으로써 사과에 대(代)하는 바이다."

장홍염이 선거를 포기한 덕분에 무안 을구에서는 자유당 유옥우가 당선되었다. 이처럼 추악한 수법의 부정선거로 3대 총선에서 과반수 의석을 차지한 자유당은 대통령 중임 제한 조항을 풀기 위한 2차 개헌을 추진했다. 이 개헌안은 1954년 11월 27일 국회 표결 결과 135명의 찬성에 그쳐 부결되었다. 개헌 정족수 135.33명에 미달한 까닭이었다. 하지만 이틀 뒤에 국회는 개헌안이 가결되었음을 뜬금없이 선포했다. 소수점 이하를 '사사오입(四捨五入)'하면 개헌 의결정족수를 135명으로 봐야 한다는 것이었다. 그로써 이승만은 독재 연장의 길을 열었다.

그러자 민주국민당을 중심으로 야권이 재편되어 1955년 9월 18일에 민주당이 창당되었다. 유력한 정치인들이 총망라되어 강력한 야당으로 떠오른 민주당은 1956년 5월 15일로 예정된 3대 정부통령 선거에 신익희를 대통령 후보로, 장면을 부통령 후보로 내세웠다. 정권 교체의 열기가 달아올랐다.

▲ 민주당전남도당대회 기념(1956.10.19. 앞줄 오른쪽이 장병준, 오른쪽에서 세 번째는 조병옥)

　독립운동 동지이자 오랜 벗 신익희가 대통령 후보로 나선다는 사실에 고무된 장병준은 동생 장병상과 함께 민주당 선거운동을 열성적으로 벌였다. 그러나 선거를 열흘 앞둔 1956년 5월 5일. 신익희는 선거 유세를 위해 호남선 남행 열차를 타고 내려가던 길에 뇌일혈로 급서하고 말았다. 뜻밖의 사태에 민주당은 침통한 분위기에 휩싸였다. 선거 결과 가까스로 장면은 부통령에 당선되었지만, 정권 교체에는 실패했다.

　장병준은 상심이 컸다. 게다가 선거운동에 열성을 쏟은 장병상이 선거 직후에 급격히 건강이 악화되어 눕고 말았다. 진단 결과 암이었다. 장병준은 조병옥 등의 도움을 받아 장병상을 부산 유엔

병원에 입원시켰다. 그러나 이듬해인 1957년 4월 15일, 장병상은 암세포를 극복하지 못한 채 이승을 떠났다. 신익희를 저세상으로 보낸 데 이어 동생 장병상마저 잃은 장병준은 한동안 깊은 슬픔에 빠졌다.

한편 3대 선거에서 고초를 겪은 이후 혁신계에 가담하고 있던 장홍염은 1958년 제4대국회의원 선거에서 동대문구 을선거구에 무소속으로 출마했다. 당시 장홍염의 혁신적인 공약은 동대문 지역 가난한 주민들로부터 많은 지지를 받았다. 그러나 선거 직전에 민주당 바람이 불자 유권자들은 민주당 지지로 돌아섰고, 결국 장홍염은 낙선했다.

3

광주 3·15의거의 선두에 서다

상상을 초월한 3·15부정선거

:

4대 국회의원 선거에서 자유당은 과반 의석인 126석을 얻었다. 늘 그래왔듯 부끄러운 승리였지만, 자유당은 여당의 지위를 확고히 했다. 반면 민주당은 자유당의 등쌀에도 개헌 저지선인 76석을 얻었다. 정권 교체의 바탕은 마련한 셈이었다.

민주당은 1960년 5월로 예정된 정부통령 선거를 2년 앞두고 전국적으로 조직을 강화했다. 1959년부터는 조병옥과 장면이 정부통령 후보 자리를 놓고 당내 경쟁을 벌였다. 이들의 후보 경쟁은 각 도당위원장 선거와 결부되어 있었다. 즉 도당위원장을 많이 확보하는 쪽이 경선에서 이기는 구도였다.

전남도당은 민주당 대통령 후보 경선의 최대 승부처였다. 조병옥과 장면 두 후보 진영은 전남도당 위원장 선거에 자파(自派)를 당

▲ 민주당전남도당위원장 당선 후 대통령 후보 조병옥과 담소 중인 장병준(1959)

선시키기 위해 치열한 경쟁을 벌였다. 이때 장병준은 신간회 시절부터 교류해온 30년 지기 조병옥의 권유로 전남도당위원장 후보로 나섰다. 장병준은 장면 측에서 내세운 양병일과 경쟁했다. 정계의 관심이 집중된 가운데 치러진 9월 29일 경선 결과는 147표 대 63표였다. 장병준의 압도적인 승리였다. 그로써 장병준은 민주당 전남도당위원장이 되었다.

그 결과에 힘입어 조병옥이 대통령 후보가 되고, 장면은 부통령 후보가 되었다. 그런 다음 민주당은 4대 정부통령 본 선거를 조준했다. 민심은 절대적으로 정권 교체를 바라고 있었다. 조직적인 부정만 없다면 정권 교체는 확실해 보였다. 정권 교체에 대한 기대와 희망으로 1960년 새해가 밝아왔다. 그리고 2월에는 대통령 후보 조병옥이 신병을 치료하기 위해 미국으로 떠났다. 건강한 몸으로 5월의 선거를 대비하려는 의도였다. 하지만 그 틈을 노려 이승만 정권은 선거 일정을 3월 15일로 앞당겨 공포했다. 숱한 반발을 무시한 채 자유당 정권은 조기 선거를 강행했다.

그런데 더 심각한 비보가 미국에서 날아왔다. 미국 월터리드 육군의료센터에 입원한 조병옥이 갑자기 사망한 것이다. 4년 전 대선과 비슷한 상황이 재연되었다. 선거 직전에 대통령 후보를 잃은 민주당은 찬물을 뒤집어 쓴 분위기였다.

하지만 정권 교체의 희망이 완전히 사라진 것은 아니었다. 상대는 언제 세상을 뜰지 모를 85세의 이승만이었다. 부통령 선거에 승리한다면 이승만 유고 시 자동으로 정권을 이어받게 될 터였다. 이에 민주당이나 자유당 모두 부통령 선거에 사활을 걸었다. 결국 선거는 장면과 이기붕 두 부통령 후보의 불꽃 튀는 대결로 치달았다.

장병준이 도당위원장으로 있는 전남에서도 선거사무소를 설치하고 선거체제로 들어갔다. 민주당 전남선거사무소장은 광주 을구 국회의원 이필호가 맡았다. 당시 광주시의원이던 장충식도 아내 민난식과 함께 선거캠프에서 활동했다. 선거 전망은 밝았다. 그간 이승만 정권에 이골이 난 민심은 민주당 쪽으로 확연히 기울어져 있었다. 이변이 없는 한 민주당의 승리는 떼어 놓은 당상이었다.

그러자 패배를 예감한 자유당은 대대적인 선거 부정을 저질렀다. 선거를 코앞에 둔 1960년 2월 27일. 대구에서는 자유당 유세장에 교사들을 동원하기 위해 토요일 수업을 전폐시키는 일이 일어났다. 반면 야당 선거 유세가 열린 다음 날에는 일요일임에도 학생들을 강제로 등교시켰다. 이에 반발한 경북고, 대구고 학생 1,800여 명이 "학생을 정치에 이용하지 말라"고 외치며 가두시위를 벌였다. 이어 3월 초순에는 서울, 대전, 수원, 부산 등지에서 연달아 부정선거를 규탄하는 학생시위가 일어났다.

그런데 이는 빙산의 일각이었다. 이승만 정권은 내무부 장관 최인규를 중심으로 공무원을 총동원한 대규모 부정선거를 계획하고 있었다. 자유당에 기표한 투표용지를 미리 투표함에 넣어두는 사전투표, 자유당원 감시하에 3인조나 5인조 단위로 투표하는 공개투표, 유령 유권자와 기권자 이름으로 대신 투표하는 대리투표, 투표함 바꿔치기, 득표수 조작 발표 등 상상을 초월한 부정선거를 준비하고 있었다.

이러한 부정선거 음모는 어느 말단 경찰관이 '부정선거지령서' 사본을 민주당에 제보함으로써 백일하에 드러났다. 민주당은 발칵 뒤집혔다. 결과가 불 보듯 뻔한 선거를 거부해야 한다는 목소리가 거셌다. 그런 가운데 투표일이 하루 앞으로 다가왔다. 민주당 전남도당은 자유당의 부정선거에 대비한 계획을 세웠다.

일단 오전에는 투표장에 나가 참관 활동을 하면서 지켜보기로 했다. 그러다가 자유당의 선거 부정을 발견하면 곧바로 투표를 거부하고, '민주주의 장송(葬送)' 시위를 벌이며 부정선거에 항의하기로 했다. 그러한 계획에 따라 이필호 사무소장은 3월 14일 밤에 자신의 집에서 조계현(당시 26세) 보좌관과 함께 '곡(哭) 민주주의 장송(葬送)'이라 적은 현수막을 만들었다. 장장(葬章)과 흰색 두건 등 장례 용품도 준비했다. 다음 날 거사에 필요한 소품들이었다.

3월 15일. 결전의 날이 밝았다. 장병준은 이른 새벽부터 노구를 이끌고 직접 투표 현장에서 참관인으로 활동했다. 우려는 현실로 나타났다. 투표가 시작되자마자 자유당 측은 온갖 수단을 동원해 부정선거를 저질렀다. 완장부대를 동원하여 투표장에 공포 분위기를 조성하는가 하면, 심지어 유권자들을 새끼줄로 묶어서 조별 공개 투표를 강행했다. 차마 눈 뜨고 볼 수 없는 광경이었다. 장병준은 선거위원회에 항의했다. 그러나 선거위원은 듣는 체 마는 체 하면서 먼 산만 바라보았다.

장병준은 더욱 거세게 항의했다. 그러다가 자유당 당원들에게 결박을 당한 채로 투표장 밖으로 끌려나왔다. 자유당 당원들은 장병준을 투표소에서 멀리 떨어진 곳으로 끌고 가서 땅바닥에 팽개쳐버렸다. 백주대낮에, 새파란 청년들이 백발의 원로 독립운동가에게 가한 폭행이었다. 자유당원들이 사라진 뒤 장병준은 어금니를 깨물었다. 그대로 주저앉아 있을 수 없었다. 그는 주먹을 불끈 쥐고서 몸을 일으켰다.

'곡(哭) 민주주의 장송' 시위의 선두에서
:

다른 투표소에서도 아침부터 비슷한 일들이 일어났다. 민주당에는 비상이 걸렸다. 낮 12시경. 장병준은 민주당 참관인들과 함께 선거사무소에서 부정선거를 성토했다.

"민주주의는 죽었습니다. 더 이상의 선거는 무의미합니다."

낮 12시 45분. 민주당 참관인 70여 명을 포함한 당원 200여 명은

▲ 3·15부정선거를 규탄하는 '곡(哭) 민주주의 장송' 시위의 선두에 선 장병준

어깨에 장장을 두르고, 머리에는 백건을 쓴 채 선거사무소를 나섰다. 이들은 금남로를 점령하고 시위를 벌였다. 3·15부정선거에 대한 전국 최초의 규탄시위가 시작되었다. 이필호 의원의 관용 지프차량이 선두에서 길을 터나갔다. 백발의 장병준은 '곡(哭) 민주주의 장송(葬送)' 현수막을 직접 펼쳐 들고서 시위대를 이끌었다. 노구의 독립운동가는 외쳤다.

"민주주의는 절명했다. 우리의 자유를 찾자"

길을 가던 시민들이 속속 합세했다. 어느덧 시위 행렬은 1천여 명으로 불어났다. 부정선거에 대한 규탄의 목소리도 점점 높았다. 시위대는 도청 쪽으로 행진을 했다. 그리고 30분쯤 지나 광주

YMCA 앞에 이르렀다.

그때 갑자기 장총으로 무장한 경찰 수백 명이 시위대에 달려들었다. 경찰은 장총대를 휘두르며 강제해산을 시도했다. 젊은 당원들이 필사적으로 경찰에 맞섰다. 비명이 하늘을 찔렀다. 아수라장으로 변한 금남로 일대는 잠깐 사이에 피로 물들었다.

조계현(당시 26세, 이필호 의원 보좌관)이 장총대로 후두부를 맞아 피를 흘리며 쓰러졌다. 정미란(당시 36세, 이필호 의원 부인)은 임신 7개월 된 몸으로 시위에 나섰다가 경찰의 구타로 중상을 입었다. 정미란은 병원에 옮겨진 뒤 두 달 만에 태아와 함께 사망했다. 장병준의 조카며느리 민난식(당시 32세, 장충식 부인)을 비롯하여, 김녹영(당시 37세, 민주당 전남 선전부장), 신애자(당시 33세, 시민), 염성웅(당시 21세, 대학 재수생) 등도 중상을 입었다. 이밖에 장충식(당시 32세, 광주시의원)과 김상천(당시 32세, 민주당 전남도의원), 이정근(당시 36, 민주당 전남도의원), 김영덕(당시 51세, 시민) 등도 부상을 입었다.

한편 대열 앞에서 현수막을 든 장병준은 이필호 의원과, 김석주(당시 35세, 민주당 광주시위원장), 오영수(당시 36세, 민주당 광주시의원) 등 30여의 당원들과 함께 강제로 연행되었다.

당시 민주당 전남도당의 주요 당원들과, 시위에 참가한 학생 시민들이 주로 20, 30대 젊은이들이었다. 그런 시위대열 선두에서 '민주주의 장송' 현수막을 들고 소리 높여 부정선거를 규탄하다가 경찰에 연행된 장병준의 모습은 단연 눈에 띄었다. 광주 3·15의거를 전하는 외신 보도사진에도 장병준의 모습이 부각되었다. 장병준은 영원히 광주 3·15의거를 상징하는 얼굴이 되었다.

광주 3·15의거는 4·19혁명의 시원(始原)
:

광주에 이어 오후 1시 40분경에 민주당 경남도당도 선거 포기를 선언했다. 그리고 오후 4시경 민주당 간부 당원 10여 명이 부정선거 규탄시위를 벌였다. 마산의 민주당원과 학생, 시민들은 "협잡선거 물리치자"고 외치며 이승만과 자유당 정권을 규탄했다. 경찰 진압에 밀려 흩어졌던 시위대는 저녁 7시 30분경에 다시 모여 2차 시위를 벌였다. 두 차례 시위에 3천여 명의 시민이 참여했다. 경찰은 최루탄과 총탄으로 진압에 나섰다. 16명의 사상자가 났다. 경찰은 시위 배후에 불순분자의 책동이 있다며 실상을 호도했다.

한편 부정선거 이틀 뒤인 3월 17일. 정부는 이승만이 963만 표(85%), 이기붕은 834만 표(73%)를 얻어 정부통령에 당선되었다고 발표했다. 하지만 이미 온 나라가 부정선거를 규탄하는 목소리로 뒤덮여 있었다. 시위는 날마다 이어졌다. 그러던 4월 11일에는 3·15 시위에 참가한 뒤 실종되었던 마산상고생 김주열이 눈에 최루탄이 박힌 채 마산 앞바다에 주검으로 떠올랐다. 이에 격분한 시민들은 거리로 쏟아져 나왔다.

이어 4월 18에는 고려대 학생 3,000여 명이 시위를 벌이다가 정치 깡패들에게 기습을 당해 10여 명이 부상을 당했다. 이에 자극을 받은 서울 시내 대부분의 대학생과 많은 고교생들이 4월 19일을 기해 거리를 점령했다.

학생들은 중앙청과 경무대를 향해 행진하며 이승만과의 면담을 요구했다. 하지만 경찰은 이들에게 무차별 총격을 가했고, 수십 명의 사상자가 발생했다. 시위대는 경찰 지프차를 탈취하여 불사르고, 경찰서와 파출소를 때려 부수는 등 격렬하게 저항했다. 서울 시내는 무정부 상태에 빠졌다. 그런 가운데 구호 소리가 점점 높아졌다.

"3·15부정선거 다시 하라"

"1인 독재 물러가라"

"이 대통령은 하야하라"

당황한 정부는 오후 3시를 기해서 서울 지역에 계엄령을 선포하고 탱크를 앞세운 계엄군을 진주시켰다. 곳곳에서 계엄군의 총구가 불을 뿜었다. 이날 100여 명이 사망하고 450여 명이 부상을 당했다. 자국의 군대가 자국의 민간인을 무더기로 학살한 날이었다.

계엄군의 진주로 시위는 잠시 주춤해졌다. 그러나 4월 23일 서울시가 4·19 희생자에 대한 합동위령제를 일방적으로 추진하자 학생들이 이에 반발하면서 시위의 불길이 다시 타올랐다. 당시 임기가 얼마 남지 않았던 장면 부통령은 정부의 만행을 규탄하며 사퇴했다. 4월 25일에는 서울 소재 대학교수들이 대통령 하야와 정부통령 재선거를 요구하며 시위에 나섰다. 이에 자극받은 학생, 시민들은 밤새 시위를 벌였다.

다음 날인 4월 26일. 서울 시내는 다시 시위 군중의 물결로 뒤덮였다. 마침내 이날 오전 11시, 이승만은 하야 성명을 발표했다. 그뒤 이기붕 일가는 경무대에서 자살한 채로 발견되었다. 한 달여 뒤인 5월 29일에 이승만은 하와이로 도피했다. 이로써 12년을 이어온 이승만 독재는 막을 내렸다.

한국 현대사는 4·19혁명을 이승만과 자유당 정권의 12년 독재를 종결짓고 제2공화국을 출범케 한 역사적 전환점으로 공식화하고 있다. 그리고 4·19혁명은 마산 3·15부정선거 규탄시위가 발원이 된 것으로 기록하고 있다. 그런데 이보다 먼저 발생한 광주 3·15부정선거 규탄시위에 대해서는 언급조차 하지 않는다. 이는 명백한 역사 기록의 오류이다.

되짚어 보자면, 3·15부정선거에 대해 전면적으로 저항한 유혈시위는 광주에서 최초로 일어났고, 3시간여 뒤에 마산에서도 비슷한 상황으로 벌어졌다. 1960년 3월 16일자 『부산일보』 3면에는 전날 있었던 광주와 마산의 부정선거 규탄시위에 관한 기사가 비슷한 분량으로 나란히 실려 있다. 이는 광주 3·15부정선거 규탄시위가 마산에서의 시위를 거쳐 4·19혁명의 도화선이 되었음을 보여주는 중요한 기록이다.

따라서 4·19혁명의 시원(始原)은 광주 3·15의거에 있다고 봐야 할 것이다. 게다가 자유당과 이승만 정권의 부정선거에 전면적으로 저항한 최초의 시위대를 만 67세의 독립운동가 장병준이 이끌었다는 점도 간과하지 말아야 할 역사적 사실이다.

새로운 시대를 꿈꾸며
:

이승만이 하야하고 자유당 정권이 몰락함으로써 새로운 시대가 열렸다. 외무장관 허정을 대통령 권한 대행으로 하는 과도내각이 구성되었다. 중앙정부는 물론이고 지방정부의 요직도 새로운 인물들로 교체되었다. 그 무렵 민주당에서 관선(官選) 전남도지사 후보로 장병준을 추천하겠다는 연락이 왔다. 당시 민주당은 사실상 여당 역할을 하고 있었다. 장병준 본인만 원한다면 과도정부의 도지사 임명장을 받을 기회였다.

장병준은 잠깐 고민했다. 이승만 독재도 사라지고 비로소 민주 정부가 들어서게 된 터였다. 나이 일흔을 바라보는 자신이 굳이 나서지 않아도 되는 시절이었다. 고민은 길지 않았다. 장병준은 민주당의 제안을 사양했다. 식구들과 주변 사람들은 의아하게 생각했다. 그러자 장병준은 그 이유를 담담하게 말했다.

"나라의 녹을 먹는 사람은 진심으로 나라와 민족을 위해 일할 수 없다."

일제 식민지 시대를 살아오며 장병준이 체득한 정치철학이라 할 수 있었다. 일찍이 가산을 털어 독립운동을 벌였던 장병준으로서는 안정된 공직에 앉아 보수를 받고 일하는 게 익숙지가 않았다. 게다가 수많은 독립운동 동지들이 해방을 못 보고 희생된 마당에 버젓이 마른자리에서 영화를 누리기에는 장병준의 양심은 너무 하얬다. 결국 전남도지사 자리는 다른 사람에게 돌아갔다.

한편 이승만이 하야한 후, 자유당 의원 138명 가운데 10여 명은 부정선거 혐의로 구속되었다. 나머지 의원 가운데 105명은 탈당을 했다. 그로써 자유당은 와해되었고, 새로 정국의 주도권을 잡은 민주당은 양원제를 도입한 내각제 개헌을 추진했다. 그리고 1960년

7월 29일에 5대 총선이 실시되었다.

5대 총선은 양원제가 도입됨에 따라 민의원은 소선구제로, 참의원은 중·대선거구제로 뽑게 되었다. 그런데 이때 장병준은 뜬금없이 참의원 출마를 선언했다. 돈도 없고, 조직도 없으며, 게다가 얼마 전까지 도지사 자리도 마다했던 그가 선거 출마를 결심하자 주변 사람들을 더더욱 의아해 했다. 특히 가까이 살던 큰사위 김주형은 장인의 뒤늦은 선거 출마를 적극 만류했다.

"연세도 많으신데 이제 나가시려고 그러십니까? 제헌 때나 2대, 3대에 나가셨으면 쉽게 되셨을 것인데. 돈도 없고, 조직도 없이 어떻게 선거를 치르시려고 그러십니까?"

하지만 장병준은 뜻을 굽히지 않았고, 선거전은 시작되었다. 선거 홍보물을 받은 일부 유권자들은 장병준의 경력에 대단하다는 반응을 보였다. 하지만 대다수 유권자들은 후보의 경력이나 능력에 대해서는 별 관심이 없었다.

한편 장홍염도 서울에서 혁신계 사회대중당 민의원 후보로 나섰다. 사회대중당은 5대 총선에서 장홍염을 비롯하여 123명의 후보를 냈다. 선거 초반에 사회대중당에 대한 반응은 좋았다고 한다. 당시 혁신계 정당 담당 정치부 기자였던 박경석[1] 씨는 선거 상황을 이렇게 전한다.

"대구의 경우 선거 기간에 사회대중당 지지자들이 횃불시위를 하는 등 분위기가 무르익었다. 그래서 여러 명 당선될 것으로 봤

---

[1] 장홍염의 둘째 사위. 당시 사회대중당 출입 기자로 활동하던 인연으로 장홍염의 딸 장명숙과 결혼하게 됨

다. 그러나 선거 결과, 밀양과 창원 두 곳을 빼고 전국적으로 전멸했다."

선거 결과 형제는 나란히 낙선의 고배를 마셨다. 이미 정치판은 독립운동 경력이나 개인의 능력으로 순수하게 인정받을 수 있는 곳이 아니었다. 부패한 이승만 정권이 이어져오는 동안 선거판은 막대한 비용과 거대한 조직이 동원되는 전쟁터가 되어 있었다. 어쩌면 장병준은 그런 부패한 현실에 경종을 울리고자 선거판에 도전했는지도 모를 일이었다.

참의원 선거에서 떨어진 뒤 장병준은 월산동 집을 처분하고 백운동으로 이사를 했다. 마당에 닭을 키우고, 아내와 시장을 함께 다니며, 손자들을 집으로 불러 함께 운동을 하면서 그는 노년의 소박한 삶을 이어갔다. 가끔은 광복회나 노인회 같은 단체에도 드나들었다.

그러던 1971년 가을. 바람이 쌀쌀해질 무렵의 어느 날이었다. 평소처럼 나들이를 하려고 마루를 나서던 장병준은 아찔한 현기증을 느끼며 바닥에 쓰러졌다. 그는 곧 광주적십자병원으로 옮겨져 응급치료를 받았다. 그리고 겨우 정신을 차렸으나, 이미 몸 한쪽이 마비되어 있었다. 장병준은 그해 겨울을 병원에 누워서 보냈다. 해가 바뀌어도 병세는 나아지지 않았다. 치료를 포기한 그는 백운동 집으로 돌아왔다. 그리고 1972년 3월 16일 오전 11시. 장병준은 조용히 영면에 들면서 79세의 삶을 마감했다.

4 불의에 저항하는 인간의 참모습

탁월한 균형 감각으로 민족해방운동에 통합의 길을 내다
:

장병준은 봉건시대 끝자락에 태어나, 어린 시절에 일제 침략을 맞이했다. 하지만 진취적 사고를 가진 아버지 덕분에 일찍이 신학문을 접하고 일본 유학까지 다녀오게 된다. 지주 집안의 맏아들에다, 엘리트 지식인의 '스펙'까지 갖추게 된 장병준 앞에는 두 갈래 길이 펼쳐져 있었다. 하나는 일제 식민 통치를 방관하거나 그에 협조하며 식민지 민중 위에 군림하는 길이었다. 다른 하나는 핍박받는 식민지 조선의 해방을 위해 일제와 싸우는 길이었다. 장병준은 기득권이 보장된 안락한 길보다는 희생이 따르는 험난한 길을 택했다.

이십대 중반 나이에 3·1독립만세운동을 맞았다. 그는 서울 만세운동에 참여한 후, 고향 장산도로 내려와 만세시위를 조직했다.

그리고 고향을 떠난 뒤, 서북 출신 동지들과 함께 근대적 공화제 형태의 임시정부를 수립하는 역사적 과정에 참여했다. 국내에서 신한민국정부와 한성정부 통합에 노력하며 국민대회 간부로 활동하다가 동지들과 함께 상하이로 망명한 뒤에는 임시의정원 전라도 의원이 되었다.

1919년 5월 초, 제4회 임시의정원 회의에서 장병준은 상하이 임시정부와 러시아령 대한국민의회 정부 통합을 촉구하는 의안을 발의했다. 그와 더불어 스스로 의원직을 버리고 임시정부 비밀요원이 되었다. 임시정부 통합 임무를 수행하기 위해 만주와 연해주 일대를 누비는 험한 여정을 시작했다. 그런 와중에도 장병준은 국내를 드나들며 많은 액수의 자금을 임시정부에 조달했다. 특히 당시 장산도 최대 지주이자 자신의 집안 조카인 장동식은 거액의 독립운동 자금을 아낌없이 내놓았다.

3·1운동 1주년인 1920년. 일제의 감시와 억압으로 국내 독립운동의 열기는 차갑게 식어 있었다. 온통 천지가 시커먼 어둠으로 덮인 그때, 장병준은 박기영, 이동욱 등 동지들과 함께 국내에 저항의 불길을 당기려 했다. 그리하여 일제의 삼엄한 감시 속에서 3·1만세운동의 재현을 촉구하는 경고문을 만들어 전국에 배포했다. 장병준이 주도한 1920년의 '3·1운동 1주년 기념 경고문 배포사건'은 식민지 청년들이 일제 지배자들의 목전에서 패기 넘치게 피워 올린 저항의 불꽃이었다. 식민지 조선 천지를 다시 한 번 뒤흔들 뻔했던 그 일로 장병준은, 악명 높은 서대문형무소에서 3년간 고통스러운 옥살이를 감내해야 했다.

그리고 형기를 마친 뒤 서대문형무소를 나섰을 때, 식민지의 어둠은 너무 짙고 깊었다. 상하이 임시정부는 내부 문제로 휘청거리고, 국내 민족해방운동 세력도 좌우로 분열되어 힘이 소진된 터였다. 멀리 보고 길게 가야 할 때였다. 그는 호흡을 한 번 고른 뒤 지역운동에 투신하여 목포와 서남해 일대 섬 지역을 누비며 민족주의자, 사회주의자, 그리고 섬 지역 농민들과 두루 어울렸다. 그는 특유의 균형 감각을 발휘하며 이념과 노선을 뛰어 넘는 통합 활동을 벌였다. 그로써 서남해 일대에 '좌우합작'의 길을 냈고, 마침내 목포 신간회 설립 운영의 중심에 섰다.

뛰어난 지도력으로 한 시대를 휘어잡은 유명한 인물들이 있다. 우리는 그들을 위인으로 떠올린다. 하지만 인간의 역사와 일국의 역사가 이름이 널리 알려진 위인들의 힘으로만 발전해온 것은 아닐 것이다. 특히 일제강점기와 같은 비극적 시대에는 오히려 이름조차 알려지지 않은 수많은 선인들이 온 삶을 바쳐 역사를 일궈온 사실에 주목해야 한다. 장병준 또한 그런 독립운동가 가운데 한 사람이었다. 그는 열정적으로, 그러나 묵묵히 민족해방운동에 통합의 길을 냈다. 일제 식민지 시절에 그는 부당한 지배에 저항하는 한 인간의 참모습을 보여주었다.

해방 후 현실정치의 한계에 부딪혀
:

1931년 신간회가 해체되고 좌우합작 공간이 와해된 후 장병준은 향리 장산도로 들어갔다. 은거(隱居)는 아니었다. 일제의 민족말살정책과 전시 동원 체제로 피폐가 극에 달한 농민들에게 미래의 희망을 이어주기 위해서 애썼다. 그 사이에 독립을 포기하고 일제 협력에 나서는 인사들이 늘어갔다. 하지만 장병준은 끝까지 창씨개명을 거부하는 등 민족적 양심과 자존심을 지켜냈다. 물론 그에 따른 불이익은 기꺼이 감수했다.

덕분에 장병준은 굳건한 민족운동가의 면모를 유지한 채 8·15 해방을 맞을 수 있었다. 그 때문이었을까. 좌우가 분열되고 권력적 욕망이 우후죽순처럼 분출하던 해방 후 정치 공간은 순도 높은 독립운동가로서의 이미지를 간직한 장병준과 그 형제들을 현실정치 공간으로 끌어냈다. 옛 동지들과 주변의 숱한 권유에 따라 장병준은 동생들과 함께 한민당에 참여했다. 비타협적 민족주의자 장병준의 행적에서 드물게 눈에 거슬리는 대목이다. 한민당은 한때 심각한 좌우대립의 한 축이었던 까닭이다.

그러나 당시 한민당에 대한 역사적 평가는 아직도 엇갈린다. 집단지도체제를 도입한 합리적 민주주의 정당이라는 평가도 있고, 친일 인사들이 포함된 반공주의 정당이라는 평가도 있다. 모두 맞는 말이다. 하지만 결과론적인 평가다. 이미 좌우 대결이 본격화한 상황을 고려하면, 당시 대부분의 인사들은, 어느 쪽이든 좌우대립의 한 축에 가담하지 않을 수 없는 혼란스러운 시절이었다. 게다가 장병준은 한민당 전남도당위원장이라는 중책을 맡긴 했지만, 당의 반공주의적 정치 이념에 그리 충실한 편은 아니었다.

그러한 사실은 한민당 기관지 역할을 하던 『동광신문』[1] 1949년 1월 1일자에 게재된 설문조사 답변에도 드러난다. 당시 동광신문은 신년을 맞아 광주전남지역 유지들을 대상으로 '국토통일의 시기와 그 구체적 방법'을 묻는 설문조사를 실시했다. 이에 당시 한민당 광주지부장 장병준은 이렇게 답했다.

> "민족정신을 발휘하여 통일은 무난히 성취될 것이며 그 시기가 일각이라도 속히 도래하기를 바라마지 않는다. 그 방법은 유엔신한위의 감시하에 북한에 급속적으로 총선거를 실시하여 북한의 국회의원을 현 국회에 보내어 그들의 의지를 정부의 정책에 반영시키는 것이다."[2]

다른 인사들의 답변 내용은 "우리 정권의 신장과 국군의 대폭 증강(제5여단장 김백일)"이나 "북한의 반성 촉진(전남도 상공국장 김희성)" 그리고 심지어는 "부득이한 경우에 북벌(광주지방법원장 오필선)"까지 해야 한다는 등 좌우 대결적 분위기를 반영한 반공주의적 답변 일색이었다. 이에 비하여 북한 인민의 대의, 즉 '그들의 의지'를 정부 정책에 반영해야 한다는 장병준의 통일관은 당시 한민당의 이념적 지평과 어느 정도 거리가 있어 보인다.

이는 장병준의 한민당 입당이 스스로의 정치적 신념에 따른 일이라기보다는 당시의 혼란스런 분위기에서 떠밀리듯 이름을 내준 데서 비롯되었음을 보여준다. 무엇이 정의이고, 무엇이 불의인지

---

1 해방 직후인 1945년 10월 10일 광주에서 '광주민보(光州民報)'라는 제호로 창간된 광주전남 지방 일간지. '민보'라는 제호와 내용이 좌경적이라는 이유로 1946년 7월에 주간 선미봉이 미군정 수사기관에 구금되고 신문은 휴간되었다. 그 뒤 '동광신문'으로 제호를 바꾸었으며, 한민당이 22만 원에 인수하여 한때 한민당 기관지로 삼았다.
2 『동광신문』 1949년 1월 1일자.

명확하게 구별되지 않던 시절이었다. 사적 관계나 우연적 계기에 의해 정치 노선이 결정되기도 했다. 따라서 해방 직후 현실정치 공간에서 장병준의 정치 활동은 느슨하고 소극적이었다. 그것은 식민지 해방운동과는 다른 욕망의 기제로 작동되는 현실정치 무대에서 장병준이 한계에 부딪혔음을 의미한다.

그러나 한국전쟁 이후 이승만과 자유당 정권의 독재가 정점에 올랐을 무렵부터 장병준은 현실정치에 적극적으로 가담하게 된다. 스스로 반독재 민주화라는 역사적 임무를 다시금 깨달은 데다, 그 일선에 선 신익희, 조병옥 등 과거 독립운동 동지들의 간절한 요청도 있었다. 신익희나 조병옥은 이승만 독재를 종식하고 민주정권을 수립할 강력한 대안이었고, 이에 장병준은 광주전남 지역의 정치 원로로서 그 역사적 임무를 적극적으로 수행하게 되었다.

하지만 그 과정에서 안타깝게도 신익희나 조병옥 모두 갑작스런 죽음을 맞아 선거를 제대로 치러보지도 못하게 되었다. 이처럼 두 정치적 동지를 잃은 장병준의 분노는 1960년 4·19혁명의 기폭제가 된 광주 3·15의거에서 표출된다.

평등과 인애의 정치사상
:

4·19혁명 직후에 들어선 과도정부는 장병준에게 전남도지사직을 제안했다. 그러나 장병준은 거절했다. 그런데 불과 몇 달 뒤에 실시된 5대 총선에 참의원 후보로 출마하게 된다. 주변 지인들은,

사실상 거저 주는 도지사 자리는 마다하고 낙선이 불 보듯 뻔한 참의원 선거에는 굳이 나서는 그를 의아하게 생각했다. 그것은 지금까지도 후손들에게 의문으로 남아 있다.

하지만 마른자리보다는 진자리를 택하고 개인적 요구보다는 역사적 요구에 부응해온 장병준의 삶을 감안하면 그 또한 이상한 일은 아니었다. 물론 도지사직을 거절한 데에는 관직과 관료에 대한 냉소도 어느 정도 작용한 것으로 보인다. 일제 식민지 시대 관료는 일제 통치에 봉사하고, 해방 이후 관료들 대다수가 이승만 독재의 수발이 된 사실을 누구보다 익히 보아온 그였다. 관직에 대한 염증이 날만도 했다.

하지만 그보다도 장병준은 역사적으로 나서야 할 때와 물러나야 할 때를 알았다. 이 말은, 모두가 나설 때 따라 나서고, 모두가 물러날 때 함께 물러나는 평범한 사람들의 행동양식을 말하는 게 아니다. 오히려 모두가 주저할 때 용기 있게 나서고, 모두가 나설 때 조용히 물러서는 의인(義人)의 도리를 뜻하는 말일 것이다. 장병준이 그랬다. 그는 남들이 주저하는 곳에 적극적으로 나서고, 남들이 다투어 모이는 곳에서는 물러섰다.

그렇다고 장병준이 무모하게 행동한 적은 없었다. 오히려 매우 신중하고 치밀했다. 그는 열정과 냉정을 조절하는 탁월한 균형 감각을 발휘하여 주변 사람들을 통합의 길로 끌어냈다. 그리고 자신의 임무를 마치면 활동의 흔적을 남기지 않고 조용히 뒤로 물러났다. 그는 자신을 애써 드러내지 않은 채, 불의에 저항하는 인간의 참모습을 지키려 했다.

▲부인 박금례와 함께 소박한 노년기를 보내고 있는 장병준(광주 사직공원에서)

그래서인지 흔한 저서나 자서전은 물론이고 일기 한 장도 남기지 않았다. 그의 독립운동에 관한 기록은 임시정부 관련 문서와 일제 사법기관에서 작성한 수사 기록, 그리고 관련 사건을 보도한 몇몇 신문 기사가 전부라 할 수 있다. 그런 까닭에 우리는 섣불리 장병준의 신념과 사상을 논하기는 어렵다. 다만 장병준은 3·1운동 1주년 기념 경고문 배포 사건으로 체포된 후 경찰에서 이렇게 말한 바 있다.

"모두 평등한 인애(仁愛)의 정치를 베푼다면 우리는 아무 생각도 하지 않겠다. 하지만 지금 차별적인 대우를 받는 것은 다 함께 고통이다."[3]

그랬다. 젊은 장병준의 가슴에는 '평등'과 '인애'의 사상이 깊숙이 자리를 잡고 있었다. 더불어 그러한 사상은 평생 그의 실천적 태도에서 자연스럽게 드러나게 되었고, 불의에 저항하는 한 인간의 참모습으로 구현되었다. 그는 인격적 완성도가 높은 삶을 살았다. 그 점에서 우리는 민족운동가 장병준을 '완성도' 높은 한 인간으로 기억해도 좋을 것이다.

---

3 목포경찰서, 「장병준 신문조서」(1920년 3월 14일자), 『한민족독립운동사자료집』 47권, 국사편찬위원회, 2001.

▲ 광주 금남로를 지나는 독립운동가 장병준 사회장 장의 행렬

장병준의 장의는 대한광복회 전남 지부가 주관하는 사회장으로 치러졌다. 장병준의 독립운동 동지였던 김상호(金尙浩)가 장의위원장을, 김재식 전남도지사가 명예장의위원장을 맡았다. 영결식은 3월 20일 오전 10시, 광주시민회관에서 열렸다. 장의 행렬은 금남로를 지나고 도청을 돌아 광주시 지원동 장지에 이르렀다. 그로부터 22년 뒤인 1994년에 고향 장산도로 이장(移葬)되었고, 다시 2006년 11월 23일에는 국립대전현충원 애국지사 제3묘역 419번 묘지에 안장되었다. 장병준의 유해가 장산을 떠나는 것을 아쉬워한 주민들의 요청으로, 신안군 장산면 대리 묘역은 가묘로 보존되고 있다.

1893년~1911년

6월 10일. 전남 무안(신안)군 장산면 대리에서 지주 가문인 인동 장씨 장진섭과 하동 정씨 사이에 장남으로 태어났다. 고향에서 서당에 다니며 한학을 공부하다가 1906년경에 인근 섬 하의면 출신 박금례와 혼인했다. 그 후 장산섬을 떠나 목포시 양동 125번지에서 머무르며, 양동교회에서 운영하던 영흥학교에서 신식 교육을 받았다.

1912년~1914년

1912년 초. 목포 영흥학교 중등과정을 마친 뒤 서울로 유학하여, 천도교에서 운영하던 보성전문에 입학했다. 보성전문에서 공부한 3년 동안 민족의식에 눈을 뜨게 되었다.

1915년~1917년

1915년 초. 보성전문을 졸업하고 일본으로 건너가 니혼대학 법과에 입학하여, 보성전문 선배로 당시 일본에 유학 중이던 이춘숙과 가까이 지내며 홍진의, 신익희 등 다른 유학생들과도 교류하면서 독립운동의 길을 모색했다. 그리고 니혼대학 3학년이던 1917년에 신병을 이유로 갑자기 일본 유학을 중단하고 귀국하여 고향에 머무르면서 고제빈, 김극태 등 동네 사람들에게 민족의식을 일깨워주었다.

1919년 3월 초순. 서울에서 3 · 1독립만세운동에 참여한 후 고향으로 내려와 고제빈 김극태 등과 함께 만세시위를 준비했다. 그리고 3월 18일에 광무황제(고종) 안장식을 빌미로 장산도 주민들을 모아 만세시위운동을 벌였다. 그후 고제빈, 김극태 등과 함께 장산도를 벗어나 일제 경찰의 추적을 피하다가 3월 23일경에 서울로 올라갔다.

3월 말부터 4월 초 사이에 신한민국정부를 추진하던 이춘숙, 홍진의 등 서북 출신 독립운동 세력에 합류하여 한성정부와 통합 국민대회를 준비하다가 4월 중순경 상하이로 망명하여 대한민국임시의정원 전라도 의원이 되었다.

5월 13일. 제4회 임시의정원회의 때 홍진의, 손두환, 한위건, 장도정, 임봉래 의원 등과 함께 상하이 대한민국임시정부와 러시아령 대한국민의회를 통합하는 '의회통일에 관한 건'을 제출하고, 파원(派員) 임무를 수행하기 위해 임시의정원 의원직을 사임했다.

8월. 임시정부 비밀요원으로 활동하며 만주, 러시아령 일대 독립운동단체와 연락 임무를 수행하던 중에 중국 다롄에서 일제 민정서에 체포되어 20여 일에 걸친 조사를 받았으나 끝내 자신의 신분을 숨기고 석방되었다.

9월 이후 국내를 오가며 독립운동자금 모금 활동을 벌이는 한편으로 박기영 등과 함께 비밀결사조직인 대한국민회를 조직하며 3 · 1운동 1주년을 기념하는 전국적인 만세시위를 준비한다.

1920년 2월 말경. 박기영, 이동욱 등과 함께 3 · 1운동 1주년 기념 선언문 배포사건을 주도했다. 대전, 마산, 목포 등지에 제2의 만세운동을 촉구하는 인쇄물을 전달하는 데는 성공했으나, 인쇄물 제작을 맡았던 이동욱 등이 2월 28일에 검거됨으로써 실제 만세운동에 이르지는 못하였다.

3월 5일. 3·1운동 1주년 기념선언문 배포사건과 관련하여 동생 장병상이 종로서에 피체되었고, 이어 3월 11일경에 장병준 또한 종로서에 피체된 후 목포경찰서 등지에서 쇄골이 부러질 정도로 혹독한 고문과 함께 조사를 받았다. 그러나 박현숙이라는 가상의 인물을 내세워 일제 수사에 교란을 일으킴으로써 상하이 임시정부와 박기영, 이춘숙 등 동지들의 활동을 보호하였다.

12월. 경성지방법원에서 징역 3년형을 선고받고 서대문형무소에 수감되었다.

1922년~1923년

1922년 6월 4일. 투옥생활 3년차에 접어들며 건강이 악화되어 서대문형무소에서 가출옥 된 후 서울에서 거주하며 병을 치료했다.

1923년 3월 중순에 형기가 만료됨에 따라 서울 생활을 정리하고 목포로 내려와 고향 사람들의 열렬한 환영을 받았다. 이후 목포를 중심으로 지역운동 통합 활동을 벌였다.

1924년~1926년

지역운동 통합운동을 하며 1924년의 암태도 소작쟁의, 1925년의 도초도 소작쟁의, 1926년의 자은도 소작쟁의 등 농민투쟁을 지원하는 활동을 벌였다.

1927년~1928년

1927년. 봄부터 송내호, 최경하 등과 함께 목포 신간회 결성을 준비하여 그해 6월에 창립총회를 열고 조사부 총무간사를 맡았다. 그해 11월에는 목포 신간회 간부 자격으로 하의도 농민 토지반환운동에 관여했다.

1928년. 창립 2년차를 맞은 목포 신간회가 조극환, 서병인 등 사회주의계 회원들의 분란으로 시끄러워지자 사태를 수습하고 회원들의 활동을 정상화하는 데 주도적인 역할을 담당했다.

1928년 12월. 막냇동생 장홍염이 전국학생동맹휴학옹호동맹 사건에 연루되어 검거되었다.

1929년

6월. 신간회 목포구(신간회 목포, 장흥, 강진, 완도 지회 포함) 대표로 선출되어 '본부 임원개선 및 규약 수정위원회'에 참석했고, 전라남도를 대표하는 전형위원에 선임되어 신간회 중앙 간부 인선 작업에 참여했다.

11월. 광주학생운동이 발발하여 둘째 동생 장홍재가 시위에 참여했다가 일경에 구속되었다. 이때의 고문 후유증으로 장홍재는 몇 년 뒤에 세상을 떠나게 되었다.

12월. 항일학생운동이 번지는 가운데 신간회는 13일에 민중대회를 열기로 했으나 당일 아침에 중앙 간부 대부분이 체포되어 대회가 무산되었고, 장병준은 목포 신간회 중심인물로 지목되어 경찰에 체포되었다가 풀려났다.

1930년

1월. 동생 장홍염이 서울에서 제2차 학생시위사건을 주도했다. 그 후 장홍염은 일본 유학을 시도하다가 일제 경찰의 추격을 벗어나기 어려워 다시 중국으로 망명한 뒤, 베이징의 페킹아카데미와 베이징 민국대학에서 공부하며 아나키스트들과 함께 항일무장투쟁을 벌였다.

1931년~1944년

대륙 침략에 나선 일제의 대대적인 탄압으로 신간회가 해체된 후 장산도로 들어가 주민의 생활개선운동, 교육사업, 영농사업 등을 벌였다. 이후 수많은 독립 운동가들이 좌절과 변절의 길을 걷는 동안에도 장병준은 창씨개명 등을 끝까지 거부하며 독립의 의지를 지켜나갔다.

1945년

8·15 해방을 맞아 잠시 무안 건국준비위원회에 참여했다가 9월에 결성된 한국민주당(한민당) 전남도당부위원장을 맡았다. 그해 말 장산도에서 광주 월산동 43번지로 이사를 했다.

1946년
　　　　　　　　한민당 광주시지부장, 독립촉성중앙협의회 광주지부 부지부장 등을 맡았다. 10월. 좌우합작운동과 통일임시정부에 대한 기대감으로 남조선과도입법의원에 출마하여 당선되었다.

1948년
　　　　　　　　5월 10일. 동생 장홍염이 제헌의원에 출마하여 당선되었다.
　11월 4일. 여순사건대책위원장으로 선임되어 사건 수습 활동을 벌였다.

1949년~1950년
　　　　　　　　3월. 대한국민회 광주지부장으로 피선되어 전남 지역 곳곳으로 강연을 다니던 중에 한국전쟁을 맞아 부산으로 일시 피난했다.

1959년
　　　　　　　　9월. 민주당 전남도당위원장에 당선되었다. 그로써 조병옥이 민주당 대선 후보 경선에서 승리하는 데 기여했다.

1960년
　　　　　　　　3월. 자유당 정권의 상상을 초월한 3·15부정선거에 항의하여, 4·19혁명의 시원이라 할 수 있는 '광주 3·15의거'의 선두에 섰다.
　7·27 총선을 맞아 광주에서 민주당 참의원 후보로 출마했으나 낙선했다.

1972년
　　　　　　　　3월 16일. 향년 79세로 광주 백운동 자택에서 서거, 사회장으로 장례를 엄수하고 광주광역시 지원동에 안장되었다.

1980년

건국포장에 추서되었다.

1990년

건국훈장 애국장에 추서되었다.

1994년

9월 11일. 광주 지원동 묘소에서 장산면 대리 선영으로 이장하고 새로 비석을 세웠다.

2006년

11월 23일. 장산면 대리 선영을 떠나 국립대전현충원 애국지사 3묘역에 안장되었다.

포양 장병준의 삶과 민족운동

◆

이기훈 │ 연세대학교 국학연구원 교수

장산도를 아는 사람은 많지 않을 것이다. 목포에서 배를 타고 남쪽 진도 방향으로 내려가면 암태도, 팔금도, 안좌도 등 신안군의 섬들이 연이어 나타나고, 그 가운데 하의도, 상태도와 정답게 자리 잡고 있는 섬이다. 부근에서 새우도 많이 잡히고 간척으로 평야도 넓은 편이라 농업도 활발하다. 농사일하며 부르는 '장산도들노래'는 전라남도 무형문화재로 지정되어 있기도 하다. 하지만 아마 이 섬의 가장 큰 자랑거리는 '인물'일 것이다. 특히 이 섬 출신의 장씨 가문은 노블레스 오블리주를 실천한 한국의 대표적인 명문으로 손꼽히고 있는데, 그 가장 앞에 우뚝 선 인물이 포양(包洋) 장병준(張柄俊) 선생이다.

고백하거니와 장병준에 대한 본격적인 연구에 착수하기 전에는 필자 또한 그 유명한 집안에서 민족운동을 하신 분 정도로만 알고 있었다. 그런데 본격적으로 자료를 찾으면서 점점 놀라기 시작했다. 3·1운동에도 참여하고, 대한민국임시정부 초기 의정원 의원이

기도 했으며, 1920년에는 3·1운동 일주년을 맞아 전국에서 다시 만세시위를 시도하지 않았는가? 또 옥고를 치르고 난 다음에는 전 남의 민족운동가들과 교류하고 목포 신간회의 간사로 민족통일전 선을 이끌고 간 주역이 되기도 했다. 해방 후에는 노구를 이끌고 이승만 독재정권에 맞서 싸우며 4월 혁명을 이끌어내기도 했으니, 평생을 쉬지 않고 제국주의 혹은 독재정권에 대항해 싸워온 투사 였던 것이다.

이런 놀라움과 동시에 당혹함 또한 느꼈다. 사료에 남아 있는 그의 행적은 도처에서 사라졌다 갑자기 출현한다. 일제 경찰 기록을 추적하면 그는 장산도 섬에서 만세시위를 주도한 뒤 사라져 수배를 당한다. 곧 상하이 임시정부 임시의정원 의사록에 전라도 대표 의 원으로 출현하지만, 바로 사임한 뒤 다시 종적이 묘연하다 다음해 전국적인 만세시위를 시도하다 체포된다. 문제는 다음부터였다. 잘 알려져 있다시피 일제 경찰의 고문은 사람이 견딜 것이 아니니, 어 지간한 민족운동가들도 체포되어 고문당하는 과정에서 어느 정도 는 자기가 참여한 운동에 대해 진술하기 마련이다. 후대의 연구자 들은 이런 경찰 조서를 통해 대략적인 윤곽을 파악하고 나서 다른 자료와 회고, 증언 등을 통해 운동을 재구성하는 것이 일반적이다.

그런데 그의 심문조서나 재판기록을 통해 재구성된 운동 행적은 앞뒤도 맞지 않고 이해도 되지 않았다. 조직에서 핵심적인 역할을 했다는 인물은, 다른 어느 자료나 기록, 회고에도 출현하지 않았다. 장병준 본인의 행적도 앞뒤가 맞지 않았으며, 장병준을 비롯한 여 러 사람이 서울, 대전, 목포 등지에서 체포된 이후 활발히 활동한 항일 결사의 활동에서도 다시 장병준의 이름이 거론되기도 했다.

사실 이런 혼란은 장병준과 그 동지들이 체포된 이후에도 포기하지 않고 끝까지 싸운 투쟁의 성과이기도 하다. 아직 일제가 해외 항일운동을 일일이 다 파악하지 못한 탓도 있겠지만, 극심한 고문에도 불구하고 장병준과 그의 동지들이 끝까지 아직 탄로 나지 않았던 조직을 보호하고, 상하이의 대한민국임시정부와 연계를 감추었다. 장병준 등이 가공인물까지 만들어 임시정부와 연계된 자신의 활동을 감추는 바람에, 일제는 이 가공인물이 누군지 추적하느라 꽤 애를 먹었다. 애당초 실재하지도 않는 사람이었으니 찾아낼 수가 없는 것이다.

게다가 장병준은 해방된 이후에도 회고나 자서전을 통해 자신이 이러이러한 독립운동을 했노라 설명한 적도 거의 없다. 자신의 독립운동을 과시하거나 정치적으로 활용할 생각이 전혀 없었기 때문이다. 이러다 보니 그의 민족운동을 추적하는 작업은 여기저기 흩어져 있는 자료를 추적하고 분석해서 전모를 드러내야 하는 일이었다. 마치 유적지에서 파편들을 하나씩 찾아내고 이를 짜 맞추고 없는 부분은 추정해내는, 유물을 복원하는 작업과 같았다. 힘들기는 했으나 보람 있는 일이었다. 그의 삶은 오늘날 우리가 항일 민족운동의 역사에서 무엇을 배워야 하는지 정말 잘 보여주고 있기 때문이었다.

먼저 장병준은 의지와 헌신의 민족운동가였다. 교과서에 나오는 민족운동의 역사는 이런저런 일들이 있었다고 간단히 서술할 뿐이다. 그러나 막상 실제 이 운동에 참여한 사람들에게 투쟁은 자신의 운명과 미래, 때때로 생명을 건 중대한 결단이고 굽히지 않겠다는 의지의 분출이었다. 어떤 투쟁이든 일제에 체포되면 잔혹한 고문을 견뎌야 했다. 고문은 자백을 얻기 위해 신체에 고통을 주는 데 그치지 않으며, 내면으로부터 인간의 의지를 무너뜨려 더 이상 저항할 수 없도록 만드는 것이었다. 많은 운동가들이 고문과 옥살이 끝에 목숨을 잃기도 했고, 정신을 놓는 경우도 적지 않았다. 가혹한 고문, 처참한 옥살이, 끈질긴 감시와 탄압. 독립운동은 이 모든 것을 각오해야 했다. 장병준은 기꺼이 이 고통을 받아들였을 뿐 아니라 일제의 수사에 끝까지 저항하는 기개를 보였다. 또 옥고를 치르고 나서도 항일운동을 포기하지 않았으며 일제 말기 가혹한 탄압과 끈질긴 회유로 수많은 운동가들이 친일의 길에 접어들었을 때도 단호히 협력을 거부했다. 그 결과 민족운동의 중요한 장면마다 뚜렷한 족적을 남길 수 있었던 것이다.

장병준은 또 통합과 연대의 정신을 실천하려 한 지도자였다. 그는 좌우의 이념이나 지역을 뛰어 넘는 연대를 실천하려 했다. 상하이 임시정부에서도, 신간회 활동에서도 그는 민족을 함께 아우르는 운동조직을 결성하려 헌신적인 활동을 벌였다. 그의 연대는 무조건 뭉치자는 것이 아니었다. 차이를 인정하고 내부의 문제를 해결하려는 노력 없이 진정한 민족통일전선이 구성될 수는 없었다. 장병준은 소작제도 등 당시의 사회문제 해결을 위해서도 노력함으로써 지역의 사회주의 운동가들과도 동지적인 유대관계를 유지할 수 있었다. 이것이 신간회 목포지회를 이끌 수 있는 힘이 되었으니 연대와 통합이야말로 그의 민족운동이 남긴 가장 큰 미덕 중 하나다.

또한 장병준은 도전과 개척정신으로 가득 찬 운동가였다. 작은 섬 장산도에서 태어났지만, 동아시아 전역을 넘나들며 근대의 새로운 사상을 받아들였고 민족운동의 중요한 장면마다 족적을 남겼다. 목포와 서울에서 신학문을 배웠고 도쿄에 유학했다. 3·1운동 이후 상하이로 건너가 대한민국임시정부에도 참여했다. 이후 만주와 연해주, 국내를 넘나들며 항일운동을 벌이며 옥고를 겪었다. 그의 막냇동생인 장홍염도 광주학생운동에 참가했고 중국에서 아나키스트 운동에 헌신하다 옥고를 치렀다. 장병준의 민족운동은 동아시아 세계를 적극적으로 활용하는, 바다와 대륙을 넘나드는 것이었다. 장병준은 비록 섬에서 태어나고 자랐지만, 바다를 장애물이 아니라 또 다른 길이라고 생각했다. 그는 적극적이고 창조적인 사고와 실천력을 가진 청년이었다.

요즘은 청년이 문제라고들 한다. 아니다. 청년이 정착하지 못하게 만드는 사회야말로 더욱 심각한 문제다. 여기에 존경할 만한 인물의 부재가 가져오는 영향도 적지 않다. 그런 면에서 장병준과 그 동생들이 항일투쟁 과정에서 보여준 헌신과 희생은 실로 눈시울을 뜨겁게 한다. 많은 젊은이들에게 이 평전이 희망을 주었으면 좋겠다.

앞서 설명했듯이 장병준에 대한 사료와 유품, 회고는 매우 적은 편이다. 밝혀지지 않은 활동도 적지 않으니 앞으로 더욱 노력할 일이다. 그러다 보니 이 평전에서도 상상력을 동원해 서술된 부분이 있다. 따라서 아무리 오류를 줄이려 해도 완벽하지 못한 부분이 있을 수 있다. 그러나 큰 틀에서 장병준의 삶 이야기는 매우 잘 정리되었으니 독자 분들이 이 책에서 얻을 바가 적지는 않을 것이라 믿는다.

포양(包洋) 장병준(1893~1972)

서남해의 장산도에서 태어나 보성전문, 니혼대학에서 공부했다. 1919년
3월, 장산도에서 만세시위를 주도한 뒤 한성정부 수립을 위한 국민대회
를 준비하다가 상하이로 망명, 임시의정원 의원이 되어 임시정부 통합
안을 발의한 뒤 직접 중국 동삼성, 러시아 연해주, 서울 등지에서 비밀활
동을 벌이며 민족운동 통합에 기여했다. 1920년 3·1운동 1주년을 맞아
국내에서 대대적인 만세시위를 주도하다가 일경에 체포되어 서대문형
무소에서 3년간 복역했으며 출옥 후에는 목포에서 신간회 운동을 주도
하며 좌우합작과 지역사회 운동 통합에 헌신했다. 해방 후에는 민주주
의 운동에 나섰다. 특히 1960년에는 자유당 정권의 부정선거에 맞서,
4·19혁명의 시원(始原)인 '광주 3·15의거'를 선두에서 이끌었다. 장병
준은 겨레의 독립과 민주주의 수호에 한 평생을 바쳤다. 그러나 평소 자
신의 업적을 내세우지 않는 겸손한 성품 때문에 민족운동가 장병준의
삶은 그간 주목받지 못하다가 이제야 그 삶의 일부가 드러나게 되었다.

박남일

저술가. 언어와 역사와 철학 등 인문학의 경계를 오가며 대중적 글쓰기
에 전념하고 있다. '청년심산문학상', '창작문학상' 등을 받았고, 그간 지
은 책으로는 『청소년을 위한 혁명의 세계사』, 『꿈 너머 꿈을 꾸다: 정도
전의 조선창업 프로젝트』, 『히스토리텔러 박남일의 역사블로그』, 『외솔
최현배의 한글사랑 이야기』, 『좋은 문장을 쓰기 위한 우리말 풀이사전』,
『어용사전』 등이 있다.